TIM HURSON E TIM DUNNE

VENDA mais, MELHOR e sempre

www.dvseditora.com.br

TIM HURSON e TIM DUNNE

VENDA mais, MELHOR e sempre

COMO VENDER MAIS SEM PRESSIONAR SEUS CLIENTES, SEUS COLEGAS - E A SI MESMO

DVS Editora Ltda
São Paulo, 2016

VENDA MAIS, MELHOR E SEMPRE
Como Vender Mais Sem Pressionar Seus Clientes, Seus Colegas – e a Si Mesmo

Copyright © 2016 DVS Editora
Todos os direitos para a língua portuguesa reservados pela editora

NEVER BE CLOSING
How to Sell Better Without Screwing Your Clients, Your Colleagues, or Yourself

Copyright © 2014 Timothy Hurson and Timothy Dunne

All rights reserved including the right of reproduction in whole or in part in any form. This edition published by arrangement with Portfolio, a member of Penguin Group (USA) LLC, a Penguin Random House Company.

Nenhuma parte deste livro poderá ser reproduzida, armazenada em sistema de recuperação, ou transmitida por qualquer meio, seja na forma eletrônica, mecânica, fotocopiada, gravada ou qualquer outra, sem a autorização por escrito da editora.

Tradução: Siebben Gruppe
Capa: Spazio Publicidade e Propaganda / Grasiela Gonzaga
Diagramação: Konsept Design e Projetos

```
      Dados Internacionais de Catalogação na Publicação (CIP)
             (Câmara Brasileira do Livro, SP, Brasil)

         Hurson, Tim
            Vendas mais, melhor e sempre : como vender mais
         sem pressionar seus clientes, seus colegas : e
         a si mesmo / Tim Hurson e Tim Dunne ;
         [tradução Sieben Gruppe]. -- São Paulo : DVS
         Editora, 2016.


            Título original: Never be closing : how to sell
         better without screwing your clients, your
         colleagues, or yourself.
            ISBN 978-85-8289-109-4


            1. Administração de vendas 2. Empreendedorismo
         3. Negociação em vendas 4. Planejamento
         estratégico 5. Sucesso em vendas 6. Vendas e
         vendedores I. Dunne, Tim. II. Título.


  16-06079                                    CDD-658.85
```

Índices para catálogo sistemático:

1. Sucesso em vendas : Administração   658.85

Para Sid Parnes
Nosso mentor, modelo e amigo
Cofundador da Creative Education Foundation, Sid foi o mais
persuasivo vendedor de ocasião que tivemos a oportunidade de conhecer.

SUMÁRIO

PARTE I

PRINCÍPIOS NORTEADORES

CAPÍTULO 1
Um estranho chega à cidade – Porque vendemos **3**

CAPÍTULO 2
Reflita sobre isso – Pense melhor para vender melhor **7**

CAPÍTULO 3
Todos vendem – O vendedor de ocasião **19**

CAPÍTULO 4
Cinturão de Orion – Estabelecendo sua bússola moral **23**

PARTE II

MONTANDO O CENÁRIO

CAPÍTULO 5
Uma história simples – Pessoas ou processo? **33**

CAPÍTULO 6
Vendas exigem debates – e RPA e APA **47**

PARTE III

PREPARANDO-SE PARA A REUNIÃO

CAPÍTULO 7
Alfred Hitchcock apresenta – O poder do roteiro **59**

CAPÍTULO 8
O primeiro sim – Consiga agendar a reunião **73**

CAPÍTULO 9
Consiga com que as pesquisas façam sentido – Descubra as cinco perguntas **87**

CAPÍTULO 10
Eleve o nível – Estabeleça seu critério para o sucesso **97**

CAPÍTULO 11

A tinta mais fraca – Faça com que suas notas façam a diferença   **107**

PARTE IV

FACE A FACE

CAPÍTULO 12

O diálogo de vendas – Uma relação em três atos   **119**

CAPÍTULO 13

Personagens – Fale para ser ouvido   **123**

CAPÍTULO 14

O diálogo, prólogo – A reunião antes da reunião   **137**

CAPÍTULO 15

O diálogo, 1º ato – Garanta o direito de perguntar   **153**

CAPÍTULO 16

O diálogo, 2º ato – Concentre-se na pergunta   **169**

CAPÍTULO 17

Interlúdio – Dê algum tempo a si mesmo   **187**

CAPÍTULO 18

O diálogo, 3º ato – Seja útil   **191**

PARTE V

DEPOIS DA REUNIÃO

CAPÍTULO 19

Não pule esta parte – Obtenha o máximo de sua reunião   **207**

CAPÍTULO 20

Depois da ação – Avalie o processo   **209**

CAPÍTULO 21

Explore a reunião – Avalie o conteúdo   **223**

CAPÍTULO 22

O começo – Ocupe espaço na mente do seu cliente   **229**

Agradecimentos   **233**

Apêndice: Venda produtiva (VP) – Revisão   **235**

PARTE I

Princípios norteadores

CAPÍTULO 1

Um estranho chega à cidade – Porque vendemos

"Toda literatura se divide em dois enredos: um homem parte em uma jornada ou um estranho chega à cidade."

– Leo Tolstoi

Imagine como deve ter sido a vida dos primeiro seres humanos em nosso planeta. Eles conviviam em grupos familiares, provavelmente bem pequenos. Uma vez que todos se conheciam, ninguém precisava possuir habilidades em vendas. Presume-se que dentro de uma comunidade tão próxima as propriedades fossem compartilhadas. O uso comum das coisas era, portanto, fácil e normal. Cada indivíduo conhecia o caráter, as habilidades, os pontos fortes e as fraquezas do seu vizinho, assim como aquilo de que ele gostava ou desgostava. Cada morador sabia quais eram as necessidades do outro. Afinal, elas eram basicamente as **mesmas**.

De fato, ninguém precisava "vender" nada.

Mas então algo novo aconteceu. Certo dia, um estranho chegou à cidade. A primeira reação das pessoas pode ter sido tentar afastá-lo, ou até mesmo matá-lo. Quem poderia saber que tipo de males um forasteiro traria consigo?

Todavia, aquele estranho tinha algo que ninguém nunca vira antes; **algo para trocar** – talvez uma ferramenta, uma bugiganga qualquer ou, quem sabe, uma lança de caça bem feita. De repente toda a dinâmica do grupo mudou e todos perceberam que talvez houvesse uma boa razão para acolher essa pessoa, embora de maneira cautelosa.

4 VENDA MAIS, MELHOR E SEMPRE

Não é inverossímil que esse tenha sido o cenário da primeira venda.

É claro que, para efetuá-la, o estranho teria de convencer seu interlocutor de várias coisas:

Em **primeiro lugar**, ele teria de provar que as lanças que trazia consigo seriam de algum modo úteis; que elas serviriam exatamente ao propósito por ele explicado; e que ele era uma pessoa confiável e dizia a verdade. De maneira ideal, ele demonstraria que era prestativo e que seus "produtos" eram convenientes e indispensáveis.

Em **segundo lugar**, ele provaria que sua oferta valia tanto quanto aquilo que ele gostaria de receber em troca pelo produto ofertado. Se o estranho, por exemplo, desejasse adquirir aquele machado que deu tanto trabalho para você construir, ele teria de propor uma troca que parecesse vantajosa para ambos.

Se um irmão ou vizinho tivesse de persuadir alguém a fazer alguma coisa, ele teria de contar com sua própria reputação. O estranho, entretanto, não teria a vantagem de ostentar uma boa reputação ou um bom *status*. Ele teria de encontrar um meio de vender seu produto com base apenas no que estivesse propondo.

Na verdade, as coisas não mudaram muito desde que esse estranho imaginário chegou à cidade e ofereceu a **lança de caça** que possuía em troca de um **machado**.

Se você vende algo e pretende fazê-lo ainda melhor, é preciso conhecer o **"dilema do forasteiro"**.

Ele não possui a vantagem de credibilidade instantânea, portanto, não surpreende o fato de que uma ampla gama de táticas, instrumentos e técnicas de vendas tenha sido desenvolvida como substitutos para a credibilidade. O objetivo é, com frequência, conseguir um compromisso de compra, mesmo que isso não seja do interesse do cliente.

A abordagem de **venda produtiva (VP)** que defendemos neste livro, e também nos cursos que ministramos, foi projetada justamente para superar o "dilema do forasteiro", porém, de uma maneira bem diferente. O conceito de VP não se resume apenas a um catálogo de técnicas para arrancar dinheiro do bolso dos clientes. Trata-se de uma estratégia abrangente que começa por um processo de pesquisa bem executado cujo objetivo é identificar e resolver problemas. Nos tempos pré-históricos, marcados pelo uso de lanças e pedras, a razão fundamental para que você e um estranho trocassem algum objeto era o fato de que um conseguiria resolver o problema do outro – você percebia o valor da lança de caça ofertada; ele, por sua vez, enxergava o valor do machado que você construiu. Como sua essência, a VP gira em torno de ajudar as pessoas a resolverem seus problemas. Ela se concentra na força e importância de se estabelecer um processo voltado deliberadamente para resolver problemas e ajudar pessoas. Ela mostra como acessar sua criatividade no sentido de estabelecer e manter relacionamentos que ao longo do tempo se revelem úteis para ambos os lados. De um modo bastante realista, este livro mostrará a você como deixar de ser um estranho para seus clientes e, desse modo, conseguir **vender mais**.

Todavia, antes de prosseguirmos, é importante lembrar a outra parte da observação de Tolstoi – o segundo enredo na literatura narra a história do indivíduo que parte em uma jornada.

Tolstoi poderia ter simplificado ainda mais sua análise: as histórias do "estranho que chega à cidade" e do "homem que parte em uma jornada" são, na verdade, a mesma narrativa, só que contada a partir de perspectivas distintas.

Pois bem, se todo cliente vê o vendedor como um estranho, digno ou não de confiança, então todo aquele que vende é também um homem que parte em uma jornada – uma pessoa que precisa provar sua confiabilidade para si mesma, para os outros, em lugares diferentes e diante de novos desafios.

Portanto, meu caro estranho, seja bem-vindo. Este livro é sobre – e para – você. É nosso privilégio levá-lo em uma jornada recompensadora, que esperamos seja capaz de abrir seus olhos para uma nova e mais eficiente maneira de vender, que seja benéfica para você e para todos que encontrar pelo caminho.

CAPÍTULO 2

Reflita sobre isso –
Pense melhor para vender melhor

"Pensamento criativo pode significar simplesmente a percepção de que não há virtude em fazer as coisas do modo como elas sempre foram feitas."

– Rudolph Fresch

Há alguns anos administramos um programa de inovação para a equipe executiva de uma grande gráfica. Na semana seguinte ao evento, avaliamos o processo com o CEO (*chief executive officer*, ou seja, o executivo principal) da empresa, um homem chamado Bert. No passado, antes de se aventurar nesse negócio, ele fora zagueiro semiprofissional de futebol norte-americano. Seu estilo de liderança ainda era o de correr diretamente para o meio do campo. Na ocasião Bert comentou: "Esse foi o melhor treinamento de vendas que já vi. Meus funcionários do departamento comercial precisam disso."

O estilo de comunicação de Bert era tão direto que, às vezes, era difícil dizer se ele estava falando sério. "Você quer que o seu pessoal de vendas participe do nosso programa de inovação?"

"Não, eles não aguentariam ficar escutando essas coisas. Refiro-me à maneira como vocês pensam; àquela parte sobre **'resolução de problemas'**. Eles

8   VENDA MAIS, MELHOR E SEMPRE

poderiam usar isso. É excelente. Preparem algo para o meu pessoal de vendas, que seja mais enxuto."

Aquela conversa fez com que Bert se lembrasse de que precisava planejar sua reunião de diretoria. Em cinco minutos nosso encontro estava terminado. Aquele era o Bert.

Mais tarde, em nossa reunião interna, começamos a pensar sobre a reação de Bert ao programa que havíamos apresentado. Nós já havíamos oferecido serviços nas áreas de **pensamento produtivo** e **criatividade na resolução de problemas** para empresas grandes e pequenas, nos Estados Unidos da América (EUA) e no exterior, ao longo da maior parte de nossas vidas profissionais. Aplicamos o processo de maneira bem-sucedida em projetos de inovação, iniciativas estratégicas, desenvolvimento de novos produtos, *marketing*, resolução de conflitos e até mesmo em campanhas políticas. O **pensamento produtivo** era algo tão normal para nós que costumávamos aplicá-lo naturalmente em nossos próprios esforços de venda. Porém, nunca nos ocorreu a ideia de adequá-lo ao processo de vendas e oferecê-lo a nossos clientes. Bert, em contrapartida, percebeu instantaneamente a relação.

E ele estava certo. Em última análise, os melhores vendedores são aqueles que ajudam os clientes a resolverem seus problemas. É justamente isso que envolve o conceito de pensamento produtivo. A única diferença está no tipo de problema que o cliente pode estar enfrentando. Dentro do pensamento produtivo nós nos concentramos prioritariamente em ajudar os clientes com inovações no *marketing*, no desenvolvimento de produtos, no aprimoramento de processos, e coisas desse tipo. Os melhores profissionais de vendas resolvem seus próprios problemas, desde limitações de custos até ineficiências da cadeia de suprimentos e prazos de entrega apertados. Contudo, a situação básica é a mesma: se os vendedores puderem ajudar seus clientes a compreenderem melhor os desafios que enfrentam, e oferecer-lhes ideias úteis e criativas para encarar tais dificuldades, então eles estarão de fato realizando seu trabalho.

Obrigado, Bert.

Este livro, assim como o trabalho no qual ele se baseia, são o resultado de um *insight* bem simples. Sabemos que ao usar as ferramentas do pensamento produtivo para pensar sobre si mesmo, seus clientes e a maneira como

Reflita sobre isso – Pense melhor para vender melhor **9**

ambas as parte interagem, você conseguirá vender mais do que antes – e de modo mais **eficiente**.

Nesta obra você não encontrará informações sobre telefonemas de prospecção, tampouco sobre a qualificação ou a abertura de novos contatos. Aqui não estarão listadas as dez melhores técnicas para sobrepujar possíveis objeções apresentadas pelos clientes. Nós também não faremos nenhuma apologia àquela que, supostamente, é a principal tarefa do vendedor – fazer com que os clientes decidam comprar seu produto.

O que você de fato encontrará nestas páginas será um conjunto de princípios fáceis de aplicar e instrumentos projetados para ajudá-lo a descobrir novos clientes e entregar-lhes algo realmente valioso – e tornar esses relacionamentos duradouros e produtivos. Nossa premissa é de que **"vender"** não diz respeito à **arte da persuasão**. Em vez disso, o melhor tipo de venda surge naturalmente a partir do seu interesse genuíno pela pessoa com a qual está trabalhando e seu desejo sincero de ser útil.

Isso soa ingênuo? Tente se lembrar da ultima vez em que alguém tentou lhe vender algo utilizando lisonjas, bajulação, repetição ou até mesmo as mais descaradas técnicas de venda, como a redução no preço, as perguntas de reflexo, a inclusão de perguntas de confirmação no final das frases ou até mesmo a popular tática do porco-espinho?[1] Você sabia que o vendedor estava tentando manipulá-lo? Como você se sentiu? Mesmo que no final da conversa você tenha concordado em comprar, quais são as chances de você desejar fazer negócios com essa pessoa novamente?

A VP usa uma abordagem diferenciada. Ela se concentra na relação de longo prazo que pode ser construída entre você e seu cliente, e na fundamentação prática para tal relacionamento – seu desejo genuíno de oferecer valor. Você certamente perceberá que os conceitos "entrega de valor" e "ser útil" para o cliente se repetirão várias vezes ao longo deste livro. O fato é que nós acreditamos que esses sejam ótimos princípios, tanto na vida quanto no trabalho. Na verdade, o livro *Em Vendas não Existe Ponto Final!* pode ser o primeiro sobre vendas que você indicaria aos seus clientes.

1- Sabemos que é bem provável que você desconheça essas técnicas. Nós também não as conhecíamos. Até que elas soam bem, mesmo quando representam abordagens sórdidas que, aliás, dão aos vendedores e à própria arte de vender a péssima reputação que eles têm. Se você quiser se divertir, procure por elas no Google e aprenda como trapacear. (N.A.)

10 VENDA MAIS, MELHOR E SEMPRE

Uma vez que a VP se baseia no modelo de pensamento produtivo, comecemos pelo início, esclarecendo o que esse último conceito significa e demonstrando como a prática dos princípios fundamentais é capaz de ajudá-lo a vender mais.

Como já descrito em nosso primeiro livro, *Think Better* [*Pense Melhor* (DVS Editora)], o pensamento produtivo é uma maneira estruturada de abordar problemas e oportunidades. Adotando esse sistema, indivíduos inovadores tomam três atitudes essenciais:

- Obtêm uma compreensão clara e exata do(s) problema(s) que precisa(m) ser resolvido(s).
- Definem as questões específicas que precisam ser respondidas para que o(s) problema(s) seja(m) resolvido(s).
- Descobrem soluções criativas e úteis e as refinam de modo que elas possam ser colocadas em prática.

Dentro do pensamento produtivo, subdividimos essas atividades em seis passos:

1. **Descobrir o que está acontecendo – O que está havendo?** Explore a situação atual de maneira rigorosa, identifique os desconfortos específicos que precisam ser solucionados e estabeleça uma visão para o futuro. Ao fazê-lo, você cria um contexto útil para dar continuidade a seus pensamentos.

2. **Definir o que é sucesso – O que é sucesso?** Defina critérios claros e mensuráveis para o sucesso de modo que seja possível avaliar a potencial eficácia das soluções propostas. Isso cria o que denominamos **tração futura** (*future pull*) – a visão de um futuro tão irresistível que é capaz de nos estimular a seguir em frente, a despeito das inevitáveis dificuldades que surgirão pelo caminho.

3. **Decidir que pergunta a fazer – Qual é a pergunta?** Articule as perguntas específicas que deverão ser levantadas para que o desconforto desapareça. Uma vez que tenha definido as perguntas corretas, elas se tornam catalisadoras de novas maneiras de ver o(s) problema(s) e de novas abordagens para solucioná-lo(s).

4. **Gerar respostas** – Sugira ideias criativas para responder às questões levantadas. O resultado desse *brainstorming* será o surgimento de várias soluções alternativas.
5. **Criar soluções** – Refine as respostas mais promissoras e transforme-as em soluções robustas. Esse passo seleciona as ideias mais convenientes e gera soluções fortes e capazes de ser colocadas em prática.
6. **Alinhar recursos** – Identifique e reúna os recursos necessários para criar e executar um plano de ação.

Veja a seguir o diagrama de uma estrutura de pensamento produtivo:

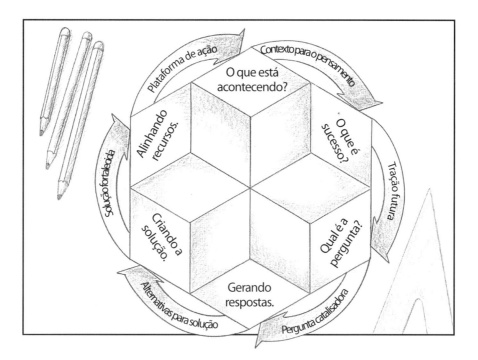

Cada passo possui um conjunto de ferramentas que irão ajudar as pessoas a trabalhar ao longo do processo de maneira eficiente, efetiva e criativa.

O pensamento produtivo também é construído sobre um conjunto de princípios fundamentais – modos de pensar que permeiam o processo criativo de resolução de problemas. É sobre eles que Bert estava falando quando disse: **"Refiro-me à maneira como vocês pensam."**

1. Fique atento a padrões de pensamento

O primeiro princípio é o reconhecimento de que, a despeito de quão criativos gostamos de achar que somos, um conjunto de barreiras naturais compartilhado por todos os seres humanos nos impede de sê-lo. Nossa tendência é pensar em padrões. O fato é que quando aprendemos a fazer ou a ver algo de um modo específico, continuamos agindo dessa maneira – mesmo diante de provas contundentes de que seria útil mudar nossa atitude. Talvez você reconheça esses padrões em si mesmo – você usa a mesma cadeira para tomar café todos os dias; segue o mesmo trajeto para o trabalho; usa as mesmas palavras e expressões em muitas ocasiões. Você não está sozinho. Todos nós agimos assim.

Esses padrões não nos causam muitos problemas quando o assunto é lavar a louça ou escovar os dentes, mas, às vezes, seguir esses padrões sem raciocinar sobre eles pode nos colocar em situações complicadas. Isso pode nos deixar cegos para novas perspectivas e novos *insights*, além de ser capaz de nos fazer dar as mesmas respostas quando outras diferentes seriam mais úteis.

A corrente do elefante

A primeira barreira do padrão de pensamento é algo que **denominamos "corrente do elefante"**. Na Índia, os cuidadores desses animais costumam impedir que eles fujam prendendo uma de suas pernas com uma corrente em uma estaca bem fincada no solo. Os elefantes bem jovens não têm força para quebrar a corrente ou arrancar a estaca. Quando eles tentam se soltar a corrente aperta e provoca desconforto. Logo eles param de tentar escapar. Já adultos, esses mesmos elefantes podem ser mantidos no lugar com uma simples corda enrolada em uma estaca fixada com alguns golpes. Esses animais poderiam facilmente romper a corda, mas não o fazem. Eles se tornam prisioneiros de um padrão de pensamento segundo o qual é impossível escapar. Para o elefante o padrão de restrição é tão poderoso como qualquer limitação física.

Cérebro de crocodilo ou reptiliano

A segunda barreira é a tendência do ser humano de **defender seus conhecimentos e seu modo de ser**. Todos nós gostamos de imaginar que usamos todo aquele cérebro enrugado que vemos nos livros, mas, na verdade, a maior parte dos nossos pensamentos ocorre em regiões cerebrais bem mais primitivas – o **sistema límbico**, que produz nossas **emoções**, e o **tronco encefálico**, que reage **instintivamente** a qualquer ameaça percebida. Chamamos essa parte instintiva do cérebro de **"cérebro de crocodilo"** ou **"reptiliano"**.

A ciência nos mostra que os humanos processam todas as experiências que enfrentam primeiramente com o cérebro reptiliano, em seguida com o emocional e, somente então, com o cérebro racional e cognitivo. Isso ocorre porque as fibras neurais que conectam nossos dados sensoriais às três partes do cérebro apresentam extensões levemente distintas. Quando os sentidos percebem um estímulo, o sinal viaja pela rede neural e chega primeiramente ao cérebro reptiliano, depois no emocional e finalmente ao cognitivo. Tudo isso acontece em pequenas frações de segundos. É uma questão de biologia e física. E a sequência nos diz muito sobre o modo como reagimos ao mundo ao nosso redor.

Se alguma vez você já teve de pisar fundo no freio para evitar um acidente, sabe do que estamos falando. Primeiro você reage: seu pé encontra o pedal do freio e o pressiona com força; então seu cérebro emocional entra em ação e você passa a vivenciar o medo, a raiva ou o alívio. Por fim, seu sistema cognitivo reage e você pensa: "Uau, essa foi por pouco!" ou "Que sujeito idiota!"

É assim que funcionamos.

E isso é muito bom. É bem provável que o seu cérebro reptiliano já o tenha impedido de se machucar várias vezes. Aliás, há grandes chances de que ele tenha inclusive salvo sua vida.

O problema surge quando tentamos trabalhar de maneira estratégica em uma tarefa complicada. É aí que o cérebro reptiliano pode atrapalhar. Pense na última vez em que você estava em uma reunião e alguém apresentou uma ótima ideia. É quase possível garantir que antes mesmo de a pessoa terminar de falar seu cérebro de crocodilo tenha reagido. Neste momento, uma voz não exatamente silenciosa dentro de sua cabeça dispara: "Essa foi a ideia mais estúpida que já ouvi."

Mais adiante neste livro veremos como os cérebros reptilianos (o seu e/ou de seus clientes) são capazes de arruinar uma reunião de vendas. Mas não se preocupe, porque nós mostraremos a você como não se transformar em comida de crocodilo.

2.Separe seus pensamentos

O segundo princípio fundamental do pensamento produtivo – compartilhado por muitas outras abordagens para a resolução de problemas – é algo que chamamos de separação dos pensamentos. Veja o que isso significa.

Quando precisamos resolver um problema, todos nós temos duas maneiras básicas de pensar. Uma delas é a que denominamos **pensamento de chuveiro** – aquela maneira criativa e livre de pensar que muitas pessoas experimentam quando estão tomando banho, dirigindo ou realizando algum trabalho repetitivo, como cuidar do jardim, passar o aspirador ou lavar os pratos. É o tipo de pensamento que faz todo tipo de conexão absurda, e que, às vezes, resulta em um momento **Aha**! Chamamos a esse tipo de pensamente de criativo – ele gera ideias.

O outro tipo de pensamento é o analítico, um estilo racional de pensar com o qual pesamos e avaliamos nossas ideias. É o tipo de pensamento que mede e compara diferentes sugestões para determinar qual delas seria a mais adequada em uma situação específica. Esse é o pensamento crítico – ele é o **juiz**.

Ambos os tipos de pensamento são cruciais para se resolver um problema. Precisamos da função geradora de ideias do pensamento criativo, mas também necessitamos da função concentrada e avaliadora do pensamento crítico.

O que **não precisamos** é de ambos ao mesmo tempo.

Todos nós já passamos por alguma situação em que um nova ideia é apresentada e logo é rebatida com críticas que visam demonstrar porque a sugestão não irá funcionar. Com menos frequência, surgem vários *feedbacks* **positivos** sobre quão fantástica a ideia apresentada parece ser (em especial se partir do chefe!). As duas respostas críticas – a positiva **e** a negativa – interrompem imediatamente nosso pensamento criativo. O que começou com uma tempestade cerebral (*brainstorm*) acaba como uma garoa fina. Em vez de gerar várias outras possibilidades, somente a primeira ou quem sabe a segunda são consideradas.

O que recomendamos nessas circunstâncias é a prática de separação do pensamento. Primeiro é preciso gerar várias idéias, sem, entretanto, discuti-las. Deixe que seus pensamentos de chuveiro reinem supremos e gerem sugestões, uma atrás da outra – boas, ruins, medianas, isso não importa. Então, depois de um tempo estabelecido ou de um bom número de ideias volte a sua lista e use o cérebro racional e crítico para avaliar cada uma delas.

Ao simplesmente separar o ato de gerar ideias daquele de avaliá-las, você acaba com um número maior de possibilidades. E, conforme continuar lendo, mais ideias irá gerar e mais provável é que algumas delas sejam bem úteis.

Pense da seguinte maneira. Você é um pescador de ostras no oceano Pacífico sul. Você mergulha, pega um ostra, volta ao barco, pega sua faca, abre a ostra e olha o que tem dentro. Há duas possibilidades – haverá uma pérola dentro dela ou não. Você repete esse processo todas as vezes que mergulhar nesse dia – digamos, cinquenta vezes.

Mas e se houvesse um jeito mais fácil ou melhor? E se você tivesse no barco uma pilha de sacos plásticos, levasse um deles consigo ao mergulhar e o enchesse de ostras. Daí você retornaria ao barco, deixaria o primeiro saco, pegaria outro e mergulharia novamente. Se assim o fizesse teria cinquenta **sacos cheios de ostra** no final do dia. Você não acha que isso aumentaria suas chances de encontrar pérolas?

A maioria dos vendedores compreende esse conceito na hora. Considerando o que o foi dito, um profissional que visita um único cliente por semana venderá bem menos que outro que visite sete. Isso é pura matemática e probabilidade.

Independentemente de se tratar de ideias ou oportunidades de venda, quanto mais delas você criar, maiores suas possibilidades de ser bem-sucedido.

3. Vá em busca da terceira parte

O terceiro princípio fundamental é o conceito da **"terceira parte"**. Estudos já demonstraram que durante reuniões conduzidas para a geração de ideias, em geral, a **primeira** parte do encontro produz sugestões que tendem a ser comuns; são conceitos triviais que provavelmente já foram considerados no passado. A **segunda** parte é o momento em que as pessoas começam a arriscar um pouco mais, uma vez que todas as sugestões corriqueiras e familiares já foram avaliadas. A **terceira** parte da reunião é o momento em que todos passam a gerar ideias inovadoras e promissoras. Em quase todas as sessões que realizamos, voltadas para a resolução de problemas de maneira criativa, é só na terceira parte que as sugestões interessantes aparecem. O problema é que a maioria das pessoas para antes de alcançar essa fase. Com frequência alguém apresenta uma saída – nada que possa ser considerado novo, original ou eficiente – que pode, **de certo modo**, solucionar o problema, então os demais participantes param de gerar novas ideias e se sentem satisfeitos por terem alcançado seu limite criativo. Mas será que essa primeira ideia viável é, de fato, a melhor? E a segunda? Quem sabe a terceira? E quanto a centésima ideia criativa?

16 VENDA MAIS, MELHOR E SEMPRE

Imagine que você esteja contratando alguém para o seu departamento de vendas. Você daria uma olhada geral em todos os currículos, contrataria o primeiro candidato que atendesse aos seus critérios e então jogaria todos os demais currículos no lixo? E se entre todos os demais candidatos houvesse alguém muito especial, escondido no meio da pilha de papéis.

O princípio da terceira parte é, portanto, não se contentar com a primeira resposta correta. Espere até que tenha conseguido gerar várias alternativas viáveis e então decida qual dela se aplica melhor ao seu caso. Você verá como a disciplina de esperar pela terceira parte é, de fato, uma das chaves para o sucesso no processo de VP.

4. Procure por conexões inesperadas

Há cerca de 2.500 anos, Heráclito, um dos primeiros filósofos gregos, escreveu: "A conexão inesperada é mais poderosa que aquela mais óbvia." Cada um dos princípios anteriores tem por objetivo ajudar as pessoas a encontrar conexões inesperadas que estão no cerne do processo de pensamento produtivo. Ao se livrar dos pensamentos padrão, separando os criativos dos críticos e esperando pela terceira parte, as chances de você encontrar conexões inesperadas se multiplicam dramaticamente.

O grande momento **Aha!** de criatividade acontece quando o indivíduo consegue observar o que é velho pelas lentes das novas perspectivas. Arquimedes, Edison e Einstein – para chegar a suas grandes descobertas, cada um deles abriu sua mente para o poder das conexões inesperadas. O mesmo se aplica aos vendedores produtivos. Ao fazer perguntas e ouvir as respostas com a mente aberta, eles se tornam capazes de visualizar as conexões entre coisas, pessoas e ideias, o que, por sua vez, pode produzir métodos inovadores e criativos de atender e beneficiar seus clientes. A arte de encontrar e articular conexões úteis e inesperadas é crucial para a VP.

5. O poder da consolidação

Por fim, o pensamento produtivo se baseia no princípio da consolidação. Ao aplicar ferramentas do pensamento produtivo é possível desmembrar, analisar e reorganizar qualquer processo. As ferramentas de consolidação oferecem a você um sistema de autoanálise e autoaprendizado, por meio do qual você se torna capaz de identificar áreas que necessitam de aprimoramento, e atuar sobre elas de modo consistente. Utilizando esses instrumentos, a VP poderá ajudá-lo a compreender em que pontos sua abordagem de vendas está funcionando e em quais aspectos é possível fazer mudanças, tornando-a ainda melhor – assim como a você mesmo.

Embora estejamos na expectativa de oferecer-lhe alguns pontos de partida bastante úteis neste livro, também acreditamos que o melhor lugar para aprender um processo de vendas que funcione bem para você seja em seu próprio ambiente de trabalho. A VP lhe fornece uma oportunidade de observar suas próprias experiências, extrair delas *insights* significativos (tanto positivos quanto negativos) e, então, aplicar as lições aprendidas ao seu trabalho, à medida que segue em frente.

Esse é o poder da consolidação.

Nascido para vender?

Talvez um paralelo predominante entre o pensamento e a venda seja o fato de muitas pessoas considerarem o sucesso em ambas atividades como, basicamente, uma função do talento natural – os bons pensadores são abençoados com cérebros eficientes e os bons vendedores nasceram para vender. Há alguma verdade em ambas afirmações.

Sim, as pessoas mostram diferentes níveis de inteligência criativa, o que as ajuda a pensar de maneira mais inventiva; outras demonstram graus variados de inteligência social e emocional, o que pode fazer com que vendam mais.

Contudo, o talento bruto é apenas uma parte da equação. Seja aplicando um conjunto de ferramentas e técnicas diretas, praticando ou prestando atenção ao *feedback* recebido, qualquer um pode aprender a vender melhor. Em outras palavras, ao adotar uma abordagem estruturada no processo de venda, é possível contrabalançar qualquer talento natural que o indivíduo possua e multiplicar os resultados – do mesmo modo como um atleta talentoso poder se tornar ainda melhor ao aprender novas habilidades, praticando-as e ajustando-as às situações reais de competição.

E isso se aplica tanto aos profissionais mais experientes quanto aos novatos. Não importa quão bom você seja agora, sempre é possível melhorar. Para isso basta adquirir novas habilidades, praticá-las e extrair lições úteis de todas as experiências.

18 VENDA MAIS, MELHOR E SEMPRE

Nossa premissa fundamental é simples: para se tornar um vendedor extraordinário para o seu cliente é preciso que você seja útil para ele. E uma das maneiras mais eficientes de ser útil para o seu cliente é ajudá-lo a resolver seus problemas. Por sua vez, o melhor modo de fazê-lo é aplicando os princípios do pensamento produtivo e as ferramentas adequadas ao processo de venda.

É por isso que escrevemos este livro. Queremos ajudá-lo a colocar tudo isso em prática.

CAPÍTULO 3

Todos vendem –
O vendedor de ocasião

> "Não há nada em uma lagarta que nos diga que ela se transformará em uma borboleta."
>
> – R. Buckminster Fuller

Escrevemos este livro para pessoas que **vendem** – indivíduos que ganham a vida apresentando os produtos ou serviços que exibem a outras pessoas, tentando compatibilizar suas ofertas com as necessidades do cliente e, no final, fechando um acordo que beneficie ambas as partes.

Nós o escrevemos porque consideramos que vender é importante. Desde que um estranho "vendeu" sua lança de caça àquele distante ancestral, as transações comerciais têm sido a própria essência dos sistemas sociais. As pessoas se envolvem nos processos de compra e venta – seja de produtos, serviços, filosofias ou opiniões – dezenas de vezes por dia. Olhe ao seu redor. Tudo – sim, absolutamente tudo – que é feito pelo ser humano é um produto de milhares de variações de um mesmo conjunto de ações, ou seja, alguém compra e alguém vende alguma coisa.

Embora acreditemos que os *insights* apresentados no livro *Em Vendas não Existe Ponto Final!*, sejam úteis para todas as pessoas que, de algum modo, estejam envolvidas no processo de vendas (nos EUA, um em cada nove indivíduos está ligado a esse setor), essa obra também é para todos os demais leitores – aqueles "vendedores de ocasião" que não veem a si mesmos como profissionais da área: *freelances*, consultores, empreendedores e

20 VENDA MAIS, MELHOR E SEMPRE

voluntários, cujo trabalho, papel na comunidade ou vida pessoal envolve vender algo a alguém praticamente todos os dias.

As perspectivas e as ferramentas de VP apresentadas a seguir se destinam a ajudar qualquer pessoa que precise vender um produto a fazê-lo melhor.

- Se você é um **empreendedor** em busca de investidores, precisa competir em um mercado conturbado para atrair a atenção dessas pessoas. Você tem de conseguir fazer com que elas digam sim quando pedir para agendar uma reunião. Também é necessário que você identifique o que é exclusivo e/ou novo em sua ideia ou em seu plano e, finalmente, que decida como transmitir sua mensagem.
- Se você é o **proprietário** de um pequeno negócio, uma de suas maiores preocupações é conseguir novos clientes, fornecedores e parceiros comerciais. Você precisa demonstrar que é capaz de conectá-los a recursos, ferramentas e pessoas que possam tornar o empreendimento delas melhor; que consegue desenvolver uma rede de mútuo suporte em que todos os envolvidos prosperem.
- Se você é um **pai** ou **professor** e estiver apoiando uma nova iniciativa por parte da escola, é fundamental conseguir que outros pais e mestres apoiem sua proposta. Neste caso, é preciso entender o que eles necessitam, de modo que sua sugestão tenha valor a partir da perspectiva deles.
- Se você é um **consultor terceirizado** e está promovendo uma nova estratégia organizacional para um cliente, é preciso que consiga se conectar e construir uma relação de confiança com todos os *stakeholders* (interessados ou envolvidos). Só assim será capaz de superar a resistência a mudanças, uma praga que infelizmente afeta a todos nós.
- Se você é **funcionário** de uma grande organização e está em busca de um aumento salarial merecido, é preciso planejar quando e onde conversar com o chefe para obter o melhor resultado. Será necessário que você se apresente de um modo que esteja associado à visão dele (o chefe) do mundo e utilize uma linguagem que faça sentido para ele. Talvez seja necessário rever suas tentativas anteriores para manter o que funcionou e modificar o que não deu certo.
- E, é claro, se você é um **profissional de vendas** de um grande fornecedor e está tentando fechar um contrato milionário, é preciso que você mostre ao seu cliente: que conhece os riscos e as recompensas intrínsecas ao nicho em que ele opera; que sua oferta é adequada tanto em relação ao orçamento quanto à cultura organizacional do contratante; que você (seu produto/

serviço) é um facilitador capaz de tornar o caminho dele rumo ao sucesso mais tranquilo e livre de obstáculos; que você faz aquilo que promete; e que estará por perto para resolver eventuais problemas.

O fato é que os princípios e as ferramentas que compõem o conceito de VP são úteis para todos. Afinal, a despeito do porquê e de como o fazemos – de modo relutante, ocasional ou deliberado –, somos todos vendedores.

O processo de VP é um método estruturado, prático e fácil de repetir que irá ajudá-lo a vender da maneira mais efetiva e mais ética.

A VP quebra o processo de comercialização em fases discretas – em passos que você irá aplicar com base no conhecimento da razão pela qual você está fazendo o que está fazendo. Trata-se de um sistema de navegação preciso que reconhece que todas as conversações de vendas são, em última análise, transações em andamento – uma troca de valores.

A VP começa pela premissa de que o momento mais importante nas vendas é o contato face a face com o cliente potencial. Chegar a esse momento crítico requer planejamento cuidadoso e eficiente. Orquestrar esse encontro requer um conjunto específico de atitudes e habilidades. E obter o melhor resultado dessa oportunidade demanda a capacidade de identificar e entregar ao cliente algo de valor tangível.

No final, a VP gira em torno de se mostrar um melhor estrategista, treinador, parceiro comercial e colega. Seja você um profissional experiente na área, um empreendedor iniciante que está lançando uma nova ideia no mercado, um funcionário da área operacional tentando fazer a diferença no trabalho ou um pai em busca de meios mais eficientes de influenciar seu filho, se você, alguma vez, estiver na posição de vender algo a alguém, as ferramentas, os comportamentos e conceitos neste livro o ajudarão a se sair melhor.

CAPÍTULO 4

Cinturão de Orion –
Estabelecendo sua bússola moral

"Faça a coisa certa."

– Spike Lee

Desde 1976, o instituto Gallup tem conduzido pesquisas anuais para avaliar a percepção pública de integridade dos indivíduos que ocupam certas funções. As descobertas se revelaram bastante consistentes ao longo do tempo, e o fato é que os vendedores não têm se saído muito bem. Uma das razões para isso pode estar relacionada ao Cinturão de Orion.

Orion é uma das maiores constelações no céu. As três estrelas que compõem o Cinturão de Orion estão entre as poucas formações que podem ser observadas a partir de ambos os hemisférios, norte e sul. Ele é tão diferente e fácil de encontrar que, ao longo da história, tornou-se tão importante para guiar navios e caravanas quanto a Polaris – a Estrela do Norte.

Todos se beneficiam com a existência de uma Estrela do Norte ou um Cinturão de Orion para indicar o trajeto. As fortes pressões que sofremos no dia a dia, para ganhar a vida, ser notado e alcançar sucesso, muitas vezes fazem com que nos percamos no meio do caminho.

Este capítulo discorre sobre o Cinturão de Orion no Processo de VP. As três estrelas neste caso são: **objetivos comerciais**, **objetivos relacionais** e **objetivos pessoais**. Se conseguir mantê-los alinhados e equilibrados conseguirá fazer ótimas vendas. Você será capaz de realmente ajudar seus clientes, sua organização e a si mesmo. Porém, o setor de vendas é ardiloso e complicado, o

24   VENDA MAIS, MELHOR E SEMPRE

que torna fácil para o indivíduo se perder pelo caminho. É por isso que, nesse caso, consideramos o Cinturão de Orion uma metáfora mais adequada que a Estrela do Norte.

Polaris está fixa num ponto. Sua relação com a Terra é sempre a mesma. Orion, em contrapartida, se movimenta. Sua posição se altera com as estações do ano. A Estrela do Norte só pode ser vista a partir de um hemisfério, enquanto Orion pode ser observado dos dois. Nos negócios e nas vendas as coisas mudam muito rápido, e, às vezes, de maneira radical. Assim, é útil possuir um conjunto de valores que possa mantê-lo na trajetória correta, independentemente das circunstâncias, da estação do ano ou até mesmo de sua localização no globo.

Encontrar seu Cinturão de Orion nem sempre é uma tarefa fácil. Contudo, com perseverança e a ferramenta dos **"Cinco Porquês"**, será possível para você encontrar as três estrelas e estabelecer uma plataforma sólida a partir da qual seu trabalho possa deslanchar.

Na pesquisa de integridade de 2012, o instituto Gallup descobriu que as pessoas tendem a confiar mais nos enfermeiros. Estes são seguidos de perto pelos farmacêuticos e então pelos médicos. No final da lista, as profissões relacionadas a vendas ocupavam quatro das sete **menos confiáveis**. Os vendedores de automóvel apareciam na última posição da lista; os publicitários ficavam na terceira, os corretores na quarta e os vendedores de seguro na sétima posição, de baixo para cima.

Quando você tenta vender um produto, há uma boa chance de que, de modo consciente ou não, seu cliente o esteja rotulando conforme esse estereótipo. Isso compõe o "dilema do forasteiro": você não é apenas uma pessoa que o cliente desconhece. O fato é que há poucas razões para ele pressupor que seus objetivos e os dele estejam alinhados. Você deseja algo e o cliente assume que **ele** terá de pagar por isso.

Ironicamente, entretanto, o problema de credibilidade enfrentado pelos vendedores não se limita apenas aos clientes. Seus próprios colegas e suas próprias empresas podem se sentir desconfortáveis em relação aos motivos apresentados e às táticas utilizadas.

"Não seja idiota!", você pode protestar. "Meu trabalho é trazer contratos assinados e é isso que eu faço. Enquanto meu desempenho for bom para a empresa, eles gostarão de mim", pode pensar um vendedor.

É mesmo? Você sabe o que seus colegas de outros setores dizem a seu respeito pelas costas? Você já parou para analisar os conflitos entre você e os setores operacional, de atendimento ao cliente e/ou financeiro?

Qualquer indivíduo que já tenha vendido ou apoiado vendas para uma grande organização já testemunhou esse tipo de disfunção. Sabemos que elas existem. A questão é: **por quê?**

Em 1976, dois economistas norte-americanos, Michael Jensen e William Meckling, publicaram um trabalho intitulado *The Theory of the Firm* (*A Teoria da Firma*). Nele, ambos argumentavam que as empresas sofriam quando os interesses de seus administradores não estavam alinhados àqueles dos acionistas. Para corrigir essa discrepância, ambos propuseram que a compensação dos executivos estivesse associadas aos preços das ações. Em teoria, assim como os acionistas, os executivos também agiriam sempre de acordo com os interesses de todos os interessados no sucesso da companhia. O termo **"valor acionário"** se transformou no mantra da administração, sendo ouvido tanto nas reuniões de diretoria e de acionistas quanto nas fábricas.

Embora originalmente só aplicado à administração sênior, esse modelo que ficou conhecido como **modelo de Agência**, logo se expandiu para incluir outros funcionários. Ao recompensar comportamentos que aumentassem o valor para os acionistas, até mesmo funcionários dos mais baixos escalões poderiam ser "pagos conforme seu desempenho."

Esse modelo se mostrou ideal para os vendedores. De repente, as comissões de vendas e os bônus já não eram vistos como meras recompensas, mas como pagamentos associados, de maneira indelével, ao sucesso nos negócios. Eles se tornaram sagrados dentro da cultura de valor acionário.

Tudo isso soava perfeito na teoria. Porém, como disse certa vez um dos nossos filósofos favoritos, Yogi Berra: "Na teoria não há diferença entre teoria e prática, mas na prática existe."

Na verdade, esse modelo de Agência pode causar sérios problemas. Ele é capaz de criar uma definição distorcida de sucesso comercial, considerando alterações de curto prazo no preço das ações antes mesmo de levar em conta questões como qualidade do produto, satisfação dos funcionários e/ou percepção de valor pelo cliente. Na prática esse modelo não faz necessariamente aquilo que tenta fazer.

Não é difícil para executivos do alto escalão – da diretoria – fazerem com que o desempenho da empresa pareça ótimo nos livros contábeis, enquanto enfraquecem a empresa como um todo. Obrigações (dívidas) podem ser ocultadas em transações que não aparecem no balanço patrimonial da companhia.

VENDA MAIS, MELHOR E SEMPRE

Ativos podem ser supervalorizados quando vendidos a companhias associadas por preços inflacionados. Os livros podem ser ajustados para exagerar ganhos e atenuar perdas. Você não precisa ser o sujeito mais esperto do mundo para pintar uma imagem perfeita de sua empresa, é só querer. Pergunte aos acionistas e funcionários da Enron, aos fornecedores e parceiros da MCI ou aos investidores da MF Global.

Mesmo que suas intenções sejam éticas, a experiência nos mostra que executivos incentivados pela opção de ações se revelam mais inclinados a fazer investimentos de elevado risco do que normalmente fariam. A adesão cega à gestão baseada no preço das ações provou-se desastrosa para muitas organizações. Uma teoria projetada para criar alinhamento perfeito entre os interesses da administração e dos proprietários de empresa com frequência resultou em práticas que levaram à situação oposta.

O mesmo pode ocorrer nas vendas. Poucos profissionais são mais incentivados a "fechar negócios" que os vendedores. Em teoria, pagar agentes comerciais para que estes consigam mais negócios para a companhia faz todo sentido, porém, na prática, não é incomum que, ao celebrar o fechamento, os vendedores se beneficiem mais com a venda que a própria companhia que os emprega. E se para fechar o negócio esse vendedor prometer ao cliente prazos de entrega, especificações no produto ou até penalidades que possam gerar danos para a empresa onde ele trabalha? Uma transação que parece ótima em termos de faturamento pode se mostrar calamitosa no resultado final.

Se você está no ramo de vendas, com apenas um punhado de transações vultosas ao ano, já deve ter ouvido seus colegas dizerem: "Precisamos fechar esse acordo a qualquer custo." Sério? A qualquer custo? A ponto de comprometer a qualidade do seu produto? De ir além da capacidade operacional? De macular seu relacionamento com fornecedores e consumidores?

Será que um vendedor conscientemente conduziria uma transação que pudesse prejudicar sua empresa? Em teoria, é provável que não. Mas será que um vendedor faria de modo consciente uma transação que pudesse prejudicar sua empresa sabendo que ganharia US$ 2 milhões com o negócio? Será que um atleta profissional usaria substâncias proibidas mesmo sabendo que isso poderia prejudicar sua equipe, sua saúde e seu legado, se a compensação financeira valesse a pena?

A armadilha do jogo

Se observarmos os negócios como um jogo, pode ser tentador definir como principal objetivo conseguir obter o máximo (dinheiro), e isso com frequência se traduz em dar a si mesmo permissão de operar pelas regras do jogo em detrimento das regras da vida. Afinal, "Não é nada pessoal.[1] São apenas negócios."

Uma frase bem conveniente. Mas seria isso verdade?

Será que um negócio não é algo pessoal para um empreendedor que investiu cinco anos de sua vida em uma *start-up*? Para o gerente que fez de tudo para dar nova vida a sua divisão? Para o líder que cultivou o crescimento profissional de cada membro de sua equipe? Para você mesmo quando seu melhor cliente fechar um contrato milionário com um concorrente seu, cuja proposta foi melhor?

Na verdade, **tudo é pessoal**. Parte da razão pela qual queremos tanto vencer é o fato de ser pessoal. Se flagrar a si mesmo dizendo: "Não é pessoal, são só negócios", é bem possível que tenha caído na armadilha.

No final, o uso da palavra **jogo** como metáfora para negócios é frequente como desculpa para um comportamento reprovável. Portanto, se algum dia você ouvir alguém dizendo "Não foi pessoal," ou, o que teria o mesmo sentido, "Eu não tive opção," pode ter certeza absoluta de que esse indivíduo sente vergonha da escolha que fez.

As pessoas mais bem-sucedidas que conhecemos dão mais valor às regras da vida que às do jogo. Elas vivem de acordo com os preceitos em que acreditam, em todos os aspectos de suas vidas – **profissional**, **pessoal** e **familiar**. Algumas são ricas, outras não. Porém, a maioria se sente menos estressada, mais feliz, mais saudável e é bem mais divertida para se ter por perto.

Será que estamos sugerindo que não haja nenhuma tensão ou atrito entre as diferentes áreas de uma organização? De modo algum. São essas tensões dinâmicas que estimulam o crescimento das empresas – e até sua grandeza. Vendedores criativos podem levar a companhia em que trabalham a novos patamares e ajudar a descobrir novos mercados; e desafiar o processo

---

1- Essa expressão pode ser um lembrete para que você não permita que suas emoções comandem suas decisões, mas não deixa de ser uma péssima desculpa para abandonar seus valores pessoais.

28   VENDA MAIS, MELHOR E SEMPRE

vigente de manufatura para que novos métodos sejam implementados e, assim, atendam a novas necessidades do mercado. Eles são capazes de incentivar o setor operacional a desenvolver novos sistemas. Portanto, a resposta é sim, a equipe de vendas deve ser parte da tensão que força a empresa a se expandir. A questão é como administrar essa tensão.

Um lugar para buscar o equilíbrio é dentro da própria estrutura organizacional. Vendedores podem – e devem – confiar nas perspectivas dos colegas, nos responsáveis por administrar os riscos e na equipe de gestão que compara os benefícios de estratégias de curto e longo prazos. Também existem princípios norteadores disponíveis no código de conduta da companhia, nas políticas utilizadas diante de conflitos de interesse e nos valores corporativos.

Os melhores vendedores também possuem seu próprio processo para equilibrar tais tensões. Eles reconhecem que, como qualquer outra coisa significativa em suas vidas, os negócios **são** pessoais. E isso quer dizer que o código de ética que aplicam

no trabalho é idêntico àquele que usam em casa. É esse conjunto de valores visível e confiável que o torna uma pessoa confiável e admirada e respeitada pelos seus clientes e colegas, assim como pelos seus familiares e amigos.

Descobrir seus valores mais profundos e enraizados é surpreendentemente fácil: de fato, a maioria de nós já conhece alguns deles. Você pode descobrir os seus aplicando a ferramenta dos "Cinco Porquês".

- Escolha qualquer coisa que você faça e pergunte a si mesmo a razão pela qual o faz.
- Responda essa pergunta.
- Agora pergunte a si mesmo a razão para **isso que você faz** ser tão importante para você.
- Responda essa pergunta. Agora pergunte a si mesmo por que **o que você acabou de responder** é importante para você.
- E assim por diante...

Pergunte a si mesmo por que você faz algo – qualquer coisa – e, então, quando chegar ao quinto **Por quê?** (com frequência, até antes disso) você terá chegado aos seus valores. Viver em conformidade com eles talvez não seja conveniente, mas descobri-los não é muito difícil.

Em nosso trabalho com as pessoas que geram negócios, percebemos uma consistência marcante naquelas que parecem ser guiadas pelo seu próprio Cinturão de Orion. Esses indivíduos parecem ter encontrado definições práticas para seus objetivos comerciais, relacionais e pessoais, e sincronizaram seus comportamentos no sentido de atender a essas três metas a partir de seus valores mais profundos. Mais importante, eles agem de acordo com esses valores em todos os aspectos de suas vidas.

Veja a seguir um resumo de como os vendedores mais produtivos que conhecemos veem suas três estrelas:

1. **Negócios.** Dinheiro é importante. Ele oferece segurança e variados níveis de conforto para mim e para minha família. O dinheiro permite que eu invista em coisas que sustentam meus próprios valores, mas não é um critério de avaliação do ser humano.
2. **Relações.** Na medida do possível, trabalho com as pessoas de que gosto e seleciono meus clientes. Eu tenho prazer genuíno em ajudá-los. Conforme minhas relações se aprofundam, elas aumentam ainda mais minha satisfação. Eu reconheço que não posso comprar a amizade das pessoas, tampouco vender a minha para eles. Sei que não gostarei de todas as pessoas do mundo e que nem todas elas gostarão de mim.
3. **Desafio.** Sinto-me energizado por quebra-cabeças. Eu obtenho satisfação intelectual e emocional em compreender e resolver problemas complexos e difíceis. O fato de isso me proporcionar dinheiro é ótimo, mas secundário. Fico incomodado quando não consigo me conectar a um cliente ou criar uma solução que funcione para ele. Resolver os problemas das pessoas me faz sentir bem e, em geral, vou até os confins do mundo para conseguir uma resposta.

Os três objetivos mencionados são específicos para um grande número de vendedores com os quais encontramos e trabalhamos. Não há resposta certa ou errada. A maioria de nós é motivada pela combinação de objetivos materiais, relacionais e pessoais.

Se você sabe quem é, de verdade, e sabe porque vende, então já descobriu seu Cinturão de Orion, um guia infalível para os comportamentos que o manterão no caminho da integridade. Em última análise, sua reputação com seus clientes e seus colegas é construída em cima de tais condutas.

Para os vendedores, definir **processos baseados em valores** é, ao mesmo tempo, **esclarecedor** e **libertador**. Seguir um processo que esteja alinhado com seus valores é uma das maneiras mais certeiras de se manter honesto quando as pressões por melhor desempenho fizerem com que as decisões se tornem menos cristalinas. A abordagem de VP e seus princípios básicos podem nos oferecer uma plataforma sobre a qual seremos capazes de construir um processo que esteja alinhado com nossos valores e, assim, estabelecer nosso próprio Cinturão de Orion. Acreditamos que somente sendo honestos em relação a nós mesmos poderemos sê-lo para nossos clientes, colegas e nossa comunidade.

Todos nós conhecemos alguém sobre o qual as pessoas dizem algo do tipo: "Eu faria negócios com 'fulano' a qualquer tempo e em qualquer lugar."

Não seria fantástico se você fosse esse "fulano"?

PARTE II

Montando o cenário

CAPÍTULO 5

Uma história simples – Pessoas ou processo?

"Estude a ciência da arte. Estude a arte da ciência. Tudo está absolutamente conectado."

– Leonardo da Vinci

Agora que já o introduzimos aos nossos princípios norteadores, é hora de contar-lhes uma história que irá ilustrar alguns pontos sutis – e outros nem tanto – sobre vendas. Trabalharemos em cima deles no restante deste livro. A história propriamente dita é simples – e típica. Talvez você veja a si mesmo dentro dela. Se esse for o caso, preste bastante atenção. O que se segue é **ficção**, é claro, mas se baseia em centenas de narrativas verdadeiras que já ouvimos (e, sim, nós admitimos, que já encaramos nós mesmos) ao longo dos anos.

Steve Stillman era o chefe do setor de inteligência de *marketing* na empresa Discus, uma organização fictícia, que já estava no segundo ano do seu plano de crescimento estratégico. A companhia contratara novos funcionários com ótima formação e grandes habilidades, expandira sua competência física e também sua capacitação em termos de serviços. Agora o objetivo da empresa era posicionar-se em mercados que, até então, pareciam complexos demais para serem atendidos por ela. Como mais novo sócio da companhia, Steve concordou em fazer alguns contatos comerciais com clientes que tivera

34 **VENDA MAIS,** MELHOR E SEMPRE

no emprego anterior e, assim, tentar trazer novos negócios para sua empresa atual. Embora tivesse alguma experiência no desenvolvimento de negócios, Steve não pensava em si mesmo como um vendedor de verdade. Mesmo assim, era importante sentir o mercado com alguns encontros pessoais e, se ele conseguisse transformar relações antigas em novos contratos, mesmo que pequenos, seu *status* perante os outros sócios seria fortalecido.

Seu primeiro contato foi com Ian, com quem havia trabalhado há vários anos na tentativa de firmar um possível *joint venture*. Na época, Steve trabalhava em uma firma de investimentos que pretendia arriscar-se em novos empreendimentos, e a Javelin, a empresa de Ian, precisava de capital para seguir em frente. As duas companhias jamais celebraram o acordo, mas Steve havia apreciado trabalhar com Ian. Ele gostava dele como pessoa e sabia dos problemas enfrentados pela Javelin.

Ian começou a reunião no momento em que eles se sentaram, e disse: "Há diversas companhias como a sua que nos oferecem ótimos conselhos. Por que eu deveria trabalhar com você?"

Embora Steve esperasse algum tipo de bate-papo informal antes de partir para os negócios, ele estava preparado para responder a pergunta. A Discus tem algumas vantagens competitivas significativas para lhe oferecer. Ele estava ávido para dizer aquilo, e havia ensaiado diversos roteiros curtos para apresentar seus pontos. Sua abertura foi mais ou menos assim:

"Os parceiros de nossa empresa têm ampla *expertise* (conhecimento) no ciclo de vida completo de nosso produto. Brad Haldane é nosso especialista na cadeia de suprimentos. Ele construiu uma rede bastante flexível, fechando contratos que sempre nos garantem os melhores preços na compra de materiais. Você se lembra quando a Foil reduziu o preço de seus aparelhos celulares? Foi o Brad quem tornou aquilo possível. Ele era consultor da Foil naquela época e mostrou a eles como poderiam cortar 12% dos custos em sua cadeia de suprimentos em apenas doze meses. Ele é conhecido mundialmente nesse nicho. De fato, ele será um dos palestrantes principais na conferência de cadeias de suprimento que acontecerá em Hong Kong no mês que vem. E por causa dessa rede de contatos de Brad, conseguimos bater ou pelo menos no equiparar aos concorrentes em todas as cotações das quais participamos até agora, pela própria qualidade de nosso produto. Aliás, parte do nosso serviço é justamente deixar que Brad ajude nossos clientes a aprimorarem suas próprias cadeias de suprimento."

Ian se mostrou amigável, mas pouco convencido, dizendo: "É, eu ouvi falar no Brad. As pessoas falam muito bem dele, mas trabalhamos com alguns dos melhores fornecedores do setor. Tenho certeza de que eles têm a mesma experiência que sua empresa. Talvez até mais. Vocês estão crescendo, mas ainda são pequenos e novos no mercado."

Mais uma vez Steve estava pronto para responder, com seu segundo roteiro. "Bem, na verdade não posso negar isso. Porém, vemos o pequeno e o novo como vantagens. **Pequeno** significa ágil e **novo** quer dizer moderno. E lembre-se: somos novos como organização, mas nosso pessoal tem tanta experiência quanto qualquer outro nesse setor. Nosso sócio responsável pela administração da empresa é especialista em linha de produção. Ele projetou a nossa para que seja extremamente moderna, o que nos dá uma incrível flexibilidade naquilo que podemos oferecer aos nossos clientes. Nossa linha de montagem pode ser modificada e reinstrumentalizada da noite para dia. Isso quer dizer que somos especialistas em produções pequenas. De fato, a linha de produção foi a principal razão para eu ter entrado como sócio da companhia. Nossa gama de conhecimentos e grande flexibilidade geram benefícios aos nossos clientes, o tempo todo. Nós salvamos um cliente na semana passada em uma oportunidade que considerávamos perdida. Quando eles perceberam que havia uma falha de *design* do produto e que teriam de adaptá-lo, o grande fornecedor deles não foi capaz de providenciar as mudanças na linha de produção com rapidez suficiente. É nesse ponto que nos destacamos. Nós conseguimos nos reequipar a tempo de entregar o que o cliente precisava, o que, por sua vez, permitiu ao cliente atender seus compromissos. No final, nossa flexibilidade salvou o dia. Eles cumpriram seus prazos de entrega e nós conseguimos o contrato."

"Bem, eu não diria que isso não é impressionante, mas não precisamos desse nível de flexibilização. Nosso produto tem um padrão fixo e nossos pedidos são feitos com grande antecedência. Nem consigo me lembrar de alguma vez em que fomos obrigados a alterar alguma especificação. Mas, concordo, isso seria um pesadelo", declarou Ian.

"E foi. Ou melhor, teria sido se não tivéssemos conseguido ajudar. Aquela também fora a primeira vez que tiveram de mudar suas especificações. Nunca se sabe o que pode acontecer", afirmou Steve.

"Bem, não posso falar pelos seus outros clientes, Steve. Contudo, minha maior preocupação é com o tamanho de sua empresa. Você tem uma única instalação. O que acontece se por algum motivo ela parar?"

Steve viu aquilo como uma boa oportunidade e disse: "Você deveria vir conhecer nossas instalações. Não estou exagerando quando digo que são modernas. Tenho certeza de que nunca viu nada parecido. Nenhuma linha de

36 **VENDA MAIS,** MELHOR E SEMPRE

produção a oeste do rio Mississipi é mais rápida ou flexível que a nossa. Somos a mais moderna fábrica do país, com sistemas de *backup* integrados e capacidade de reposição. Em dezoito meses essa linha de produção não deixou de funcionar por mais de 8 horas, e isso foi logo que inauguramos. Nunca perdemos um compromisso. Você não perderá nenhum minuto de sono conosco."

"Você falou com a mesma certeza que demonstrei sobre nunca ter sido necessário alterar nossas especificações." Em seu interior, Steve recuou, tentando não demonstrar isso. "Veja, Steve, tenho certeza de que vocês progrediram muito, mas ainda não compreendo como vocês poderiam ser mais eficientes que meus fornecedores atuais...", enfatizou Ian.

"É exatamente o que disse antes. Somos os novos concorrentes no setor. Cada um de nossos funcionários está intimamente envolvido com cada cliente. Quando
precisamos agir, todos estão unidos. A única coisa de que nos livramos foi da burocracia." Steve esperava poder expandir sobre esse tema.

Ian parecia o estar alertando: "O benefício de ser pequeno."

"Sim, mas não apenas pequeno. É preciso considerar os profundos conhecimentos de nossa equipe administrativa. Poderíamos dizer que estamos no mesmo nível que os pesos-pesados do setor", salientou Steve.

"Sem dúvida", disse Ian.

Steve saiu da reunião achando que fizera um ótimo trabalho. Ele mencionara o caso da Foil, a conferência em Hong Kong e a moderna flexibilidade da linha de produção de sua empresa – todos fatos importantes e estimulantes baseados em dados estatísticos. Ele conhecia sua equipe, a gama de produtos da Discus e também sua vantagem competitiva. Steve também identificou exemplos relevantes sobre como haviam ajudado clientes no passado e os associou à própria situação de Ian. Todo aquele preparo certamente levaria a bons resultados.

Antes de pegar o trem de volta para casa, Steve parou para tomar uma cerveja e celebrar. Ao se sentar ao balcão ele acrescentou à lista mental de coisas com as quais se sentia feliz o fato de que não perdera seu tempo. "Fui diretamente ao ponto, sem perder oportunidades. Sempre que ele levantava alguma preocupação, respondia de maneira tranquila e segura", refletiu Steve. Ele achava que eram boas as chances de trazer alguns novos negócios para a Discus.

Então, na metade da cerveja, o telefone de Steve tocou. Era seu sócio, Brad, com uma pergunta sobre outro projeto. Steve parecia confiante, então Brad perguntou: "Você teve uma reunião na Javelin hoje, não é? Como foi?

"Acho que foi ótima. Obrigado."

"O que você conseguiu descobrir sobre a cadeia de suprimentos deles?"

"Bem, nós nos concentramos em outras coisas. Eles ficaram bem impressionados."

Brad fez uma pausa e concluiu a conversa, dizendo: "Bem, vamos conversar amanhã. Então você poderá me dar maiores detalhes sobre o que descobriu. As 15 h?"

Steve apreciou o resto da cerveja, imaginando quais seriam os próximos passos junto a Javelin. Ele verificou o horário no celular e reparou que havia recebido um *e-mail* de Ian. Boas notícias chegam rapidamente, ele pensou. Ele abriu o *e-mail*:

Ian Mitchell

Para: Steve Stillman
Ref: Reunião

Steve, foi bom revê-lo. Obrigado por ter vindo. Conversei com meu chefe e o responsável por compras após nossa reunião e gostaria de lhe dizer que decidimos continuar com nossos atuais fornecedores. Desejo a você muita sorte na nova empresa. Parece que ela é bastante eficiente. Podemos voltar a conversar dentro de 12 a 18 meses.

Ian

Steve praguejou em silêncio e decidiu não terminar a cerveja "comemorativa". Em vez disso, seguiu direto para a plataforma onde seu trem já havia chegado. Ele entrou no primeiro vagão e procurou um assento disponível. Aparentemente não havia nenhum sobrando.

Exceto, por um golpe de sorte, um banco voltado para trás (sempre o último a ser escolhido). Ao sentar-se, percebeu que estava de frente para um conhecido, Matt Legere. Há alguns anos Steve havia treinado o filho mais novo de Matt em uma liga comunitária de basquete e ambos se tornaram

38   VENDA MAIS, MELHOR E SEMPRE

amigos. De vez em quando os dois se encontravam no trem, indo ou voltando da cidade.

Steve se sentou de frente para o Matt, que, olhando por cima do jornal, perguntou: "Hey, Steve, você parece um pouco cansado. Dia difícil?"

"Tive uma reunião essa tarde com um cliente potencial, mas acho que ele não vai considerar nossa proposta", disse Steve.

"Você trabalha com vendas agora?"

"Eu, não. Somos uma pequena empresa então estou agendando algumas reuniões."

"Então você é um homem de vendas."

"Não, na verdade é mais um processo de 'inteligência de *marketing*', mas também ajudo na equipe administrativa.

"Ok, então é o cara de vendas."

"Tudo bem, estou vendendo, mas não sou o responsável por vendas." Então ele fez uma pausa e completou, "Razão pela qual eu acho que não consegui fechar a venda."

Matt já havia escutado aquilo antes, de dúzias de novos vendedores. "Então receba um conselho de um homem de vendas: nem sempre os vendedores fecham o negócio. Isso não é nada demais. Sempre costumo dizer que **vender não está associado a vender.**"

"Mas isso não faz sentido."

"Faz todo sentido para mim. É parte de minha filosofia de vendas. E acho que é por isso que sou bom no que faço."

A partir do que Steve havia compreendido, Matt era bom naquilo que fazia, e, aparentemente, muito bom. "Então me diga, qual é sua filosofia de vendas?", questionou Steve.

Matt inclinou-se como se fosse contar um segredo, e disse: "Eu lhe direi a minha se me disser a sua."

"Eu não sei. Nunca pensei sobre isso." Ele riu e eu disse: "Nunca me vi como um homem de vendas."

"Bem, você deve ter se preparado para a reunião que teve hoje. O que estava tentando conseguir?"

"Pensei em retomar alguns dos meus velhos contatos. Liguei para um sujeito com quem trabalhei. Pesquisei um pouco com meus parceiros no escritório e então fiz um roteiro de algumas coisas que achei que seriam atraentes em nossa oferta. Ian é um homem lógico e racional. Pensei que se lhe desse alguns argumentos ele nos daria uma chance."

"E?"

Steve explicou o que havia dito sobre Brad, a linha de produção da empresa e a flexibilidade da Discus.

"E como ele reagiu?"

"Bem, como eu disse, Ian é um homem que usa a lógica; ele gosta de compreender as causas e consequências. Sabia disso porque já havia trabalhado com ele... Achei que ficaria impressionado. Não sei o que aconteceu."

"E qual foi a reação dele diante de toda a sua lógica? O que ele realmente lhe disse?

"Eu não sei bem, ele apenas repetiu diferentes versões da mesma pergunta – **Por que deveríamos trabalhar com vocês?**"

"E o que você respondeu?"

"Eu já disse. Pensei que estivesse dando a ele boas evidências. Agora me parece que ele sequer estivesse ouvindo meus argumentos. Ele continuou me perguntando como eu poderia ser mais eficiente que os fornecedores atuais. Ele perguntou e eu respondi. Pensei que tudo tivesse corrido bem até receber o *e-mail*. Agora penso que nós ficamos apenas andando em círculos. Ou, quem sabe ainda tenha ficado alguma impressão ruim em nossa antiga relação comercial."

Antes de responder Matt ficou em silêncio, apenas ouvindo o barulho do trem. "Bem, é possível que isso tenha acontecido. Antes de ir para uma reunião eu sempre dou um passo atrás e me pergunto sobre o contexto de relacionamento entre eu e o cliente, quem eu irei encontrar, qual a relação, porque estou indo até ele, e porque **eles** estão me recebendo? Pensar no relacionamento me ajuda a me concentrar. Isso também pode me ajudar a fazer ajustes se, de repente, eu achar que estou andando em círculos, o que parece ter acontecido no seu caso. Diga-me, como foi a relação de vocês no passado?"

"Ele tinha alguns projetos e estávamos explorando possibilidades de firmar um *joint venture*. No final percebemos que não nos encaixaríamos bem. Mas gostamos de trabalhar juntos. Pelo menos eu gostei."

"Então ele estava vendendo para você."

"Não, eu só estava em busca de oportunidades de investimento."

"A partir de sua ótica, sim, mas e quanto à perspectiva dele? Ele tem um projeto e precisa do seu capital. Você não acha que naquela ocasião ele estivesse tentando lhe vender um negócio?"

"Bem, acho que nunca pensei naquilo como uma relação de vendas."

"Em algum momento da vida todos nós vendemos...!

Steve sorriu: "Todo mundo é vendedor, certo?"

"Exato, todos nós somos vendedores. Precisamos ser." Matt pensou por um momento. "Então, no passado, ele tentou vender uma ideia a você e agora a situação se inverteu."

"Então eu deveria me sentir confortável com tal situação, é isso o que está dizendo?"

"Na verdade eu iria até um pouco mais longe, pois não permanecerá em venda por muito tempo se continuar a manter reuniões como essa. Você prestou um favor ao seu amigo. Você deixou que ele o desqualificasse como alguém com quem ele não precisa conversar."

"Sério?"

"Sério! Veja, se você não consegue demonstrar que é útil para ele, independentemente de sua história, ele com certeza tem coisas mais importantes a fazer que substituir fornecedores que já estão prestando um bom serviço."

"Eu nunca pensei que lhe venderia algo por conta de nossa relação anterior. Eu sabia que ele me receberia, só isso. Eu acho que temos muito a oferecer a ele. Isso é útil, não é?"

Matt inclinou-se para frente mais uma vez e disse. "Acho que estou começando a entender o que aconteceu. Você tinha muito a dizer a ele, e o fez. Entretanto, me parece que você **não captou** muito do que **ele** estava tentando lhe dizer."

Steve tentou responder, mas Matt levantou a mão para interrompê-lo. "Não, escute o que estou lhe dizendo. Você estava concentrado na lógica e na razão. Você mesmo disse isso algumas vezes. Comentou que isso se baseava no que você sabia a respeito dele. Mas isso foi em uma situação diferente, em que ele estava tentando persuadi-lo, tentando sondar suas necessidades. Agora a situação é diferente. Quais são as necessidades **dele**?"

"Bem, segurança no recebimento de suprimentos, eficiência e confiabilidade."

"E o que você conseguiu com isso?"

Steve não sabia o que dizer.

"É isso que estou lhe dizendo, Steve. Parece que você não perguntou. Você não tentou descobrir o que era importante para ele. Havia algum desejo escondido? Acho que você desconhece a resposta. Tudo o que sabe é que a situação atual está satisfatória para ele."

Steve aceitou o que Matt lhe dissera, embora não tenha ficado feliz.

Matt continuou, suavizando um pouco o tom de voz. "Ouça, estávamos falando sobre filosofias de venda, certo? Então veja qual é a minha. Em primeiro lugar, tudo está associado a pessoas. **Negócios são pessoas**, assim como vendas. Neste sentido, a menos que compreenda a mente humana, jamais entenderá a mecânica de vendas. Em segundo lugar, a única maneira de conseguir atrair as pessoas é escutando o que elas têm a dizer. A melhor estratégia neste caso é perguntar. Quanto mais você ouvir sobre a situação que elas estão enfrentando, mais fácil será descobrir como será capaz de ajudá-las. O que nos leva ao terceiro ponto – que se aplica à vida, aos negócios e a todo o resto –, tudo gira em torno de ajudar as pessoas, independentemente de isso gerar dinheiro ou não. Para mim, é isso que vendas quer dizer, **ajudar pessoas**. A primeira palavra é sempre 'pessoas'."

Steve deu um longo suspiro. "Uau. Sinto-me como se alguém de repente soltasse todo o ar de um grande balão – **eu**. Mas isso é bom. Sinto-me melhor. De verdade. Gostaria de aprender mais."

Matt e Steve continuaram a conversar. Quando finalmente chegaram à estação em que iriam desembarcar, Matt dobrou o jornal e o colocou no bolso lateral de sua mala. "Ouça, Steve, eu sei que toda essa história sobre pessoas pode soar um pouco Poliana. Mas, pelo menos para mim, é algo sincero. Sinto-me energizado com isso. É o que me faz pular da cama todas as manhãs. Ligue para mim se quiser. Eu gosto de conversar."

N a manhã seguinte Steve se sentou em uma cafeteria próxima do escritório e anotou rapidamente as dicas recebidas de Matt.

Então ele percebeu alguém o observando por sobre o ombro. Era Jane Anders.

Steve e Jane haviam completado seu MBA juntos, e ela fora sua parceira de grupo de estudos favorita. Ela tinha um jeito especial de separar tudo em partes e compreender as conexões em estudos de caso complexos. Quando chegava a hora de agir, Jane era um dínamo: **esperta, ousada e sempre pronta para um desafio**.

"Stillman, meu empreendedor favorito", disse Jane.

Eles se cumprimentaram, se abraçaram e rapidamente trocaram as últimas informações sobre a vida. Jane então olhou para a lista de Steve e perguntou: "Pedidos de Natal?"

"Bem, eu estaria um pouco adiantado. Não, estava apenas revisando uma reunião que tive com um cliente ontem."

"Está em vendas agora?"

"Não exatamente. Bem, na verdade acho que sim. Mas não estou me saindo muito bem."

"Isso me faz lembrar nossos grupos de estudo. Bons tempos. Precisa de uma ajuda? Ou de alguém para ouvi-lo?"

"Acho que apreciaria ambas as ofertas."

"Jane puxou uma cadeira, sentou-se e perguntou: "Muito bem, o que aconteceu em sua reunião que foi positivo?"

"Bem, não foi nada boa. É por isso que estou pensando."

• Verificar contexto do relacionamento antes das reuniões.
• Como não desqualificar a mim mesmo.
• Perguntar mais que falar.
• Filosofia de vendas.
• Venda como uma ajuda.
• Pessoas, pessoas e pessoas.

"Somente o fracasso faz você pensar? Sempre há algo de positivo." Como qualquer bom pensador positivo, Jane começou suas análises observando os aspectos úteis. Haveria muito tempo para avaliar os negativos posteriormente.

Steve contou-lhe os pontos mais importantes sobre a reunião que tivera com Ian – que seu desempenho fora sólido, que ele conhecia seu produto, tinha informações importantes e histórias relevantes, e, que, inclusive, tivera tempo para mencionar a experiência de Brad e Gary no setor.

Jane, que raramente conversava sem anotar alguma coisa no papel, olhou par cima. "Até aí tudo bem. O que mais foi positivo na reunião?", questionou Jane.

"Bem, o fato de eu ter conseguido agendá-la. Eu queria retomar contato com pessoas que conhecera em meu emprego anterior, que poderiam se tornar nossos clientes. Eu perguntei e eles disseram que sim."

"Sinto o cheiro de um 'mas' prestes a surgir..."

"Mas eu acho que não usei meu tempo com esse contato muito bem."

"Certo, mas antes disso, ainda há algo de positivo?"

"Gostaria que houvesse."

Uma história simples – Pessoas ou processo?   **43**

"Tem certeza, nada? Será que ele se encontraria novamente com você se o pedisse?"

"Sim, acredito que sim, embora em seu *e-mail* tivesse mencionado que não antes dos próximos 12 meses." Relembrar aquela afirmação de Ian fez com que Steve quase desmoronasse na cadeira.

Jane também inclinou-se para trás. "Certo, então você sabe que a reunião não correu tão bem quanto esperava. Contudo, ele deixou as portas abertas para uma nova reunião. Não é muito, mas já é algo. Muito bem, então faça o papel de um estranho por um momento e avalie o encontro da maneira mais objetiva possível. Quais seriam suas objeções? O que **eu**, como cliente, iria querer que você fizesse diferente?"

"Essa é fácil. Eu realmente não tinha nenhuma estratégia. Eu só pensei em utilizar meu contato e apresentar meu material, o que seria suficiente para começar a conversa. Teríamos um diáligo amigável e talvez ele decidisse tentar fazer negócios conosco. Seria algo tão simples quanto isso."

Como sempre, Jane estava anotando tudo. "Estou escrevendo 'Como estabelecer objetivos claros antes de uma reunião.' Você acha que isso ajuda a capturar a situação?"

"Sim, ótimo, obrigado.... Outra coisa, acho que não aprendi muito sobre ele e a empresa. Meu sócio me perguntou o que eu havia aprendido sobre a cadeia de suprimentos dele. Não fui capaz de dizer nada sobre isso. De fato, quanto mais penso sobre isso, mais vejo que não descobri nada sobre suas iniciativas atuais ou a respeito do que os deixa preocupados no final de cada dia." Steve se lembrou dos conselhos de Matt
sobre fazer perguntas e descobrir como ser útil. Ele se inclinou para frente. "Em retrospectiva, o fato de eu não perguntar nada foi o grande problema."

Jane levantou os olhos e perguntou. "Então 'Como explorar informações úteis'?"

"Sim, e eu realmente não me aproveitei de nosso relacionamento passado. Praticamente não houve nenhuma conversa pessoal. É claro que ele não ajudou muito nesse caso. Ele já partiu para as perguntas, sem muita conversa fiada."

"Muito bem, então escreverei: "Como estimular maior abertura e fazer conexões pessoais.' Certo, isso já é um começo. Sem respostas ainda, entretanto, já tenho algumas perguntas úteis."

Steve percebeu que nos dois últimos dias já havia escutado muitas vezes as palavras "**útil**" e "**perguntas**". "Sim, obrigada, muito útil." (aliás, lá está ela de novo.)

44 VENDA MAIS, MELHOR E SEMPRE

"Sem problemas. Bem, tenho de correr, mas antes de ir veja aqui um pequeno roteiro para você. Quando lhe perguntei o que correu bem na reunião você usou a expressão 'meu desempenho'. Você está certo, de fato é um desempenho, o problema é que você não é a estrela do *show*. Vender é um processo. É uma arte, como cozinhar. Você não pode apenas jogar um monte de ingredientes em um caldeirão e esperar obter um prato delicioso – uma refeição *gourmet*. É preciso contar com a melhor receita, os melhores utensílios e os melhores ingredientes. Estes, por sua vez, têm de ser acrescentados na ordem certa e da maneira correta. Mas você tem de saber o que guardar na manga. É preciso preaquecer o forno; é preciso técnica. Afinal, seu objetivo é fechar a venda. Escutou essa palavra **fechar**? Vender é uma arte. A primeira palavra é sempre **processo**."

Steve sorriu: "Esse é um bom roteiro. E não me surpreende, vindo de você."

"Eu sei. Você costumava me chamar de a rainha do processo. Mas, acredite em mim, isso funciona. Estou me saindo bem – muito bem. Tenho um processo para antes da reunião, para depois dela e vários específicos para o próprio encontro. Todos eles funcionam muito bem... pelo menos para mim. Se quiser um conselho, encontre um processo que funcione para você. Eu o manterei no caminho certo. E, acima de tudo, eu o ajudarei a vender melhor. Bem, tenho de ir. Aqui está sua lição de casa. Ou parte dela. Até mais!"

Ela retirou aquela página de seu caderno, entregou a ele e saiu. Assim como fazia na escola.

Steve olhou as anotações.

Positivo	Áreas para desenvolvimento
• Consegui a reunião.	• Como estabelecer objetivos claros antes das reuniões.
• Conhecia meu material.	
	• Como explorar informações úteis.
• Apresentei informações relevantes.	• Como incentivar a revelação de informações e estabelecer uma conexão pessoal.
• Ele se encontraria novamente comigo se eu o pedisse.	

Steve pensou a respeito dos conselhos que recebera de Matt e Jane. Ambos pareciam úteis (olhe aí a palavra novamente), mas surgiram de locais bem diferentes. Matt lhe dissera que tudo gira em torno de pessoas e que Steve teria sido mais bem-sucedido se tivesse prestado mais atenção a Ian como pessoa. Jane, em contrapartida, afirmou que em vendas tudo se baseia em **processo**, e que ele teria se saído melhor se tivesse agido como um *chef* de cozinha preparando uma receita. De modo separado, ambas as conversas faziam pleno sentido. Juntas, entretanto, elas pareciam confusas. Pessoas e processos? Quem estaria certo afinal?

CAPÍTULO 6

Vendas exigem debates – e RPA e APA

"Experiência é apenas o nome que damos aos nossos erros."

– Oscar Wilde

Embora Steve tivesse obtido muito conhecimento em suas reuniões com Matt e Jane, ele ainda estava perplexo. Ambos eram profissionais bem-sucedidos, embora parecessem adotar abordagens bem distintas em seu trabalho. Para Matt, tudo girava em torno de pessoas, enquanto para Jane, tudo estava associado a processos. E os dois pareciam estar certos. Fosse ou não sua função principal, Steve percebeu que teria de se tornar mais eficiente em vendas. Isso significaria descobrir uma abordagem que funcionasse para ele.

Ele precisava falar com Virgil.

Virgil Walker, um executivo aposentado (e muitas outras coisas) havia sido o mentor de Steve em sua decisão de deixar a Athelon Finance e aceitar uma parceria minoritária na Discus. Tomar aquela decisão não fora fácil. Steve já trabalhava para a Athelon por seis anos, gostava de seus colegas e a progressão em sua careira parecia assegurada. O mesmo não se podia dizer sobre seu futuro na Discus, que seria incerto. Todavia, a ideia de ser um acionista da empresa era com certeza atraente, mas a companhia era nova e trazia consigo todos os riscos de uma *start-up*. Porém, o que mais lhe preocupava era o fato de ter de encarar uma íngreme curva de aprendizado. Ao longo de todo o tempo suas conversas com Virgil foram bastante úteis. Virgil não dava conselhos, mas tinha a facilidade de fazer com que seu aprendiz visse tudo de maneira mais clara. No final, a

48 VENDA MAIS, MELHOR E SEMPRE

escolha foi simples e direta: a Athelon oferecia o conforto da segurança; a Discus, o desconforto do esforço e da expansão. Steve preferiu o desafio.

Era exatamente assim que estava se sentindo ao digitar o número de Virgil.

"Oi Virgil, será que eu poderia convidá-lo para almoçar?"

"Claro. Precisa conversar?" Depois que se aposentou, Virgil começara a oferecer *coaching* para pessoas como Steve, que estavam tentando prosperar em suas carreiras. Ele não aceitava dinheiro. Em sua visão, seu próprio aprendizado viera por conta do auxílio de outras pessoas, portanto, ele teria todo o prazer em retribuir essa ajuda. Além disso, ele adorava interagir com pessoas. Os almoços de graça eram apenas um bônus.

Eles se encontraram no restaurante favorito de Virgil, próximo à biblioteca pública, onde ele trabalhava como voluntário. Na verdade era uma velha lanchonete com cabines, bancos com pés cromados e mesas de fórmica, completas com um conjunto também cromado de saleiro, pimenteiro, paliteiro e guardanapos de papel. Depois de alguns hambúrgueres e um bate-papo, Steve fez um resumo de sua reunião e de tudo que aprendera com Matt e Jane.

"Você ficou surpreso com as observações de seus amigos sobre o valor de desqualificar vendedores, não é?"

"Bem, na hora fiquei surpreso, mas acho que agora faz todo sentido."

"Quando você está comandando uma operação, qualquer responsabilidade que consiga tirar de seus ombros para obter algum resultado é válido. Aliás, é provável que isso se aplique ainda mais hoje em dia do que quando eu estava mais diretamente envolvido nessa área."

"Sim, de fato eu já fiz isso – embora jamais tenha pensado nisso dessa maneira. E com certeza nunca pensei nisso pela perspectiva de quem está do outro lado da mesa. Eu acabei entrando nessa, não é?"

"Pois é, e parece que você acreditou demais que conseguiria."

"É, eu percebo isso agora."

"Talvez você devesse se inspirar no serviço militar."

"Você acha que foi tão mal assim?"

"É provável. Mas não fique remoendo isso. Uma característica do exército é o fato de ser uma organização de aprendizado. Mas não estou sugerindo que você se aliste, apenas que aprenda com eles. Sabe o que significa RPA?"

Steve acenou negativamente com a cabeça, então Virgil começou a lhe contar sobre a unidade OPFOR do exército. Como parte do programa de treinamento para as brigadas mais experientes, o exército coloca seus membros para lutar contra uma unidade de elite denominada OPFOR (uma abreviatura, em inglês, para Força Oponente). Em uma série de exercícios de combate intensos, os soldados da OPFOR levam os treinandos ao limite, desenvolvendo suas habilidades em confrontos e também seu pensamento estratégico. Como parte do exercício, as brigadas em treinamento recebem posições privilegiadas, maior quantidade de informações (inteligência), tecnologia mais avançada e o dobro de homens. Todavia, a despeito de todas essas desvantagens a OPFOR quase sempre é a vencedora. Por quê? Porque os integrantes da OPFOR discutem e aprendem com cada embate. Eles aperfeiçoaram o uso de uma dinâmica de aprendizado poderosa: Relatório Pós-Ação (RPA).

Steve ficou impressionado e disse: "Você também participava?"

"De maneira discreta. Mas isso não importa. O que você precisa agora é fazer um RPA completo em relação ao seu desempenho para ver onde e como será capaz de se aprimorar. Faz sentido?"

Steve procurou em sua mala as anotações que fizera a partir das conversas com Matt e Jane. "Claro, e já temos algo para começar."

Virgil olhou as notas de Steve em relação ao que Matt lhe dissera:

- Contexto dos relacionamentos.
- Como não desqualificar.
- Perguntar mais que conversar.
- Filosofia de vendas.
- Ajudar as pessoas.

E em relação ao que Jane lhe dissera:

- Estabelecer objetivos claros.
- Explorar informações úteis.
- Fazer com que o cliente se abra.
- Conexões pessoais.

Então ele olhou de volta para Steve e colocou as notas de lado. "Isso aqui está muito bom. E, com certeza, esses pontos lhe serão úteis. Mas ainda não estamos prontos para eles. Em primeiro lugar, precisamos estabelecer um contexto. Por que acha que os RPAs são tão eficientes?"

Steve pensou por um momento e disse: "Bem, me parece óbvio. Eles os utilizam para avaliar seu desempenho. Eles aprendem com os próprios erros. E a partir de seus sucessos também, acredito eu."

"Ótimo, até aqui. Em relação a quê eles avaliam o desempenho do grupo?"

"Em relação à vitória?"

50 VENDA MAIS, MELHOR E SEMPRE

"Mudemos as metáforas por um minuto. Você acompanha futebol, certo?
Steve acenou afirmativamente dessa vez.

"E como sabe avaliar o desempenho de seu time na temporada?"

"Pelo número de vitórias e derrotas ao longo do campeonato."

"Certo, mas isso explica o que os torna uma boa equipe? Usar somente os resultados por eles obtidos lhe daria dados suficientes para recrutar e treinar uma equipe vitoriosa?"

"Não, claro que não."

"Do que mais precisaria?"

"Bem, acho que seria preciso dividir as habilidades em áreas críticas, tentar compreender como elas contribuíram para o bom desempenho e então começar a partir daí."

"Exato. Portanto, antes de fazer um RPA você teria de estabelecer algo que o ajudasse a avaliar os resultados."

Steve estava compreendendo as palavras do amigo. "Então você precisa de uma Análise Pré-Ação (APA) para estabelecer suas metas e também seus critérios de avaliação de desempenho."

"Correto, e é isso que a OPFOR faz. Cada RPA é avaliado em comparação a uma APA."

Steve estava conseguindo seguir o raciocínio. "Então o que está me dizendo é que não basta só avaliar o resultado no final do jogo, é preciso saber como você chegou até lá."

"Isso e algo mais. Assim como em um jogo de futebol ou em uma batalha simulada, você dividiria a meta como um todo em pequenos passos, sendo que cada um levaria ao próximo."

"O que significa que precisamos definir os objetivos de cada passo para uma reunião de vendas." Steve sempre saía energizado de suas reuniões com Virgil. Ele jamais pensara naquilo daquele modo. Na verdade, ele partia do pressuposto de que oferecendo um roteiro atraente, combinado a atitudes positivas, e, talvez, a algumas técnicas de persuasão de vendas, ele teria uma boa oportunidade de criar negócios. Ele não tinha certeza de aonde Virgil queria chegar, tampouco de como chegaria lá, mas estava intrigado.

"Muito bem," disse Steve. "Estou pronto. Por onde começamos?"

Virgil pegou o paliteiro, retirou alguns palitos de dentro e disse: "Com isso!"

"Steve já havia aprendido a não se surpreender pelas técnicas de *coaching* de Virgil. Ele espalhou os palitos no meio da mesa. "Já ouviu falar no jogo de palitos?" Steve respondeu que não, então Virgil continuou. "É um jogo sim-

Vendas exigem debates – e RPA e APA **51**

ples, e é bem provável que já o tenha disputado. A ideia é começar com um número de palitos ou marcadores de algum tipo. Então você terá de pegá-los, um por um, de acordo com um conjunto de regras. A pessoa que ficar com o último, ganha o jogo."

Steve se recordou. De fato ele havia jogado palitos algumas vezes na escola. Na versão que ele conhecia, você jogava 15 palitos sobre a mesa. Daí, você e seu oponente se alternavam pegando um ou dois palitos de cada vez. O objetivo era pegar o último. A maioria das pessoas chegava à conclusão de que para conseguir pegar o último palito (de número 15), era preciso pegar o 12º e, antes disso, o 9º, e assim por diante. Uma vez que você entendesse o truque o jogo se tornava tão ou mais fácil que palavras cruzadas. Se usar a estratégia correta, jamais perderá.

"Assim, utilizando esse jogo como modelo, criemos nossa própria versão," continuou Virgil, distribuindo os 15 palitos na forma de cerca sobre a toalha branca. Ele então apontou para o último palito e disse. "Digamos que este seja o objetivo no final da reunião. Os demais palitos são coisas das quais depende o objetivo final. Cada palito depende do anterior. Em outras palavras, não é possível pegar nenhum palito antes de pegar o que vem antes. Certo?"

"Ok!"

"Muito bem, qual é o seu objetivo final? Que resultado está buscando?

"Da reunião de vendas?... Fechar a venda."

"De verdade? Tudo o que você quer é fazer a venda? E se você não conseguisse efetuar a venda no final de sua reunião, você consideraria isso um fracasso?

"Bem, não, quer dizer, não necessariamente. Se eu conseguisse algum progresso. Talvez plantasse algumas sementes. "Virgil não disse nada. Steve sentou-se em silêncio por um momento, então continuou. "Eu iria querer manter uma imagem positiva. Suponho que isso representasse um sucesso parcial."

"Todo esse trabalho para deixar uma impressão positiva? E sobre as sementes que mencionou?"

Steve não conseguiu evitar demonstrar sua frustração. "Tudo bem, então eu quero plantar as sementes de uma ótima relação. É isso que está dizendo?"

Virgil sorriu. "Nada mal. Uma hipérbole pode ser uma maneira útil de se conseguir uma diferente perspectiva, mas chamaria a isso de uma relação produtiva?"

Steve refez o foco. Como sempre, Virgil estava correto. "De fato, essa é a chave. Vendas no nosso caso não acontecem por causa de uma única reunião."

"E...?"

52   VENDA MAIS, MELHOR E SEMPRE

"E também não se referem a um processo único. De modo ideal, você desejaria que fosse algo contínuo e, portanto, uma relação produtiva."

"E você se contentaria com isso?"

"Bem, creio que sim. Em especial pelo fato de não se tratar apenas da primeira venda. Haverá sempre a possibilidade de uma segunda, terceira, e daí por diante."

Virgil empurrou o último palito em direção a Steve. "Muito bem. Então esse é o seu objetivo futuro.[1] Estabelecer uma relação. E o que precisaria fazer para alcançar tal objetivo?"

"Bem, acho que eu teria de demonstrar a existência de uma fundamentação para essa relação."

"E, dentro do contexto comercial, qual a melhor maneira de fazê-lo? O que as pessoas valorizam em uma relação comercial?"

"Mostrar-se digno de confiança, mantendo sua palavra? Demonstrar que tem algo a oferecer e que as pessoas podem realmente contar com você. É assim que funciona para mim, pelo menos. Se alguém me mostra que é capaz de me ajudar a atingir um objetivo pessoal, minha tendência é me abrir para esse indivíduo."

"Certo. Pela minha experiência, uma promessa valiosa mantida é a base para qualquer relação comercial produtiva. Aliás, acho que isso vale para qualquer tipo de relacionamento. Então..." Ele empurrou o penúltimo palito. "Faça promessas que sejam úteis para seus clientes, um trabalho e tanto para um palito tão fininho."

Steve percebeu aonde tudo aquilo iria levá-los e concordou. "Com certeza, agora eu compreendo. Porque, para se fazer uma promessa significativa, seria preciso ter uma ideia do que de fato seria útil para eles; compreender os problemas que eles estão enfrentando. Isso significa que, em vez de apenas falar sem parar, eu teria de fazer mais perguntas. Tem tudo a ver com o que Matt disse. E também com o que a Jane falou, quando sugeriu que eu explorasse informações úteis."

"Mais uma vez você foi bem."Virgil deslizou mais um palito na direção de Steve. "E o que você precisa fazer para conseguir fazer perguntas úteis? Ter em mente que tais perguntas talvez sejam um desafio para seu cliente também."

1- Na metodologia do pensamento produtivo, o termo objetivo futuro é usado para descrever um resultado desejado.

Vendas exigem debates – e RPA e APA **53**

"Bem, de certo modo, eles teriam de me dar permissão para que fizesse certos tipos de perguntas de sondagem. Se as fizesse cedo demais, eles poderiam recuar e se fechar por completo."

"O que significa que...?"

"O que significa que é necessário ter credenciais, de certo modo? Acho que estou me perdendo."

"Não, pelo contrário, você está bem próximo. Qual é a raiz da palavra credencial?"

"Crível... credibilidade?"

"Exato. Eles precisam ter certo nível de confiança em você antes que se sintam confortáveis em responder perguntas mais profundas e delicadas. Então...?"

Steve concluiu: "Credibilidade para obter permissão para fazer perguntas."

"Bingo. Essa é uma das partes mais essenciais de uma reunião. Sem isso, é impossível seguir adiante." Virgil empurrou mais um palito: "Denomino essa fase de 'transposição da barreira da credibilidade'."

Virgil e Steve continuaram em seu jogo invertido. E, à medida que Virgil aproximava dele palito por palito, Steve escrevia cada passo que deveria ser dado. Veja o que ele anotou:

- Uma reunião bem-sucedida planta as sementes para uma relação produtiva.
- Para isso, faça promessas que sejam úteis para o seu cliente.
- Para isso, explore e faça perguntas que lhe permitam compreender as necessidades do cliente.
- Para isso, ultrapasse a barreira da credibilidade.
- Para isso, convide seu cliente a se abrir para que seja possível encontrar conexões entre ambas as partes.
- Para isso, saiba com quem está falando.
- Para isso, projete e administre a dinâmica da reunião.
- Para isso, estruture uma agenda significativa.
- Para isso, estabeleça os resultados desejados.
- Para isso, pesquise seu cliente.
- Para isso, consiga um "sim" para o seu pedido de reunião.
- E, para isso, compreenda e articule quem você é e o que irá oferecer.

Quando ambos terminaram, Steve recostou o corpo na cadeira: "Uau, então isso é uma APA. Parece bem claro."

54 VENDA MAIS, MELHOR E SEMPRE

Virgil deu risada: "Não isso não é a APA, apenas nos permite chegar ao ponto em que possamos realizar uma. A APA propriamente dita é o passo em que você estabelece os resultados desejados para cada reunião – assim como a APA que a equipe

OPFOR realiza para cada simulação de combate. Mas não se preocupe com isso agora. O ponto é que esses são os passos que terá de dar antes de cada reunião. Alguns pontos, como seu roteiro, poderão ser usados muitas vezes. Outros, entretanto, terão de ser customizados para cada encontro. Isso se tornará mais fácil com o tempo. Porém, se você seguir a abordagem básica, suas chances de sucesso aumentarão de maneira exponencial.

"Ah, e existem algumas coisas que eu deveria acrescentar no final que você certamente irá considerar úteis." Virgil esticou o braço, pegou as anotações do amigo e escreveu algumas palavras no final da lista.

Em seguida Steve olhou para a lista finalizada e concluiu: "Bem, parece que meu trabalho já **está** praticamente pronto e detalhado."

"Esse é o significado de excelência. Demanda trabalho. É por essa razão que a OPFOR sempre vence. Mas, observe pelo lado bom. Pelo menos agora a lista **está** organizada, não em uma pilha confusa."

"É verdade. **Há** algo sobre o qual ainda tenho curiosidade."

"Diga."

"Você falou bastante sobre processo. Você estabeleceu..."

"**Nós** estabelecemos."

"Nós estabelecemos doze passos discretos que precisam ser dados, da preparação de um roteiro até a promessa. Isso é bem voltado para processo. Jane disse que a venda está associada a processo. Mas você também disse que é crucial compreender a pessoa com quem estiver conversando, conectar-se a ele, ganhar sua confiança e estabelecer um relacionamento. Tudo isso é bem simples. E o Matt bateu muito nesse ponto."

Virgil ficou à espera da pergunta.

"Então, se tivesse uma escolha, em qual dos dois se concentraria mais, nas pessoas ou nos processos. Qual deles oferece a melhor recompensa?"

Virgil empurrou sua cadeira para trás e se levantou: "Qual deles é mais importante, inspirar ou expirar? Ele não esperou por uma resposta. "Vamos conversar novamente em algumas semanas e ver aonde você chegou. Obrigado pelo almoço. Da próxima vez você paga."

O resultado da conversa entre Steve e Virgil estará delineado ao longo do restante deste livro – assim como os passos essenciais do modelo de VP. Veja como será organizado:

- Capítulo 7 – Selecione, prepare e apresente roteiros breves sobre você, suas ofertas e a razão para sua reunião.
- Capítulo 8 – Estabeleça conexão suficiente e/ou pontos de interesse para conseguir uma resposta afirmativa ao seu pedido de reunião.
- Capítulo 9 – Conduza uma pesquisa eficiente para sua reunião.
- Capítulo 10 – Estabeleça seus objetivos em termos de resultados e um critério de avaliação de sucesso para as reuniões.
- Capítulo 11 – Utilize um modelo estruturado para impulsionar as reuniões.
- Capítulo 12 – Compreenda e utilize a dinâmica natural de uma reunião de vendas.
- Capítulo 13 – Reconheça e se conecte às preferências no modo de pensar de seus clientes.
- Capítulo 14 – Use o tempo na sala de espera de maneira produtiva e transforme um simples bate-papo em algo valioso.
- Capítulo 15 – Ganhe credibilidade para fazer perguntas.
- Capítulo 16 – Faça perguntas que sejam informativas para você e também para seus clientes.
- Capítulo 17 – Dê tempo para a incubação de ideias.
- Capítulo 18 – Estabeleça utilidade e plante as sementes para um relacionamento.

Os últimos quatro capítulos são derivados das anotações que Virgil acrescentou à lista de Steve:

- Capítulo 19 – O que e como aprender a partir das reuniões.
- Capítulo 20 – Pergunte a si mesmo sobre o **processo** de sua reunião para conseguir identificar áreas que precisam de aprimoramento.
- Capítulo 21 – Pergunte a si mesmo sobre o **conteúdo** de sua reunião para conseguir projetar os encontros de *follow-up* (acompanhamento) e pontos de contato.
- Capitulo 22 – Estabeleça e mantenha uma posição na mente de seu cliente à medida que seguir adiante.

PARTE III

Preparando-se para a reunião

CAPÍTULO 7

Alfred Hitchcock apresenta –
O poder do roteiro

"Para se fazer um grande filme é preciso reunir três elementos:
o roteiro, o roteiro e o roteiro."

– Alfred Hitchcock

Um roteiro de vendas é um discurso curto, bem ensaiado que informe seu cliente sobre você, sua empresa, seu produto e/ou seu setor. É possível utilizar roteiros ao longo de toda a reunião – e também em várias outras situações. Seja pelo telefone, em um restaurante ou em uma conferência, um breve roteiro explicando quem você é o que oferece poderá ajudá-lo a demonstrar sua credibilidade e se revelar intrigante para o interlocutor, a ponto de ele achar que vale a pena investir algum tempo ouvindo o que tem a dizer. Em praticamente qualquer situação, ser capaz de expressar sua mensagem essencial de maneira rápida e clara irá destacá-lo da multidão.

Roteiros não são desenvolvidos para manipular seus clientes, mas para que você consiga se comunicar com eles de maneira eficiente, efetiva e profissional. O principal propósito do seu roteiro de vendas é ajudar a estabelecer credibilidade. Como Steve identificou no capítulo anterior, a credibilidade é aquilo que garante a você o direito de fazer perguntas, e, fazer perguntas é o modo como você aprende sobre os problemas do seu cliente, assim como a respeito das perspectivas e necessidades dele. Um objetivo secundário, embora importante, é descobrir possíveis conexões pessoais entre você e seu cliente. Portanto, estabelecer um roteiro é essencial. Pense nisso como o primeiro palito em seu processo de vendas.

VENDA MAIS, MELHOR E SEMPRE

Seus roteiros o ajudam a construir credibilidade de duas maneiras: pelo que você diz e pela maneira como o faz. **O que** você fala tem por objetivo fundamentar a credibilidade do conteúdo. **O modo como** o faz tem por meta desenvolver a credibilidade do processo que utiliza. Comecemos, portanto, pelo processo.

Credibilidade do processo

Parte do estabelecimento da credibilidade é saber como e quando liberar informação, fazendo-o de maneira absolutamente assertiva e profissional. Pense em como você reage quando depara com um profissional, seja ele um instrutor de academia, um consultor de investimentos, um *coach* corporativo ou um médico. Você responde à atmosfera criada por essas pessoas. Peter, um jovem que conheço, trabalha como paramédico em uma cidade grande. Ele sempre me disse que, embora sejam a sua habilidade e o seu *know-how* técnicos que salvem vidas, é à sua calma e ao seu profissionalismo que tanto pacientes de emergência quanto seus familiares respondem em primeiro lugar. Ambos dão a essas pessoas a confiança de que estão em boas mãos.

Do mesmo modo, dizer suas primeiras palavras de maneira confiante e tranquila dá aos clientes sinais de que você sabe o que está fazendo, o que os ajuda a relaxar.

Se você costuma participar de palestras, sabe muito bem (assim como a maioria da plateia, diga-se de passagem) que é capaz de distinguir o profissional experiente do novato. O primeiro pisa no palco irradiando energia, aperta a mão do mestre de cerimônias, faz uma pausa ao posicionar-se no púlpito, espera que todos na sala se concentrem nele e se mostra absolutamente seguro ao proferir suas primeiras palavras. Antes mesmo de chegar ao ponto central de sua palestra, esse indivíduo já angariou a atenção e o respeito dos que o assistem. Você sabe que essa pessoa conhece os protocolos e que todos estão em boas mãos, pois ela estabeleceu credibilidade.

Transmitir seus roteiros durante uma reunião de vendas atinge o mesmo objetivo. Com frequência, sua habilidade de seguir protocolos e falar de maneira confortável sobre si mesmo e sua empresa podem ser o suficiente para que o cliente relaxe e baixe a guarda. Todavia, a batalha ainda não estará vencida. Ainda será preciso oferecer-lhe bom conteúdo, mas seu estilo será capaz de criar uma base sólida para estabelecer tal credibilidade. E para aperfeiçoar esse estilo serão necessários três ingredientes: **ensaio**, um **público** disposto a lhe dar *feedback* útil e, é claro, **prática**. Discutiremos cada um desses aspectos mais adiantes neste capítulo.

Credibilidade de conteúdo

O conteúdo dos seus roteiros precisa ser informativo e relevante. Você terá de fornecer informações de maneira clara e ordenada a respeito de si mesmo, sua empresa e suas ofertas, além de uma boa razão para que seu cliente considere benéfico e significativo investir seu precioso tempo para encontrar-se com você. O fato de sua empresa posicionar-se sempre à frente na corrida corporativa local pode ser importante para você, mas a menos que o seu cliente comercialize tênis de corrida isso poderá não significar grande coisa para ele.

Uma maneira de pensar sobre o conteúdo adequado é perguntar a si mesmo: "O que irá interessar suficientemente **meu potencial cliente** para que ele queira conversar comigo?" ou "Que tipo de informação posso lhe oferecer para que ele sinta que o tempo que me cedeu em uma reunião valeu a pena?"

Em geral, os roteiros de venda se encaixam em duas categorias definidas: os que **trazem informações** (cenário) e os que **oferecem novidades**.

A maioria dos seus roteiros será do primeiro tipo, ou seja, trará informações sobre você, sua empresa, seu produto ou seu nicho de negócios. Eles darão ênfase a tudo o que é exclusivo sobre você e suas ofertas. Às vezes eles tomarão a forma de histórias sobre batalhas que ilustrarão como você e sua empresa superaram desafios e/ou limitações e foram capazes de superar obstáculos para atender às necessidades específicas de seus outros clientes. Narrativas como essas são, com frequência, parte das curiosidades da empresa, portanto, um bom modo de conhecê-las é conversando com funcionários mais antigos da companhia. Esse tipo de roteiro tende a se revelar estável e não muda muito com o tempo.

Em contrapartida, como o próprio nome já sugere, os roteiros de novidades não giram em torno da história da empresa, mas de assuntos e questões atuais. Por exemplo, o modo como outras organizações estão suavizando os efeitos de uma nova lei tributária ou de eventuais incertezas por conta de novas regras nos mercado. Os roteiros de notícias também tendem a ser menos gerais em sua natureza. Eles se concentram em questões e pontos de vista que estão relacionados a clientes individuais – a pontos que sejam particularmente relevantes para cada um deles. Eles podem servir para oferecer a eles seus *insights* a respeito de tendências atuais ou possíveis distúrbios no mercado. Pelo fato de esses roteiros com frequência apresentarem sua interpretação e análise de situações que estão mudando e eventos que estão ocorrendo, você poderá usá-los para diferenciar a si mesmo de sua concorrência. Uma perspectiva única e útil sobre alterações nos negócios poderá colocá-lo em evidência perante os demais fornecedores, estabelecê-lo como alguém digno de confiança e garan-

62 VENDA MAIS, MELHOR E SEMPRE

tir-lhe um trampolim para a fase exploratória de sua reunião de vendas. Você verá um poderoso exemplo de tudo isso no Capítulo 15 deste livro.

Um cardápio de possibilidades para roteiros

Roteiros são essenciais. Todavia, a ideia de projetá-los pode parecer desafiadora. Muitos vendedores e agentes comerciais evitam prepará-los pelo simples fato de não saberem por onde começar. Na página 63 deste livro você encontrará perguntas diretas que poderão servir como ponto de partida para centenas de roteiros úteis.

Entretanto, esse não é o único lugar para encontrar possíveis *scripts* (roteiros). Uma vez que começar a procurá-los, verá que estão presentes em vários lugares. Conversas com clientes e colegas são, com frequência, repletas de matéria-prima que poderá ser transformada em roteiros úteis. A chave está em manter olhos e ouvidos abertos para as possibilidades.

Como construir seus roteiros

No Capítulo 2, discutimos sobre o princípio de separar seus pensamentos. Neste sentido, primeiramente é preciso gerar um grande número de ideias e só então voltar para avaliar cada uma delas. Chamamos a esse processo de **"listar e escolher"**. Esse princípio simples é a melhor maneira de começar a construir seus roteiros.

Faça a si mesmo qualquer uma das perguntas mencionadas na sequência ou quaisquer outras que julgar interessantes e úteis, então comece a inserir as respostas. Pense em questões que você costuma repetir em todas as reuniões com clientes, ou naquilo que diz quando descreve seu trabalho para algum amigo mais curioso. Não se preocupe em avaliar se as afirmações parecem boas ou ruins. Apenas produza uma longa lista com possíveis respostas. Por exemplo, em relação à tabela a seguir, você poderia perguntar a si mesmo: **"O que é interessante e exclusivo sobre mim?"**. Então comece a escrever. Vista aquela sua touca mágica que o ajuda a pensar durante o banho e faça associações aleatórias, acrescentando à sua lista coisas que já tenha feito e que o tenham transformado em um profissional único; informações que pareçam interessantes a seu respeito. Tudo importa e é válido, afinal, somente você terá de ler e reler essa lista. Apenas anote tudo o que surgir até ficar sem ideias, então ganhe fôlego e acrescente mais dados.

Depois que tiver uma lista bastante longa – e nunca antes –, terá chegado a hora de utilizar o pensamento crítico. Releia toda a lista e ressalte os tópicos mais intrigantes, marcantes, interessantes, perspicazes e ou provocativos – que interessem a **você** e também sejam capazes de interessar seus clientes.

Pergunta	Roteiro	Positivo para
• O que é interessante e/ou único a meu respeito? • Histórias pessoais podem mostrá-lo como alguém interessante para se conhecer. Narrativas pessoais sobre viagens, por exemplo, podem abrir diálogos a respeito de lugares que seus clientes tenham visitado e talvez revelem experiências e interesses em comum.	Histórico	Conexão
• Qual é minha história? • Conversar sobre seu histórico profissional poderá destacar sua experiência, *expertise* e rede de contatos.	Histórico	Credibilidade ou conexão
• Quem está na minha equipe e porque somos todos úteis? • Histórias que ressaltam o orgulho que têm de seus colegas e de suas realizações refletem bem a credibilidade deles e também a sua.	Histórico	Credibilidade
• Qual é a filosofia de trabalho de minha empresa? • Discutir as estratégias de sua empresa poderá dar a seus clientes uma percepção de quem você é, do modo como opera e do porquê está conversando com eles.	Histórico	Credibilidade
• Qual é a minha filosofia sobre este negócio? • O mesmo que acima, porém, a partir de uma perspectiva mais pessoal.	Histórico	Credibilidade
• O que está acontecendo em nosso setor? • Roteiros que revelem seus *insights* e sua capacidade analítica podem se mostrar poderosos edificadores de credibilidade.	Novidades	Credibilidade
• Qual é a história de meus produtos ou serviços? • Narrativas sobre o modo como suas ofertas se desenvolveram ao longo do tempo podem servir de trampolim para discussões sobre as experiências e necessidades dos clientes.	Histórico	Credibilidade
• O que está acontecendo em minha empresa? • Ações e transações que se mostrem inovadoras e pioneiras adotadas especificamente por sua companhia podem levar a discussões sobre inovações, mercados e necessidades do cliente.	Novidades	Credibilidade
• Como ajudamos clientes no passado? • Narrativas que demonstrem como vocês ajudaram seus clientes e superaram desafios podem dizer muito sobre sua capacidade e abordagem em relação aos negócios.	Histórico	Credibilidade

64   VENDA MAIS, MELHOR E SEMPRE

Agora você tem uma pequena lista de tópicos para possíveis roteiros para a primeira pergunta (O que é único ou exclusivo a seu respeito?). Releia as perguntas da tabela e faça o mesmo para cada uma delas. De modo relativamente rápido você terá uma longa lista de possibilidades de roteiros.

Agora de uma boa olhada em todo o seu trabalho e faça uma nova seleção. Escolha os roteiros potenciais que deseja construir – aqueles que poderiam ser utilizados como abertura. Talvez você já tenha desenvolvido algo desse tipo naturalmente, como pontos que gosta de ressaltar e repetir em reuniões, uma vez que já deparou com reações positivas ao mencioná-los.

Depois que tiver sua lista de roteiros, você estará pronto para começar a escrever.

Escrever?

Sim. A melhor maneira de você se certificar de que esse roteiro faz sentido – de que ele diga exatamente o que deseja dizer – e, ao mesmo tempo, facilitar o modo como o transmite, é colocando-o no papel. Mas fique tranquilo, pois isso não é tão complicado como se poderia imaginar.

Curso básico de redação criativa

Uma das razões pelas quais as pessoas entram em **pânico** é o fato de assumirem que **precisam acertar logo da primeira vez**. Contudo, se partir desse pressuposto, são boas as chances de que jamais irá começar. O segredo de escrever é similar ao mantra "listar e escolher" para a geração de ideias: o processo é bem mais eficiente quando se separa o trabalho de germinar ideias daquele de julgá-las. Com projetos de redação o princípio fundamental do pensamento produtivo pode ser expresso da seguinte maneira: "Primeiro coloque as ideias no papel, **depois,** aprimore-as conforme o necessário."

Veja o que fazer: comece colocando tudo o que tem em mente para fora. Você conhece o assunto, pelo menos em parte. Afinal, se não soubesse não teria conseguido listá-lo. Escreva tudo o que sabe sobre a questão. Não se preocupe com estrutura, sequência ou ortografia. Apenas escreva o que lhe vier à cabeça – qualquer coisa –, no papel ou mesmo usando o computador. Tente chegar a dois ou três parágrafos incoerentes, desorganizados, confusos e até mesmo ilógicos.

Então leia o que escreveu. A partir de uma perspectiva de conteúdo, você conseguirá enxergar o que está ali, assim como o que ainda não está. Se o seu primeiro rascunho parecer incompleto, retorne às suas fontes – as pessoas que conhecem a empresa melhor que você e que costumam apresentá-la a públicos externos. Converse com seu diretor de *marketing*, com as pessoas responsáveis pelo departamento de atendimento ao cliente, os especialistas na fabricação do seu produto, seu diretor financeiro ou até outros executivos do alto escalão. Cada um deles terá ideias interessantes sobre o que dizer e como fazê-lo. Leia o material de *marketing* de sua empresa, assim como os comunicados de imprensa. Há pessoas em sua empresa que pensaram muito sobre como contar a história da organização. Aproveite esse conhecimento. Se conhecer colegas com histórias potencialmente úteis, entreviste-as. Capture não somente suas narrativas, mas também a linguagem usada, e então utilize tudo isso a seu favor.

Uma vez que tenha reunido esse material, volte a trabalhar em seu roteiro. Livre-se do que não serve e concentre-se no que vale a pena. Talvez sejam necessários alguns rascunhos, porém, quando tiver algo no papel será mais fácil alterar ou cortar que começar do zero. E, quando estiver escrevendo, tenha em mente os sete mandamentos de um bom roteiro de vendas, a seguir:

OS SETE MANDAMENTOS DOS ROTEIROS

1. Concentre-se em um **ponto-chave** que ilustre algo único ou interessante sobre você ou sua empresa.
2. Conte uma **história**. Fatos e imagens são importantes, mas não são histórias. Estas se referem a pessoas. Sempre inclua pessoas em seus roteiros.
3. Mostre-se **relevante**. Escreva roteiros gerais que sejam interessantes para a maioria dos clientes e *scripts* personalizados para consumidores específicos.
4. Sempre termine sua exposição com uma **pergunta**. Seu objetivo é aprender sobre o cliente, portanto, faça indagações. Isso lhe permitirá avaliar se conseguiu ganhar credibilidade suficiente para que seu cliente sinta que deve respondê-las.
5. Seja breve. Escreva roteiros que possam ser cobertos em no máximo 60s.
6. Seja realmente breve. Ninguém gosta de **sermão**.
7. E como já disse, sempre **termine com uma pergunta**, entendeu?

Uma vez que tenha um rascunho já editado, faça uma apresentação experimental a alguém (talvez seu chefe ou colega) que possa lhe oferecer *feedback* útil. Depois de encená-lo, pergunte primeiramente do que eles gostaram[1] e, somente então, peça que compartilhem suas preocupações ou sugestões. Então trabalhe novamente em seu texto.

1- Lembra-se da maneira como Jane se concentrou primeiramente nos aspectos positivos ao pedir a Steve que avaliasse sua reunião? No Capítulo 20 apresentaremos uma ferramenta de inquirição denominada POWER que tira vantagem do princípio **"elogie primeiro."**

Antes e depois

Vejamos alguns exemplos de como esse processo é capaz de refinar seus roteiros e de elevá-los da categoria de bons a ótimos.

Observe na sequência uma versão "anterior" de um *script* que Steve utilizou durante sua reunião com Ian:

"Os parceiros de nossa empresa têm ampla *expertise* no ciclo de vida completo de nosso produto. Brad Haldane é nosso especialista na cadeia de suprimentos. Ele construiu uma rede bastante flexível, fechando contratos que sempre nos garantem os melhores preços na compra de materiais. Você se lembra quando a Foil reduziu o preço de seus aparelhos celulares? Foi o Brad quem tornou aquilo possível. Ele era consultor da Foil naquela época e mostrou a eles como poderiam cortar 12% dos custos em sua cadeia de suprimentos, e em apenas doze meses. Ele é conhecido mundialmente nesse nicho. De fato, ele será um dos palestrantes principais na conferência de cadeias de suprimento que acontecerá em Hong Kong no mês que vem. E por causa dessa rede de contatos de Brad, conseguimos bater ou pelo menos nos equiparar aos concorrentes em todas as cotações das quais participamos até agora, pela própria qualidade de nosso produto. Aliás, parte do nosso serviço é justamente deixar que Brad ajude nossos clientes a aprimorarem suas próprias cadeias de suprimento."

Veja agora o mesmo roteiro, porém, reformulado depois de algum *feedback* dos colegas de Steve – e formatado de acordo com nossos **Sete Mandamentos**:

"Lembra-se do anúncio da Foil em que aparecia uma marreta reduzindo 12% dos custos de seu produto? Pois bem, aqueles 12% foram obra do meu sócio, Brad, que é nosso especialista em cadeia de suprimentos. Antes de trabalhar conosco ele foi consultor da Foil, onde conseguiu enxugar a cadeia de suprimentos. Isso lhes permitiu repassar uma grande economia para seus clientes. Brad foi o responsável por isso e agora trabalha conosco. Ele pensa na cadeia de suprimentos de uma maneira totalmente diferente do que se costuma ver, e sua gama de conhecimentos me surpreende cada vez mais. Ele é conhecido mundialmente e participa como palestrante em todas as conferências no setor. Por causa dele fornecemos os melhores materiais com preços imbatíveis. Ao preço que oferecemos, ninguém se equipara a nós em termos de qualidade. Nós, inclusive, disponibilizamos a *expertise* dele aos nossos clientes, de modo que eles próprios possam cortar custos com seus fornecedores. Como você administra sua cadeia de suprimentos?"

Aprimoramentos no roteiro:

- É mais pessoal – Brad foi personificado como o grande responsável pela economia obtida.
- É visível a disponibilização de Brad como um recurso a mais para os clientes.
- O texto é levemente mais conciso.
- Termina com uma pergunta.

Veja agora a primeira versão do roteiro usado por Steve ao falar sobre a linha de produção da Discus:

"Nosso pessoal tem tanta experiência quanto qualquer outro nesse setor. Nosso sócio responsável pela administração da empresa é especialista em linha de produção. Ele projetou a nossa para que seja extremamente moderna, o que nos dá uma incrível flexibilidade naquilo que podemos oferecer aos nossos clientes. Nossa linha de montagem pode ser modificada e reinstrumentalizada da noite para dia. Isso quer dizer que somos especialistas em tiragens pequenas. De fato, a linha de produção é a principal razão para eu entrar como sócio da companhia. Nossa gama de conhecimentos e grande flexibilidade atendem perfeitamente a todos os nossos clientes, o tempo todo. Nós salvamos um cliente na semana passada em uma oportunidade que considerávamos perdida. Quando eles perceberam que havia uma falha de *design* no produto e que teriam de adaptá-lo, o grande fornecedor deles não foi capaz de providenciar as mudanças na linha de produção rápido o bastante. É nesse ponto que nos destacamos. Nós conseguimos nos reequipar a tempo de entregar o que o cliente precisava, o que, por sua vez, permitiu que ele cumprisse com seus compromissos. No final, nossa flexibilidade salvou o dia. Eles mantiveram seus prazos de entrega e nós conseguimos o contrato."

Veja o novo roteiro depois de melhorias:

"Nosso pessoal tem tanta experiência quanto qualquer outra equipe no setor. Gary Chang, nosso sócio-administrador, costumava estar à frente da produção na HighBar, Ele é a principal razão pela qual me transferi para a Discus. Ele projetou a melhor linha de produção do país. Nenhuma é mais rápida, nenhuma é mais segura e nenhuma é mais flexível. Somos capazes de reinstrumentalizá-la da noite para o dia. Na semana passada um de nossos clientes percebeu uma falha no *design* e precisou adaptar o projeto.

Conseguimos nos reequipar em pouquíssimo tempo. Do momento em que recebemos o novo desenho até o instante em que o produto finalizado foi entregue se passaram menos de 48 horas. Eles partiram de uma crise e, mesmo assim, conseguiram cumprir seus compromissos. Adoraria que você viesse conhecer nossa fábrica. Você entenderá porque nossos clientes estão tão felizes conosco. Você já teve algum atraso na entrega por conta de peças que não puderam ser fornecidas dentro do prazo?"

Aprimoramentos realizados:

- É mais pessoal – a história e *expertise* de Gary são ressaltadas.
- Ele apresenta algumas repetições memoráveis: três vezes a palavra "nenhuma."
- A história é contada a partir da ótica do cliente.
- É mais curta.
- Termina com uma pergunta.

Ao usar o *feedback* de colegas confiáveis é sempre possível melhorar os roteiros. Não se discute o fato de que é preciso trabalhar duro nesse sentido, mas os esforços valerão a pena. Todo esse polimento pode produzir *scripts* tão reluzentes e atraentes quanto uma BMW novinha.

Evite multas de trânsito

O grande problema em ter uma BMW novinha é o fato de você querer pisar fundo no acelerador. Do mesmo modo, o inconveniente em possuir uma coleção de ótimos roteiros é você querer utilizá-los todos de uma vez. Afinal, depois de prontos, torna-se fácil conectá-los e acabar falando demais.

Monólogos prolixos são **desrespeitosos**, **entediantes** e **ineficazes**. Super--heróis diabólicos fazem longos monólogos, bons vendedores não!

Lembre-se: o objetivo primário do seu roteiro é ganhar credibilidade suficiente para que seus clientes se sintam confortáveis em responder suas perguntas. Portanto, dê a eles uma chance de fazê-lo! Utilize apenas os *scripts* de que realmente necessite, e, mesmo assim somente **quando e se** precisar.

Uma vez que tenha chegado á fase de exploração em seu encontro (o que será visto em detalhes no Capítulo 16), haverá oportunidades adicionais para que você use seus roteiros, mas nas fases iniciais da reunião, quando tiver conseguido o direito de fazer perguntas, estacione sua belíssima BMW na garagem e continue a descobrir os problemas, as perspectivas e as necessidades do seu novo cliente.

A propósito, é justamente por isso que sugerimos que os roteiros sempre terminem com uma pergunta. Essa é uma ótima maneira de sair da etapa de **"afirmação"** para a de **"questionamento"** – e de usar os freios de sua BMW.

Quando utilizar roteiros

Roteiros são mais úteis nos primeiros estágios da conversa. Isso ocorre porque o objetivo principal dos *scripts* é ganhar o direito de fazer perguntas. Entretanto, também é possível usá-los em outras partes da reunião, desde que o faça com prudência. (Você encontrará mais detalhes sobre a estrutura de reuniões no Capítulo 12.)

Utilizando um roteiro na primeira parte da reunião

Use roteiros apropriados logo no início da reunião (Capítulo 15) para ajudá-lo a superar a barreira da credibilidade. Utilizar um roteiro de imediato também funciona no sentido de aumentar sua confiança. Você disse algo útil e o fez da maneira correta, então já terá vencido uma pequena batalha e se sentirá mais confiante à medida que continuar. O conteúdo de seu roteiro e a demonstração de protocolo profissional contribuem bastante para aumentar sua confiabilidade.

Oferecer um roteiro, em especial algo personalizado, logo no começo de sua reunião também é um convite para que seus clientes se conectem àquilo que você lhes disse e compartilhem alguma informação a respeito de si. **Reciprocidade** é a essência de um bom diálogo. Sua boa vontade em revelar dados sobre você e sua empresa estimula seus clientes a fazerem o mesmo. Depois de falar por um ou dois minutos, o interlocutor naturalmente desejará dizer algo. Ele talvez queira fazer uma pergunta a você, concordar – ou não – com algo que você lhe tenha dito, desenvolver algo em cima do que você comentou ou simplesmente afirmar sua presença na sala. Se falar um pouco, fizer uma pergunta e abrir espaço para alguma resposta, a outra parte quase sempre se envolverá na conversa. **Transparência estimula transparência!**

70 VENDA MAIS, MELHOR E SEMPRE

Utilizando um roteiro na segunda parte da reunião

Também é possível utilizar *scripts* na fase de exploração (Capítulo 16). Essa etapa consiste amplamente em você levantar as perguntas e seu cliente respondê-las. Perguntar é essencial para que você compreenda a situação, as perspectivas e as necessidades desse potencial cliente, todavia, uma sequência contínua de indagações pode soar inapropriada. Uma maneira de interromper o que poderia ser confundido com um rigoroso interrogatório é lançar mão de um roteiro relevante. Desde que seja pequeno e termine com uma pergunta, essa pode ser uma maneira útil de alterar o ritmo e o tom de sua exploração.

Utilizando um roteiro na terceira parte da reunião

A terceira parte da reunião é o momento em que você entrega algo de valor ao seu cliente potencial (Capítulo 18). Como será observado na sequência, recomendamos veementemente que isso seja deixado para o final do encontro, quando o impacto sobre o interlocutor será bem mais poderoso. Nesse momento você terá uma excelente oportunidade de usar um roteiro que atenda às necessidades e preocupações específicas que tenham sido compartilhadas pelo cliente nas fases anteriores.

Por exemplo, na reunião entre Steve e Ian, imaginemos que o segundo tivesse dito algo do tipo: "Trabalhamos com empresas consagradas. Supomos desde o início que, por conta do seu tamanho, elas seriam as melhores fornecedoras de componentes de qualidade e nos ofereceriam os melhores preços, mas descobrimos que isso não era verdade. Fizemos uma pesquisa e verificamos que havia fabricantes que cobravam menos por materiais da mesma qualidade que nossos fornecedores estavam pagando a seus abastecedores tradicionais. A complacência deles em relação à própria cadeia de suprimentos estava custando caro para nossa empresa."

Você se lembra do roteiro que Steve usou no começo de sua reunião com Brad, sobre o especialista em cadeia de suprimentos que fora capaz de reduzir em 12% os custos de outro cliente? Imagine como o impacto teria sido maior se ele tivesse guardado tal informação para o final da reunião, depois que Ian já tivesse expressado toda a sua frustração com os preços pagos. Naquele momento Steve teria sido capaz de oferecer algo realmente valioso ao cliente, e talvez até escancarado as portas para uma segunda reunião que incluiria a presença de Brad. Entretanto, uma vez que a preciosa informação foi revelada logo no início do encontro, esse *script* foi utilizado apenas para construir credibilidade, enquanto no encerramento teria sido um modo eficiente de oferecer valor ao cliente.

Utilizando roteiros em outras situações

Roteiros também podem ser usados em apresentações rápidas. Imagine que você está dentro de um elevador ao lado de alguém com quem gostaria muito de se reunir, mas tem apenas 37 segundos para se apresentar e fazer o pedido.

Pela mesma razão, se você estiver em um setor e/ou em uma situação em que uma visita surpresa não seria o equivalente a pendurar-se na árvore mais próxima, um roteiro pode se revelar bastante útil em um contato telefônico. A visita ou ligação surpresa pode ser uma opção viável se existirem muitos clientes potenciais para o seu produto, se o custo da oportunidade rejeitada for baixo ou se houver vários caminhos para se chegar ao cliente desejado. Se as visitas e os telefonemas inesperados fazem parte do seu ramo, um roteiro é uma maneira eficiente para estabelecer sua proposta exclusiva. Há uma boa chance de que qualquer pessoa que possa se tornar um cliente esteja de fato interessada em uma ouvir uma explanação clara e concisa de quem você é e do que pode lhe oferecer, esteja você em um coquetel, dentro de um elevador, na fila do cinema ou em um rápido diálogo ao telefone. A habilidade de expressar-se de maneira **clara** e **rápida**, e em praticamente qualquer situação, é **um bem bastante valioso**.

No início deste capítulo apresentamos uma citação do cineasta Alfred Hitchcock, que acreditava piamente que a base de qualquer produção cinematográfica era o roteiro. Para ele, a ideia de fazer um filme de sucesso sem um bom *script* era absurda. Pensamos o mesmo em relação a reuniões de vendas bem-sucedidas.

Porém, como todos os grandes estrategistas, Hitchcock também estava ciente de que, pelo fato de a realidade se desviar até mesmo dos planos mais bem engendrados, ele teria de ser flexível o suficiente para se adaptar às necessidades e atribulações intrínsecas à sua profissão. O mesmo se aplica ao setor de vendas. Você precisa planejar, construir e ensaiar seus roteiros de maneira cuidadosa, mas tem de compreender desde o início que dificilmente

72 VENDA MAIS, MELHOR E SEMPRE

utilizará todos eles em uma única reunião. Assim como Hitchcock, você precisa ser **flexível**.

Pense em seus roteiros como blocos de construção que irão ajudá-lo a criar uma base sólida para suas reuniões. Você poderá mesclá-los e combiná--los conforme sua necessidade ou modificá-los de modo que se encaixem às circunstâncias e aos problemas de cada cliente. Você também poderá usá-los ou simplesmente guardá-los para o momento adequado.

O ponto-chave é que o simples fato de **possuir** seus roteiros prontos e bem guardados no seu bolso o tornará mais confiante, mais profissional e mais bem preparado para o inesperado. De posse de vários *scripts* bem projetados e suficientemente ensaiados, você sempre terá uma rede sobre a qual saltar caso as coisas saiam fora de controle; sem eles, nunca saberá aonde cairá.

De certo modo, todo o esforço que você coloca no desenvolvimento, no aprimoramento e na prática de seus roteiros funciona como as partituras que um pianista usa para praticar: talvez ele não precise utilizá-las sempre, mas não conseguirá aprender a tocar sem elas.

CAPÍTULO 8

O primeiro sim – Consiga agendar a reunião

"O estrategista vencedor somente parte para a
batalha quando sua vitória já está garantida."

– Sun Tzu

Pergunte a qualquer um que já teve de fazê-lo e descobrirá que até mesmo os vendedores mais experientes detestam a ideia de fazer visitas e telefonemas surpresa. Esse tipo de contato inesperado é a versão moderna do "dilema do forasteiro" ilustrado no Capítulo 1. "Eu não o conheço e você também não me conhece. Não tenho nenhuma razão para confiar no que diz e, de qualquer maneira, estou muito ocupado trabalhando para colocar comida na mesa para perder tempo falando com você."

Mas e se pudéssemos superar o **"dilema do forasteiro"**? E se fôssemos membros da mesma comunidade? E se conseguíssemos encontrar uma conexão?

Imagine que você ganhe um novo violão em seu aniversário. Um belo presente. Seu antigo instrumento lhe traz ótimas recordações (a maioria), mas o fato é que você não precisa mais dele agora que possui um novinho em folha. Talvez você pudesse anunciá-lo em algum *site* de vendas ou até pensar em alguém do seu próprio círculo que se interessasse pelo velho violão – quem sabe um colega esteja entusiasmado em aprender a tocar, ou talvez o filho de um amigo. O que você faz? Envia um rápido *e-mail* para esse conhecido e oferece o instrumento por um preço justo. Você acaba ganhando alguns trocados, o pai da criança faz um bom negócio e ela ganha um ótimo violão.

74 **VENDA MAIS,** MELHOR E SEMPRE

Muito bem, você vendeu o antigo instrumento e todos saíram lucrando com o negócio, e não foi necessária nenhuma ligação surpresa. Não seria fantástico se nos negócios as coisas funcionassem assim?

Bem, isso é possível. E, de certo modo, está mais fácil que nunca.

A menos que planeje uma entediante carreira como "robô programado para fazer chamadas telefônicas", terá de conversar com seus clientes potenciais para conseguir vender seu produto. O problema é que, em geral, falar com essas pessoas significa encontrá-las. Nesse processo, é crucial conseguir uma resposta afirmativa ao tentar agendar o primeiro encontro.

Empresários bem-sucedidos são diariamente bombardeados com pedidos de reunião. Com frequência estes são feitos por desconhecidos tentando vender algo de que esses ocupados homens de negócios talvez sequer necessitem. O fato é que se essas pessoas pretendem manter seu sucesso elas precisam saber administrar muito bem sua agenda. É óbvio, portanto, que elas não aceitarão todas as solicitações de agendamento. Neste sentido, seu primeiro contato é crucial, pois, se receber um **não** dificilmente será capaz de convertê-lo em um **sim** – é como pedir a alguém que apague o tique de uma tarefa já cumprida em uma lista de afazeres. É claro que você poderá continuar pedindo, afinal, a persistência tem suas recompensas. Porém, sempre haverá a possibilidade de você ser visto como alguém insistente, insensível e/ou chato. Não seria, portanto, bem melhor conseguir um sim logo na primeira tentativa? Este capítulo discorre sobre a ampliação das chances de isso acontecer.

Indicações de clientes atuais

Sem sombra de dúvida, a melhor maneira de conseguir um sim para uma solicitação de agendamento é ser indicado por outro cliente. Há três benefícios principais em conseguir uma indicação:

- Ela lhe garante **credibilidade** de maneira praticamente instantânea. Se Alan Taylor disser a um colega que vale a pena ele investir uma hora de seu tempo com você, não apenas suas chances de conseguir uma reunião serão boas, mas você já iniciará o encontro em vantagem.

Uma indicação **reduz o tempo** e o **esforço necessários** para pesquisar clientes potenciais.

- Uma referência identifica um **indivíduo específico** com quem você deverá se encontrar na empresa (e mesmo que não seja a pessoa "certa", ela poderá direcioná-lo para o contato ideal).

A maneira mais fácil de conseguir indicações **é pedindo**.

Matt, o amigo de Steve cujo lema é "vender gira em torno de pessoas", se orgulha de jamais ter de fazer uma visita ou ligação surpresa. Ele vê cada relacionamento como uma oportunidade de desenvolver outros. Aliás, Matt quase nunca sai de uma reunião com um cliente sem perguntar: "Quem mais você acha que se beneficiaria em falar comigo?" Há uma boa chance de que seu contato tenha um ou mais conhecidos que de fato poderiam se beneficiar dos seus serviços. Não pense que pedir uma recomendação seja um ato egocêntrico: uma boa indicação é capaz de ajudar tanto a você quanto a quem oferece a referência. Em geral, as pessoas gostam de oferecer benefícios umas às outras. Assim como discorrer sobre um bom livro, filme ou restaurante, indicar um fornecedor de confiança engrandece a própria reputação de quem o faz.

E se os clientes de Matt mencionarem um ou dois nomes, ele geralmente dá o próximo passo e pergunta: "Ótimo, será que você se importaria em enviar-lhes um *e-mail* para avisá-los de que entrarei em contato? Diga a eles o que achar conveniente – que já fizemos negócios juntos; que considera que eu poderia ser útil para eles também – o que achar mais apropriado." Ele então envia ao cliente um *e-mail* para lembrá-lo do que foi combinado.

Matt Legere

Para: Ram Sava
Re: *Follow-up* e agradecimento

Ram,
Gostaria de agradecê-lo pela reunião que tivemos hoje. Eu lhe darei informações sobre a Nordic no início da próxima semana.

Aliás, também gostaria de agradecê-lo por me indicar a Pat Silko. Por favor, avise-me quando enviar-lhe o *e-mail*, ou apenas me copie na mensagem se achar adequado, assim saberei quando ligar para ele. Grato pela colaboração.

Entrarei em contato com você na próxima semana.

Matt

76 **VENDA MAIS,** MELHOR E SEMPRE

Ocasionalmente algum cliente poderá se recusar a fazer indicações. Seja qual for a razão, não insista. Sua primeira obrigação é com o relacionamento que já mantém, não com aquele que deseja desenvolver. É preciso respeitar a sensibilidade de seus clientes. Já dissemos várias vezes que não acreditamos na existência de muitas verdades absolutas nas relações humanas, mas uma é indiscutível: nunca ataque um cliente que tenta escapar ou recuar. Depois de fazer o pedido aceite sua resposta e siga em frente.

Nem todas as reuniões oferecem a oportunidade de pedir uma referência. Talvez haja outras pessoas presentes ou o tempo esteja apertado; é possível que essa atitude seja algo novo para você ou quem sabe isso apenas não lhe pareça correto. Seja qual for a razão, você terá uma nova oportunidade. O fato é que indicações são tão valiosas que sugerimos que você faça uso dela. Depois da reunião, inclua o pedido em um *e-mail* de *follow-up*, como o que apresentamos na sequência.

Matt Legere

Para: Sylvia Hernandez
Re: Prazo de entrega

Olá Sylvia,
Gostaria de agradecê-la pela reunião que tivemos ontem. Verifiquei o prazo de entrega como me pediu, e devo dizer que três dias ficará bem apertado. Mesmo assim o pessoal de operações me garantiu que todos farão o possível para atendê-la.
Aproveitando a oportunidade, gostaria de saber se você conhece alguém que poderia se beneficiar de nossos serviços. Como sabe, eu cheguei a vocês por intermédio de Peers Katrin. Ele ficou feliz em saber que nos encontramos. Eu teria enorme prazer em entrar em contato com qualquer pessoa que você conheça e a quem eu também pudesse ajudar.
Na próxima semana enviarei as cotações que me pediu.

Matt

Se você costuma viajar a negócios, tire uma cópia de sua agenda telefônica, encontre contatos nas cidades que visitará e tente conseguir algumas indicações. Se tiver clientes que trabalham ou possuem conexões nesses lugares, conseguirá economizar semanas de trabalho em pesquisa, formulando estratégias e/ou imaginando o resultado – tudo com apenas um pedido direto: "Enquanto estiver visitando você em Houston, conhece alguém que poderia se beneficiar conversando comigo?" ou "Eu pretendo fazer algumas visitas no sul da Califórnia nas próximas semanas. Se souber de alguém na região que possa se beneficiar com os meus produtos, eu ficaria feliz em contatá-los."

Não há melhor maneira de ampliar suas chances de conseguir uma resposta afirmativa para um pedido de reunião que uma sólida indicação. Este, aliás, é um dos melhores presentes que um cliente pode lhe oferecer, mas você terá de pedir. Portanto, seja como o Matt e peça uma recomendação sempre que possível. Quanto mais indicações você obtiver, maior o número de respostas positivas que poderá conseguir – e menos tempo terá de gastar tentando garanti-las sozinho.

Referências pessoais

Uma **referência** de um **cliente satisfeito** é sempre a maneira mais confiável de aumentar suas chances de conseguir um sim para o seu pedido de reunião, uma vez que cria uma conexão direta entre alguém que já se beneficiou em trabalhar com você e seu novo cliente potencial. Contudo, referências exigem registro cuidadoso. E se você estiver começando nessa área, ou, como no caso de Steve, estiver se aventurando em um novo setor e ainda não tiver construído uma lista robusta de contatos?

A segunda melhor conexão é a **pessoal**. Qualquer ligação entre você e seu cliente potencial, mesmo que não seja de caráter comercial, aumentará suas chances de conseguir uma reunião. Para encontrar esse tipo de conexão é preciso pesquisar um pouco sobre a pessoa que deseja encontrar e então explorar sua rede de contatos.

Jane, a colega de faculdade de Steve, havia se tornado uma especialista em encontrar esse tipo de ligação. Foi assim que ela o explicou a Steve.

"A primeira coisa que eu faço é uma pesquisa na Internet para ver se a empresa possui uma lista de funcionários que me ajude a identificar algumas pessoas-chave – gerentes de produto ou pessoas do *marketing* que estejam relacionadas a minha linha de trabalho. Se isso não funciona, sempre há o telefone. Em geral consigo identificar nomes relevantes com algumas ligações para os números centrais divulgados. O passo seguinte é pesquisar esses nomes no Google, então no Facebook e no LinkedIn. Mesmo indivíduos com nomes bastante comuns não são tão difíceis de localizar se souber no que trabalham ou qual é a profissão deles. É possível encontrá-los bem rápido no Twitter ou até mesmo no Skype.

A partir daí não é difícil ver se temos amigos ou conhecidos em comum. Nem sempre consigo achar uma ligação, mas há boas chances de que eu encontre alguma conexão útil. Há alguns meses eu vi no LinkedIn que um cliente em potencial havia se formado em Wharton, no ano de 1993. Então eu enviei um *e-mail* para Maxine Ladner, que frequentara essa faculdade na mesma época. Bingo, tínhamos de fato um conhecido em comum."

Steve ficou surpreso em descobrir quão fácil era encontrar pessoas – e também um pouco preocupado. "Não sei. Não me sinto confortável com isso. E quanto à questão de privacidade?"

"No início eu também me preocupava com isso, mas, pense a respeito. As pessoas publicam seus dados de maneira voluntária, pelo menos a maioria delas. Elas querem estar conectadas, assim como eu quero. Não estou colocando escuta no telefone de ninguém, apenas usando as informações que eles próprios me ofereceram."

"Então, mais do que tudo você está em busca de contatos mútuos."

"Certo, e uma vez que os tenha conseguido, faço algumas ligações Se você tem uma boa reputação e é íntegro, as pessoas se sentem felizes em ajudar. Você não gostaria de conectar pessoas se considerasse que ambos os lados se beneficiariam disso?"

Conexões são poderosas. Mesmo que não seja uma indicação comercial direta, a maioria das pessoas aceitará marcar uma reunião com você, principalmente se elas souberem que vocês compartilham algo. Praticamente qualquer ligação pode ser valiosa – pessoal, comunitária, relacionada à escola/faculdade e até mesmo acidental. Ser rigoroso em sua pesquisa e saber cultivar as sementes que poderão resultar em respostas afirmativas são disciplinas essenciais do processo de vendas. Todos vendedores sabem disso: se não houver reuniões, também não haverá vendas.

Seu radar para negócios

A próxima estratégia mais comum para conseguir um sim para seu pedido de reunião é usar seu radar para negócios – mantendo sua antena sempre sintonizada com as possibilidades. Qualquer conversa, em qualquer lugar, poderá levá-lo a uma conexão potencialmente frutífera.

- Digamos que você seja apresentado a alguém interessante durante o coquetel que antecede uma conferência. Ambos começam a conversar e concordam em se reunir posteriormente para falar de negócios.
- Ou quem sabe seu voo está atrasado e você se envolve em uma conversa com outro passageiro que vive justamente na cidade para onde ambos estão prestes a viajar. Ele diz a você que um de seus amigos poderia se interessar pelo serviço/produto que você presta/vende.
- Ou ainda, você leva seu filho para jogar futebol com os amigos no final de semana e encontra com outros pais na arquibancada. Logo todos começam a falar sobre trabalho e você descobre que um deles é um *designer* em uma *start-up* que poderia muito bem precisar de seus serviços.

O fato é que cada pessoa com a qual deparamos representa uma possível conexão – seja ela de cunho comercial, pessoal ou ambos. Essas ligações, tanto esperadas como inesperadas, estão ao nosso redor o tempo todo, esperando para ser descobertas. É por isso que Matt não faz visitas ou telefonemas surpresa. Ele não precisa disso.

Pedindo para agendar a reunião – o que não fazer

Algumas das lições mais importantes e duradouras são as negativas. Jane jamais se esquecerá de como **não** pedir pela primeira – e crucial – reunião.

Isso ocorreu durante seus primeiros meses na área de vendas. Seu desempenho era razoavelmente bom quando saía para visitas marcadas por colegas experientes e aprendia como agir assistindo a atuação deles, e até mesmo fechando alguns contratos sozinha. Naquele momento, entretanto, ela estava trabalhando em seu primeiro grande negócio sem a presença de mentores. Ela já havia se encontrado com seu cliente potencial, Roy Westhead, em três ocasiões. Ele estava considerando propostas de três fornecedores e, embora Jane acreditasse ter causado uma boa primeira impressão, ela não havia ouvido qualquer resposta de Roy desde a última apresentação, duas semanas atrás.

Então finalmente a telefonema aconteceu: "Jane, aqui é Roy Westhead. Parabéns. Gostamos de sua proposta e do seu estilo. Queremos fazer negócios com vocês. Meus advogados irão preparar os contratos iniciais a partir de sua proposta, e teremos tudo em mãos no final dessa semana."

Naquele momento ela se sentiu como nas nuvens. De fato ela estava, ao mesmo tempo, entusiasmada e assustada. Ela disse a Roy o quanto ficara feliz com sua ligação e acrescentou que estaria disponível para quaisquer perguntas que tivesse. Roy a agradeceu e acrescentou que esperava ansioso por um ótimo relacionamento entre ambos, então desligou.

Jane se lembra de ter ficado parada em sua mesa, apenas respirando fundo. Em seguida ela quase deu pulos de alegria enquanto compartilhava a notícia com todos ao seu redor. Todos lhe estenderam a mão e a parabenizaram pelo feito. Ela estava orgulhosa e, naquele momento, trazia à tona duas semanas de pura tensão. Ela já havia visto outros vendedores se saindo bem e sentia um pouco de inveja. Agora era a vez dela.

Antes que percebesse, seu chefe se aproximou com um grande sorriso e disse: "É assim mesmo, Jane, acabei de ser informado, bom trabalho."

Ela tentou conter seu entusiasmo. "Boas notícias viajam rápido. Mas o contrato ainda não estava fechado."

"E eu não sei? Porém, não se fecha um negócio até que o cliente tenha decidido trabalhar com você. E me parece que Westhead acabou de tomar essa decisão. Não estou dizendo que a papelada é apenas uma formalidade, mas se o próprio Westhead está satisfeito, eu diria que é hora de comemorar."

De volta a sua mesa, Jane começou a acalmar enquanto a energia do escritório retomava seu ritmo normal. Mas ainda sentia a pulsação mais forte e não conseguia parar de sorrir. Ele se lembrou de algo que lera em um romance onde havia um vendedor que dizia que sempre é preciso sorrir ao falar com clientes, mesmo ao telefone. Segundo ele, as pessoas podem ouvir o sorriso.

Bem, Jane estava sorrindo, e não era apenas uma dissimulação. Por que não tentar? Por que não ligar para aquele outro cliente potencial que ela estava criando coragem para contatar. De fato, ela estava muito agitada para fazer qualquer outra coisa. Então ela discou o número de Seward."

"Ellen Seward", disse Jane.

Ficou surpresa ao conseguir falar diretamente com ela logo no primeiro toque. "Ellen, bom dia, como está? Aqui é Jane Anders, da Hammer."

"Olá, Jane, o que posso fazer por você?"

"Eu estou ligando porque acho que seria uma boa ideia que nos reuníssemos para conversar."

"Entendo, mas por que pensa assim?"

"Porque já estou trabalhando para várias empresas como a sua e acredito que haja uma boa chance de que eu também possa ajudá-la."

"Não sei se compreendo o que quer dizer."

"Bem, acho que os desafios que meus outros clientes desse setor estão enfrentando sejam similares aos seus."

"Como por exemplo?"

"Bem, é justamente por isso que gostaria de me reunir com você. Quero compreender o funcionamento do seu negócio de modo que consiga ajudá-la."

"Ouça Jane, Tenho certeza disso, mas tenho de ir agora. Se vier a Cincinnati e tiver algo específico que queira discutir comigo, ligue e então veremos. Obrigada."

"Entendido, Ellen, e... obrigada por seu tempo." Jane ouviu o telefone bater antes mesmo de terminar a frase.

Ela se sentiu como se todo o ar tivesse sido sugado de seus pulmões. Antes ela estava radiante, parecia invencível. Agora, entretanto, sabia que para conseguir uma resposta positiva de Ellen precisaria mais que um sorriso na voz. Ela devia ter algo planejado em sua cabeça antes de efetuar a ligação, porém, isso não ocorreu. Aquela fora uma dura lição.

Nunca ligue para um cliente potencial se não tiver nada específico para dizer a ele. Pegar o telefone e fazer o contato só porque está sentindo uma energia positiva pode parecer uma boa ideia, mas não é. A pergunta de Ellen, "Como por exemplo?" precisava de uma resposta, mas Jane não tinha uma a oferecer naquele momento. Se tivesse se concentrado um pouco mais no assunto seria bem possível que tivesse algo a dizer, alguma coisa relevante para oferecer, como: "Temos trabalhado em estratégias para a nova proposta fiscal do governo," ou "Temos rotas cujos caminhões passam vazios por duas de suas empresas em seu caminho para St. Louis", ou ainda, "Nossos analistas estão prevendo alguns problemas no setor que poderiam ser significativas para você." Qualquer coisa que mostrasse a Ellen que Jane lhe seria útil de algum modo. O sorriso na voz não foi o suficiente e, como resultado, a resposta de Ellen foi **negativa**.

Pior ainda, um **não** para o primeiro pedido de reunião não significa apenas um não transitório. Lembra-se do que Matt disse sobre quão útil e fácil é para o cliente desqualificar um vendedor. Pois bem, uma vez que ele o tenha descartado, seja ou não por uma boa razão, é preciso de um excelente motivo para voltar a ligar. Continue insistindo sem ter algo valioso a dizer e correrá o risco de ser visto como um carrapato incapaz de enxergar o que está no seu nariz.

Pedindo a reunião – ampliando suas chances

A primeira regra para a ligação inicial é simples: **tenha sempre algo útil a dizer**. Recomendamos um processo em cinco etapas para solicitar uma reunião.

1. Encontre uma **conexão**. Se possível, peça a um cliente antigo que o indique ao novo cliente potencial via *e-mail*, antes de você ligar. No mínimo, procure por algum outro tipo de conexão. Pode ser uma pessoa, uma comunidade compartilhada ou um interesse em comum. Dê a seu cliente potencial uma razão para dizer **"sim"**.
2. **Ensaie** (estou me referindo a ensaiar mesmo, não apenas a repetir mentalmente) um ou dois de seus roteiros relevantes que digam um pouco a respeito de você e sua empresa. Se possível, faça com que eles sejam interessantes, típicos e relevantes.
3. Tenha sempre sua **agenda à mão** para poder rapidamente verificar datas e horários para a reunião. Do mesmo modo, tenha um local alternativo conveniente em mente, para o caso de o cliente preferir se encontrar fora do escritório. Isso não acontece com frequência, mas pode ocorrer. Você causará uma impressão melhor se estiver preparado.
4. Tenha sempre por perto um **bloco de anotações** para rabiscar qualquer informação que lhe pareça importante, incluindo nomes, horários, datas, perguntas do cliente e de *follow-up* que você possa ter em mente.
5. Faça a **ligação**. Jane tem por regra ligar antes das dez da manhã, pois, conforme sua experiência, o dia de trabalho de seus clientes começa a ficar complicado depois desse horário. Veja a seguir o que deverá dizer, dependendo, é claro, do caso de deparar com uma secretária eletrônica ou uma pessoa real do outro lado da linha.

Se cair no correio de voz, deixe uma mensagem breve identificando a si mesmo, apresentando o motivo de sua ligação e informando seu numero para contato. (se não conseguiu encontrar nenhuma conexão, diga ao cliente potencial que considera que o encontro seria útil porque já trabalha com outras empresas do mesmo setor.)

Se alguém atender a ligação, tenha seu roteiro pronto e explique quem o indicou e porquê. Se o seu contato perguntar de que modo você colaborou com aquele que ofereceu a recomendação, diga algo como: "Nós trabalhamos juntos analisando a situação da empresa dele e projetando uma solução viável. Ele ficou feliz com os resultados e é por isso que fez a indicação." É óbvio que suas transações comerciais são confidenciais, portanto não entre em detalhes. Se o cliente potencial tentar pressioná-lo para obter mais informações sobre como poderia ajudá-lo, prossiga fazendo referência a problemas genéricos enfrentados por empresas do ramo, em especial àqueles que ajudou a resolver, e então acrescente: "Minha experiência me diz que nunca duas empresas são totalmente iguais, portanto, as soluções usadas para uma nem sempre funcionam para outras. Gosto de ajudar os clientes a descobrirem áreas em que podemos ser úteis. É claro que se isso não se aplicar ao seu caso não haveria razão para nos reunirmos, mas isso raramente ocorre. Nunca deparei com uma empresa que não pudesse ganhar mais ou gastar menos, ou simplesmente aprimorar seu ambiente de trabalhão de algum modo. Tenho um processo rápido que ajuda a identificar de que maneira poderia lhe ser útil. Foi isso o que [a pessoa/empresa que o indicou] e eu fizemos juntos. Eu ficaria feliz em fazer o mesmo por você. Se não houver como ajudá-lo, pelo menos ambos teremos aprendido alguma coisa." Então sugira uma reunião.

É óbvio quem nem sempre essa abordagem em cinco etapas funciona, mas a probabilidade de se obter sucesso é bem maior que no tipo de contato entre Jane e Ellen Seward.

Por fim, se o cliente ainda disser não, deixe as portas abertas e encerre sua ligação com uma pergunta: "Compreendo. Parece que o dia não tem mesmo o número de horas de que precisamos. Tudo bem se eu voltasse a ligar dentro de alguns meses? Ou se tiver alguma nova informação que possa afetar seus negócios? Neste caso, tenho certeza de que poderia oferecer-lhe ajuda. Prometo respeitar seu tempo."

Não acredite no que estamos lhe dizendo, tente por si mesmo

Faça uma lista de dez empresas com as quais gostaria de se reunir nos próximos seis meses. Você encontrará seus nomes em conferências, associações, revistas de negócios, listas da própria organização em que trabalha, por meio de boatos e na Internet.

Faça uma pesquisa básica no Google e descubra pessoas-chave nessas empresas. Então vá ao Facebook, ao LindedIn, no Twitter, no Skype ou até mesmo no próprio Google e procure por elas. Veja o que encontra. Não demorará muito para descobrir que algumas delas jogam tênis, outras gostam de bordar e ainda outras estão envolvidas em produções teatrais. As pessoas têm *hobbies*, fazem outras coisas, e é ali que se encontram e interagem com outras pessoas.

84 VENDA MAIS, MELHOR E SEMPRE

Então pergunte a si mesmo: "De que maneira eu poderia me conectar com essa pessoa ou descobrir que já estou ligada a ela?" Faça então uma lista de possíveis respostas. Não julgue nada em um primeiro momento. (Lembre-se do princípio de separar seus pensamentos, apresentado no Capítulo 2.) Apenas liste tudo que vier a sua mente e, em seguida revisite a lista e selecione as abordagens mais viáveis, práticas ou promissoras.

Uma delas surgirá de sua própria rede de colegas e amigos. Pergunte a eles se conhecem ou sabem algo a respeito da pessoa com quem deseja se encontrar, ou se caso se lembram de alguém nessa organização. Em geral, o fato de você simplesmente enviar uma mensagem a pessoas que conheça (dizendo algo como: "Olá, preciso de uma conexão com Jim Rippley, da Baton Financial, para que ele aceite se reunir comigo. Apreciaria alguma sugestão!) já lhe possibilitará estabelecer uma conexão, mais cedo ou mais tarde.

Uma vez que tenha identificado as pessoas com quem deseja se contatar e as conexões que possui com elas, faça com que esses indivíduos fiquem cientes de como estão interligadas, **antes mesmo de telefonar**. Se você tem um amigo em comum, sócio, uma história ou um interesse, permita que seu cliente potencial saiba disso por meio de uma mensagem eletrônica, pelas redes sociais ou até mesmo por intermédio de um conhecido de ambos, se for possível. Seu objetivo é fazer com que seu cliente potencial saiba dessa ligação antes do contato, desse modo você já não será apenas um estranho para ele. Contudo, sua preparação não para por aí. Uma vez que tenha evidenciado a conexão, você também precisa saber exatamente o que irá dizer em sua ligação inicial – algo que a pessoa do outro lado da linha considere útil – um desafio que possam estar enfrentado, algo sobre o qual possam querer saber mais informações etc. Se o fizer corretamente, seus clientes potenciais terão duas razões para dizer "sim" à sua solicitação: eles têm uma ligação com você e estão intrigados em relação ao que você poderia oferecer a eles.

Em última análise, não há necessidade de fazer chamadas ao acaso. Para **pedir uma reunião** em que a expectativa de consegui-la seja razoável, também são necessários dois elementos: uma **conexão** e uma **razão**. No mundo interconectado em que vivemos não será difícil encontrar algo em comum. Quanto à razão, isso dependerá de você.

Por que alguém estaria disposto a ouvir mais sobre o que você tem a lhe oferecer? Há dúzias de razões. Veja algumas delas:

SUA REDE DE CONTATOS

- Você foi indicado por alguém relevante para o trabalho de seu cliente potencial: no melhor dos casos, essa pessoa já enviou uma mensagem mencionando você.
- Você integra uma rede profissional: alguém de sua empresa conhece alguém da companhia que você deseja visitar.
- Você já trabalha para empresas/pessoas bem-conhecidas no mercado (seja cauteloso, pois a menção desses nomes de maneira inapropriada poderá exercer o efeito oposto ao desejado).
- Você tem conexões com pessoas que poderiam de fato ser relevantes para esses novos clientes.
- Vocês têm amigos/conhecidos em comum fora do trabalho.

SUA EMPRESA

- Você consegue executar o serviço mais rápido ou com mais qualidade que a concorrência: seu produto ou serviço é claramente melhor.
- Você tem capacitações que seu cliente desconhece: "Uma razão pela qual gostaria de me reunir com você é mostrar-lhe nossa ampla gama de habilidades. Uma delas talvez seja útil para você."

SUA ESPECIALIZAÇÃO NO MERCADO

- Você oferece *insights* interessantes sobre a situação do cliente.
- Você possui dados interessantes relacionados a uma iniciativa que a nova empresa está implantando, ou relativos a tendências do setor.
- Você é um reconhecido solucionador de problemas e um pensador inovador.
- Você trabalha com os concorrentes desse cliente ou da companhia em sua cadeia de suprimentos e/ou de entrega.
- Você oferece uma nova experiência em seu nicho de mercado.

CAPACIDADE DE FAZER DESCOBERTAS AO ACASO

- Você estará nas redondezas da empresa do cliente potencial.

CAPÍTULO 9

Consiga com que as pesquisas façam sentido – Descubra as cinco perguntas

"O mais difícil é compreender.
Depois que você entende, a ação se torna fácil."

– Sun Yat-sen

Uma vez que seus roteiros estejam à mão e que tenha conseguido uma resposta afirmativa para seu pedido de agendamento de uma reunião, é preciso organizar seus recursos para assegurar que o encontro seja tão produtivo quanto possível – tanto para você quanto para seu cliente potencial. Isso significa pesquisar.

Muitos representantes comerciais e vendedores já se preocupam só em pensar nisso. Eles veem a pesquisa como uma tarefa dolorosa – um tipo de buraco negro que sugará seu tempo e sua energia, produzindo pouco em termos de retorno para seu esforço. Porém, **deixar** de pesquisar para sua reunião é o mesmo que não fazer alongamento antes de uma corrida de 10 km. Seu desempenho será abaixo do esperado e ainda haverá o risco de você se machucar antes mesmo de cruzar a linha de chegada. Pesquisando ou não, você provavelmente irá investir muito de si mesmo em um encontro comercial que irá durar cerca de uma hora. O modo como você se sair durante esses 60 min poderá representar a diferença entre uma celebração e um grande arrependimento por não ter se preparado suficientemente. VP

88 VENDA MAIS, MELHOR E SEMPRE

não é uma questão de mágica. Exige trabalho duro, e parte dele é priorizar a pesquisa. A boa notícia é que esse trabalho duro não precisa ser um buraco negro. Na verdade, ele sequer precisa ser duro.

Com a abordagem correta e as ferramentas adequadas você poderá realizar suas pesquisas de maneira rápida, eficiente e efetiva. Você descobrirá que essa busca por informações não irá apenas garantir o acesso a fatos e números importantes, mas também a *insights* sobre o cliente e a empresa que poderão diferenciá-lo dos vários outros vendedores que estiverem disputando o tempo e a atenção deles. Aliás, é bem possível que você até se divirta!

O objetivo da pesquisa

Quanto mais souber a respeito de seu cliente, da organização e do ambiente em que ele opera, mais estará apto a compreender o que eles irão dizer a você durante a reunião. Em outras palavras, quanto mais dados você reunir, mais inteligente se revelará. E quanto mais souber sobre o mundo do seu cliente potencial, mais credibilidade ganhará e mais provável será que consiga oferecer a ele valor real.

Mas e quanto ao buraco negro? Não é possível passar a vida inteira pesquisando, então, como saber quando já se tem o suficiente para começar?

A resposta é concentrar-se em quatro objetivos claros em sua pesquisa:

- Garantir **informações básicas** para que a reunião seja produtiva.
- Ajudar a estabelecer **credibilidade**.
- Criar uma estrutura para a reunião que reúna especificamente as **cinco áreas que deseja explorar**.
- Começar a desenvolver ideias que ofereçam **valor ao cliente**.

Informações básicas (*background*)

Você precisa ser capaz de demonstrar conhecimento ao conversar a respeito da empresa do seu cliente, do setor e do ambiente em que operam.

Também é necessário estar por dentro do contexto para ser capaz de compreender o que lhe é dito. A informação específica de que precisa dependerá conforme o setor, entretanto, um bom ponto de partida é a lista básica abaixo.[1]

- Quais são seus produtos ou serviços principais?
- Quais são seus mercados?
- Quais são seus concorrentes?
- Que alianças estratégicas eles mantêm?
- Onde eles operam?
- Onde fabricam seus produtos?
- Qual foi a lucratividade deles nos últimos anos?

- Quantos funcionários eles têm?
- Qual é sua capitalização de mercado?
- Qual a relação da empresa com o mercado?
- Qual a relação da empresa com os concorrentes?
- Sua companhia já fez negócios com essa empresa no passado? Quais foram os resultados?

De maneira ideal, você deveria ser capaz de reunir um breve perfil da empresa e do setor em que ela opera. Se essa for uma área nova para você, peça a seus colegas que sugiram informações adicionais que poderiam se revelar importantes. Com o tempo, depois de encontrar-se com pessoas de setores similares, terá uma ideia do conhecimento mínimo necessário para manter um diálogo produtivo.

Credibilidade

Sua pesquisa o ajudará bastante a estabelecer credibilidade, mas ainda haverá mais a fazer. Como discutiremos no Capítulo 15, a primeira parte da reunião será usada para gerar credibilidade suficiente para que seu cliente potencial se sinta confortável em responder suas perguntas. Todavia, para cruzar essa fronteira será necessário mais que informação – você precisará de *insight*. Isso quer dizer que você terá de descobrir coisas a respeito da empresa ou do setor que possam estar ocultas sob a superfície. Por exemplo, pode ser útil pesquisar informações como: qual é a "saúde" do setor em que opera? Quais são as tendências do setor? Quem escreve sobre esse setor e o que eles dizem? Quem são as pessoas-chave na empresa? Quem

---

1- Essa lista não está completa. Cada empresa em cada setor específico terá sua própria maneira de ver a si mesma. Desenvolva um *checklist* estatístico básico que seja relevante para todos os clientes a quem precisa vender.

em sua organização poderia ter perspectivas ou *insights* úteis sobre a companhia ou o setor? Quais são eles? À medida que conduzir sua pesquisa, continue a perguntar a si mesmo: **"Será que já sei o suficiente para ganhar a credibilidade de que preciso?"**

De modo ideal, você desejaria que durante a reunião seu cliente pensasse: "Essa pessoa sabe do que está falando e entende o que precisamos."

Estrutura

Pesquisa nem sempre significa encontrar respostas. Na verdade, um dos principais objetivos da pesquisa é encontrar perguntas. Como será discutido no Capítulo 16, um princípio fundamental da VP é estruturar sua reunião em torno de questões que você levante sobre a situação, as necessidades e os desafios do cliente.

Seu objetivo é levantar cinco áreas de questionamento que planeje explorar em seu encontro. **Por quê cinco?** Porque, em geral, planejar somente uma ou duas áreas não é suficiente. Se os tópicos forem rapidamente esgotados, será preciso ter algo mais a perguntar. Em contrapartida, dez áreas seriam um número excessivo: é improvável que tenha tempo de explorar tantas coisas em uma única reunião. Portanto, para nós, o número cinco parece a medida exata – **nem demais nem de menos**.

De fato, encontrar essas perguntas pode se revelar surpreendentemente fácil. Nas próximas paginas apresentaremos nossa ferramenta favorita para fazê-lo.

Ideias

O objetivo final de sua pesquisa é ajudá-lo a desenvolver ideias que possam representar valor aos clientes. É provável que você não busque por essas ideias de modo deliberado enquanto pesquisa, mas que elas apenas lhe ocorram. À medida que aprender mais sobre seu cliente seu cérebro passará a fazer conexões automaticamente – ligações entre a empresa do seu cliente e os serviços que oferece; entre sua experiência e a situação de seu cliente; entre seu cliente e outros conhecidos. Cada uma dessas ligações é uma ideia embrionária. Anote-as, sem se preocupar por enquanto em saber se são boas, ruins, inteligentes ou bizarras, apenas coloque-as no papel – **todas elas**.

Lembre-se de separar seus pensamentos. Se tentar **julgar** suas ideias enquanto as produz, irá **eliminá-las** logo de início. Porém, se apenas permitir que elas fluam, anotá-las e então retornar a elas mais tarde, certamente serão abundantes e de melhor qualidade. Não deixe que uma ideia com bom potencial acabe descartada. Anote-a! Sempre poderá revisitar essa lista mais tarde e selecionar aquelas nas quais deseja investir.

O que sei e o que imagino

Esta é uma das ferramentas mais úteis no arsenal da VP. Trata-se de uma maneira enganosamente simples de analisar situações, concentrar sua pesquisa e gerar os tipos de perguntas capazes de transformar uma reunião comum e entediante em um dinâmico intercâmbio de ideias. O próprio nome da ferramenta já diz tudo e engloba duas perguntas simples e fundamentais: "**O que sei?**" e "**O que imagino?**"

É possível usar essa técnica sozinho, mas ela se mostrará mais efetiva se conseguir obter outras perspectivas, portanto, recomendamos que, se possível, trabalhe com um colega.

Veja como funciona.

Pegue uma folha grande de papel e divida-a em duas colunas. Escreva os títulos **"Sei"** do lado esquerdo e **"Imagino"** do lado direito. Em seguida, liste na coluna esquerda tudo o que já sabe sobre o cliente potencial, a empresa e o setor – em outras palavras, qualquer coisa que saiba sobre aquilo com que irá se envolver. Mais uma vez, não faça julgamentos, apenas escreva.

Agora, na coluna da direita, liste tudo o que imagina sobre o cliente, a empresa, o setor e o ambiente – ou seja, tudo aquilo que você **ainda não** sabe, mas que seria útil descobrir. Depois disso, use as informações que tem como um gatilho para desvendar o que desconhece. Escreva absolutamente tudo o que vier à mente.

Quando terminar, mesmo que tenha em mãos uma lista pequena de coisas que **sabe** e **imagina**, no final terá uma longa lista de coisas que compreende sobre seu cliente e de elementos nos quais ainda precisará se aprofundar mais – uma plataforma bem útil sobre a qual trabalhar.

Na página 92 você encontrará bons exemplos do que constaria de uma lista típica do tipo "Sei/Imagino" depois de apenas 10 min trabalhando nela.

O que sei:	O que imagino:
• A Fosbury acabou de fechar sua fábrica em Sandusky.	• Será que as notícias ruins afetaram a estratégia de negócios e as relações com a comunidade?
• A repercussão foi grande e negativa.	• Será que o papel de John e/ou seus objetivos sofreram algum efeito colateral?
• O CEO conversou pessoalmente com um comitê do congresso.	• Por que o Chile? Será que ele já esteve lá? Alguma preocupação em relação a um joint venture?
• Está fechando uma parceria para construir uma nova fábrica no Chile.	
• É a quinta empresa mais lucrativa em seu nicho.	• O que o CEO teria dito ao Congresso?
• Foi identificada como possível alvo de aquisição.	• Que divisões poderiam se tornar vulneráveis em uma fusão?
• John se formou na Universidade da Pensilvânia	• Será que o John ainda acompanha o desempenho do time de basquete da Universidade da Pensilvânia? O time era bom quando ele estudava lá?
• John costumava trabalhar na mesma empresa em que nosso diretor financeiro; ambos jogavam no time de boliche da companhia, fundado pelo próprio John.	• Será que o John ainda costuma jogar boliche? Por que ele iniciou esse time?

Essa lista simples de "Sei/Imagino" oferece a você duas coisas: 1º) um contexto útil para ajudá-lo a compreender a situação do cliente; e 2º) sugere uma variedade de áreas relevantes que podem ser exploradas. Algumas dessas dúvidas podem ser pesquisadas antes da reunião, tais como **"O que o CEO teria dito ao Congresso?"** ou **"Por que o Chile?"** No caso de outras talvez seja melhor esclarecer pessoalmente, como, **"Será que o papel de John e/ou seus objetivos sofreram algum efeito colateral?"**, **"Que divisões poderiam se tornar vulneráveis em uma fusão?"** e **"Será que o John ainda costuma jogar boliche? Por que ele iniciou esse time?"** (Caso você se interesse por boliche e de algum modo esteja ligado a esse esporte, essa última pergunta poderia ser um trampolim para uma relação mais pessoal; discutiremos esse aspecto de sua reunião com o cliente nos Capítulos 14, 18 e 21.)

No exemplo anterior, nos concentramos em situações específicas enfrentadas pela empresa. Há também uma variedade de itens padrão sobre os quais você **sempre** terá dúvidas – informações que desejará obter a respeito do seu cliente, tais como o valor de mercado da organização, sua receita anual, seu desempenho na bolsa de valores, os países ou regiões em que opera, suas relações com agências reguladoras, situação fiscal e daí por diante. Tudo isso faz parte das informações básicas que desejará ter em mãos para o caso de os tópicos surgirem na reunião.

À medida que preencher as colunas "O que sei" e "O que imagino", ideias surgirão em sua mente sobre como poderá ajudar seu cliente. Capture-as conforme elas lhe ocorrerem. Quanto mais você puder pensar com antecedência sobre maneiras de oferecer valor a seu cliente, mais confiante chegará à reunião – e mais alternativas terá para se ajustar às oscilações naturais da conversação.

Temos certeza de que depois de utilizar essa ferramenta perceberá o quanto ela é indispensável. No início você poderá se perguntar se algo tão simples poderá de fato se mostrar útil, mas pense no pobre martelo – um instrumento absolutamente simples, mas indispensável. Já tentou fixar ou retirar um prego sem utilizar um?

Como pesquisar

Antes mesmo de iniciar sua pesquisa para a reunião, você já terá alguma informação a partir das dicas e ideias obtidas com a pesquisa básica que fez para conseguir uma resposta afirmativa a seu pedido de agendar o encontro. Agora é o momento de ir mais fundo.

Não existe um lugar único, melhor ou definitivo para se encontrar dados valiosos. Cada setor e organização comercial terá seus próprios requisitos. Todavia, existem várias fontes e abordagens gerais que podem servir como um primeiro passo. Esse é o *checklist* que usamos.

- **Google** – Pode parecer redundante até mesmo inseri-lo nesta lista, mas é com essa ferramenta que começamos. E você deveria fazer o mesmo. Alguns de nossos colegas também usam o Bing, da Microsoft, pelo fato de sua integração com o Facebook e o Twitter ser mais forte. Todavia, o Google ainda é o melhor em termos de velocidade e relevância. Preste atenção especial a resultados de busca que tragam artigos de jornal, *sites* jornalísticos e/ou especializados em negócios.
- **Redes sociais** – Na época em que este livro foi escrito, o Facebook já se mostrava o mais poderoso site de mídia social, porém, em termos de negó-

cios, e também pela possibilidade de acessar o currículo de seus usuários, preferimos o LinkedIn, seguido de perto pelo Twitter.

- *Sites* – Uma vez que tenha descoberto o endereço de sua empresa-alvo, seus vários *sites* poderão oferecer-lhe relatórios anuais, comunicados de imprensa, páginas voltadas para investidores/acionistas, funcionários da empresa, nomes dos diretores, serviço/produtos oferecidos, números para contato, endereços e até mapas para ajudá-lo a chegar lá. Depois de pesquisar a empresa desejada acesse *sites* de associações setoriais aos quais ela pertença, e também os *sites* de seus concorrentes.
- *Blogs* – Tanto a empresa quanto as pessoas que nela trabalham possuem *blogs*. Eles não são difíceis de encontrar (pelo Google, LinkedIn e outros recursos já mencionados). É possível aprender muito a partir do que essas pessoas escrevem e postam sobre si mesmas.
- **Relatórios anuais** – A maioria das empresas públicas apresentam esses relatórios em seus *sites*, porém, em determinadas ocasiões talvez seja necessário acessar cópias em papel (sim, elas os imprimem). Um vendedor que conhecemos costuma comprar algumas ações de cada cliente real ou potencial (aquelas que empresas S/A). Como acionista, ele recebe relatórios trimestrais e anuais em sua casa. A declaração do CEO sobre a situação da empresa que vem no início é algo que deve ser lido, pois oferece informações úteis sobre o ano avaliado, valores corporativos e também iniciativas e desafios mais importantes.
- **Sua rede de contatos** – Isso inclui sua equipe, um círculo mais amplo de conhecidos do ramo e também amigos. Pessoas conhecem outras pessoas e todos contam histórias. Você passou pelo mesmo processo para estabelecer uma conexão e conseguir um **"sim"** para seu pedido de reunião. Agora fará o mesmo, só que em mais detalhes. Não se esqueça dos funcionários mais antigos de sua empresa. Eles têm mais histórias, já trabalharam em mais empresas e provavelmente conhecem mais pessoas que qualquer outro colega na companhia.

- **Utilize esse conhecimento** – Ter a chance de aprender com o seu diretor-executivo de operações nem sempre é fácil. Conseguir agendar uma reunião com essa pessoa é algo raro, porém, se trabalhar com eficiência talvez seja possível conseguir vários contatos potenciais de uma só vez. A perspectiva desse profissional pode ser valiosíssima.

Sua **rede de contatos** – seja ela de ordem profissional ou pessoal, casual ou íntima – pode funcionar como sua equipe pessoal de exploradores. Essas pessoas têm informações das quais você não dispõe, elas veem o que você não enxerga, ouvem o que você não escuta e conhecem indivíduos que você desconhece. Em geral esses contatos se sentem felizes em ajudar (e por contar com sua ajuda quando precisarem). Peça a eles, pois ambos os lados se beneficiarão.

A verdade sobre as pesquisas

O processo de pesquisa aqui descrito é o adotado por nós. Ele funciona bem no nosso caso. Tente implantá-lo. Depois, como o tempo, desenvolva seu próprio processo; algo que se encaixe ao seu estilo, ao seu negócio e às suas circunstâncias.

Conforme se tornar mais confortável e já tiver alguma prática, saberá quando já dispõe de informações suficientes para uma reunião produtiva. Com o tempo você irá refinar seu processo de obtenção de dados e aprender a investir somente o tempo e o esforço necessários, sem ter de pesquisar demais nem correr o risco de fazê-lo menos do que deveria. Esperamos que use nossas recomendações como ponto de partida e consiga projetar algo que funcione bem para você.

Verá que à medida que fundir esse processo à sua rotina diária, esse trabalho de pesquisa já não lhe parecerá uma tarefa a mais a ser executada. Ela estará naturalmente integrada a praticamente todas as suas atividades. Isso se tornará o que é conhecido como **"competência inconsciente"** – algo como andar de bicicleta sem ter de se preocupar em manter o equilíbrio.

Você estabelecerá uma rotina, talvez toda terça-feira durante o café, quando lê as notícias para se manter atualizado com as tendências do setor. Se tiver uma lista de clientes potenciais em mãos, seu radar estará preparado para captar qualquer artigo que mencione esses nomes e automaticamente conseguirá identificar dados que sejam úteis para conseguir agendar suas reuniões.

Você conseguirá captar de maneira automática quaisquer oportunidades de conseguir novos clientes, descobrindo conexões e fazendo pesquisas para seus próximos encontros profissionais, tudo ao mesmo tempo. Se já sabe que sua próxima reunião comercial será no Texas e leu um artigo sobre alguma lei prestes a ser votada no Estado, você se lembrará disso como uma área de possível exploração, ou até como uma chance de oferecer ao cliente algum valor adicional na forma de contato ou dicas relevantes.

Uma vez que estiver sintonizado, cada diálogo que mantiver ou artigo que ler se transformará em pesquisa. Como adquirir um novo carro e de repente ver esse mesmo modelo em todas as partes, você também verá informações relacionadas a seus clientes reais e potenciais praticamente em todo lugar.

De fato, seu maior desafio poderá ser o de capturar e organizar todas as informações que começar a descobrir. Usamos uma plataforma de dados aberta denominada "todos os dados". O arquivo fica armazenado em nuvem, portanto pode ser acessado em qualquer lugar e a qualquer hora – pelo celular, *notebook* ou *tablet*. Viu um artigo *on-line*? Copie-o e salve-o na nuvem. Leu algo no jornal? Tire uma foto do artigo e salve-a na nuvem (capaz, inclusive, de buscar textos salvos como imagem). Salve por nome ou grupo e pesquise por empresa, setor, pessoa, data, lugar ou de qualquer outra maneira. Então, quando chegar a hora de pedir uma reunião com aquela empresa que tanto deseja como cliente, terá algo preparado.

Como dissemos no início desse capítulo, mencione a palavra pesquisa e muitos vendedores sairão correndo. Todavia, a pesquisa é essencial e pode ser fácil. Toda empresa e cada pessoa dentro dela tem uma história. Dentro dessas narrativas estão as chaves para que você consiga se conectar a elas. Sua pesquisa será o combustível, sua curiosidade o jogo. Juntos, eles geram o entusiasmo para descobrir ligações inesperadas que poderão levá-lo ao início de um bom relacionamento. É isso que vendedores produtivos fazem.

CAPÍTULO 10

Eleve o nível – Estabeleça seu critério para o sucesso

"Como saberá se atingiu sua meta se nem consegue visualizá-la?"

– Virgil

Steve e Virgil voltaram a se encontrar no lugar de costume: no mesmo restaurante, na mesma mesa e, provavelmente, com os mesmo palitos.

"Muito bem, como está se saindo com a sequência do jogo de palitos?", perguntou Virgil.

"Bem. Eu já contava com alguns roteiros sólidos. Foram eles que provavelmente me salvaram de um desastre ainda maior na reunião com Ian, mas eu trabalhei em cima dele, os refinei, e acho que parecem melhor agora."

"Em que sentido?"

"Bem, por um lado eles estão mais curtos, para que eu possa chegar ao ponto mais rápido. Eles também estão mais focados. Um ponto-chave para cada *script*. Eu ainda os tornei mais voltados para as pessoas, sem tanta ênfase a fatos e números."

"Parece bom, algo mais?"

"Sim, de um modo engraçado, a coisa toda não gira necessariamente em torno dos roteiros, mas de saber que você os têm prontos em sua mão. É uma questão de confiança, eu acho. Como os *backups* automáticos que temos no trabalho. Talvez você nunca precise deles, mas se sente melhor em saber que estão lá, à sua disposição."

"Ótimo, e quais seus próximos planos?"

97

98   VENDA MAIS, MELHOR E SEMPRE

"Ainda estou esperando pela Análise Pré-Ação (APA) sobre a qual discutimos da última vez. De acordo com os palitos, estamos exatamente nessa fase agora."

"Você tem um cliente?

"Ainda não," disse Steve, sorrindo, "mas tenho uma reunião agendada."

"Excelente! Fale-me a respeito."

Steve deu a Virgil uma rápida visão de seu sucesso em agendar uma nova reunião – com uma empresa chamada Axel, uma concorrente de Ian. Ele se sentia otimista em relação a ela porque agora conseguia visualizar sua reunião anterior com Iam como um tipo de teste para as próximas oportunidades. Com base em seus diálogos com Matt e Jane, ele tinha uma melhor ideia do que fazer e, ainda mais importante, do **que não fazer**. Ele certamente não tiraria conclusões com base em relacionamentos anteriores. Ele o fizera com Ian, mas Axel representava território inexplorado até então.

"Vamos tentar, então." Virgil pegou um bloco de anotação e o compartilhou com Steve para que ambos pudessem vê-lo facilmente, então abriu em uma página em branco. "É provável que isso seja bem mais direto do que imagina."

Virgil colocou o bloco na posição horizontal e desenhou cinco colunas. No topo de cada uma delas ele acrescentou uma letra: D–R–I–V–E

D	R	I	V	E

"O principal propósito de uma APA é estabelecer seus critérios de sucesso. Não se trata de um plano de ação detalhado. Ele apenas lhe oferece uma maneira de estabelecer o que deseja alcançar, de modo que tenha um método para avaliar como se saiu depois que tudo estiver terminado. Esse é o Relatório Pós-Ação (RPA) sobre o qual conversamos."

Eleve o nível – Estabeleça seu critério para o sucesso **99**

"Isso faz sentido. Você precisa saber aonde está tentando chegar para que possa saber se já chegou lá."

"Isso mesmo. E esse é exatamente o propósito – ter como saber o que será mensurado no final. A ferramenta mais simples por meio da qual é possível obter essa informação se chama DRIVE. Cada uma dessas letras representa um dos fatores que o levarão – ou não – ao sucesso."

Virgil explicou a tabela que acabara de desenhar. Aquilo se tratava de uma sigla para as perguntas que Steve teria de fazer em cada coluna.

O "D" vem de **desejo** (de resultado). No caso de uma reunião de vendas, o que você deseja que a reunião signifique para você e para seu cliente.

O "R" vem de **risco**. Quais os possíveis resultados que você tentaria evitar?

O "I" vem de Investimento. O que você está disposto a oferecer como parte de seus esforços de venda? Que recursos, qual a quantidade de tempo, que tipo de pesquisa? Você estaria disposto a encontrar com o cliente 10 vezes para efetuar a venda? Ou isso se tornaria pouco econômico para você e sua empresa? Quais, afinal, são os limites que não deveriam ser ultrapassados?

O "V" serve, ao mesmo tempo, para **visão** e **valores**. Como você deseja que seu cliente potencial o veja e o conheça como resultado dessa interação? Como sua visão e seus valores serão transmitidos pelo que você diz e por suas ações?

Por fim, o "E" vem de **essencial** – resultados essenciais, neste caso. Quais são os resultados-chave, avaliáveis e mensuráveis que indicarão seu sucesso? Veja que isso é mais preciso que a coluna **desejos**. Talvez você almeje certos resultados, porém, é possível que os encontrados nessa quinta coluna sejam aqueles que se revelam absolutamente necessários para que você considere sua reunião um grande sucesso.

A ferramenta DRIVE é fácil de lembrar e de usar, e poderá oferecer-lhe rapidamente uma sensação sólida e fundamentada de como uma empreitada bem-sucedida parecerá e soará. Nós as utilizaremos aqui para estabelecer critérios de sucesso em uma reunião de vendas. Mas você também poderá usá-la para estabelecer critérios de sucesso para toda uma campanha de vendas – ou, no caso da OPFOR, para um exercício de treinamento militar.

A DRIVE é uma poderosa arma que lhe permitirá estabelecer critérios de sucesso para qualquer atividade, sendo capaz de se revelar particularmente útil como APA antes de uma reunião de vendas. Vejamos como Steve e Virgil usarão esse instrumento.

Steve ficou intrigado. "Então você utiliza essa ferramenta DRIVE antes mesmo de tomar qualquer atitude?"

"Não, não antes de qualquer atitude. Mas se quiser fazer uma avaliação útil em qualquer momento do processo, é uma ótima ideia estabelecer uma

100 VENDA MAIS, MELHOR E SEMPRE

DRIVE. Você poderá fazê-lo formalmente, como veremos agora, ou simplesmente imaginá-lo mentalmente. Porém, seja de que modo for, se você planeja avaliar quão bem-sucedida foi uma ação, é preciso criar alguns parâmetros para verificar os resultados obtidos em comparação às metas estabelecidas; em outras palavras, é necessário definir seus critérios de sucesso, e é justamente para isso que serve a DRIVE."

"Será que podemos preparar uma para minha visita a Axel?"

"É para isso que estou aqui. Mas tenha em mente algo importante. Talvez você não disponha de todas as informações de que precisa neste momento, mas tudo bem, começaremos o processo e, se houver espaços em branco você poderá preenchê-los depois. Então vamos lá, qual é o seu "D"? **O que você deseja com essa reunião?**

Steve pegou um lápis e começou a escrever: "Bem, isso é fácil. Quero realizar uma venda."

Virgil colocou a mão sobre o braço de Steve e disse. "Hei, Steve. É claro que você deseja realizar a venda, mas logo na primeira reunião?"

"Bem..., não..., você está certo, isso seria improvável. Levaria pelo menos umas três reuniões, além de vários contatos intermediários. Mas você disse que não devemos julgar as ideias, então se está me pedindo para listar meus desejos, um deles seria sair da primeira reunião com uma venda fechada."

Virgil sorriu. "*Touché!* Você está assimilando a ideia. É exatamente isso o que deveria fazer. Escrever tudo, qualquer coisa, que lhe ocorra. A lista poderá ser resumida mais tarde. Parte dessas reduções poderia ser a divisão de alguns itens em duas outras planilhas DRIVE, uma para a primeira reunião e outra para o processo de vendas como um todo com a Axel. Entretanto, no momento, tudo o que desejamos é capturar qualquer coisa. Ótimo, siga em frente."

Depois de 10 min de conversa, poderemos ver como ficou a DRIVE preparada por Steve, na página 101.

Steve ficou impressionado com a quantidade de dados que conseguiu anotar em tão pouco tempo. "Isso não demorou nada."

"E geralmente não demora mesmo, só que as pessoas não o fazem. Dez, vinte, talvez 30 min investidos aqui poderão economizar-lhe muita agonia quando estiver do outro lado. Mas ainda não é hora de nos parabenizarmos. Temos uma boa lista, mas o trabalho não está concluído. Agora terá de decidir quais itens são de fato os mais importantes."

"Bem, acho que todos são. O que quero dizer é que, embora você me tenha dito para não julgar nessa fase, parece que cada um desses elementos é um indicador de sucesso."

"De fato, mas existe um grande número de elementos distintos para que a lista funcione. O que você precisa, portanto é selecionar um número de itens-chave; em geral, menos de dez. Desse modo, se alcançá-los poderá considerar sua reunião um sucesso – e, caso contrário, menos que um sucesso."

D (Objetivos desejados)	• Efetuar a venda. • Descobrir as necessidades dos clientes. • Estabelecer rapidamente credibilidade. • Conseguir uma reunião para follow-up. • Descobrir quem toma as decisões de compra. • Compreender o processo de contratação de serviços do cliente. • Encontrar oportunidade de follow-up pessoal. • Descobrir oportunidade de follow-up comercial.
R (Riscos a serem evitados)	• Falar demais. • Perder o foco. • Discutir o problema errado. • Não conseguir reunião de follow-up.
I (Investimento que não devem ser excedidos)	• 2 h de pesquisa básica (para a primeira reunião). • Encontrar-se primeiramente com Brad + Gary. • Orçamento para apresentação (US$) • Quantidade de reuniões = 4, talvez 5 ou mais? • Duração da negociação = 4 meses?
V (Visão e valores)	• Útil. • Ouvinte atencioso. • Confiável. • Solucionador de problemas. • Amigo. • Sucesso conjunto. • Honesto. • Competente.
E (Resultados essenciais)	• Estabelecer utilidade. • Demonstrar compreensão. • Oferecer ajuda. • Fazer pelo menos uma promessa. • Agendar reunião para follow-up (com o responsável por tomar decisões, se for o caso).

102 **VENDA MAIS,** MELHOR E SEMPRE

"Entendo seu ponto de vista sobre um número excessivo de indicadores de sucesso. Não posso me dar ao luxo de analisar para sempre. Tenho outras coisas a fazer no trabalho. Porém, observando a lista, parece não haver nada nela que eu não quisesse alcançar, não é?"

Virgil pegou o lápis e o utilizou como um indicador. "Muito bem, comecemos pelo primeiro item: **'Efetuar a venda'**. Sei que você ficaria muito feliz em consegui-lo na primeira reunião..."

"Extremamente feliz!" replicou Steve.

"Mas e se você não o conseguisse? Teria a reunião sido um fracasso?"

"Bem... não. Como eu disse, seria bastante improvável fechar uma venda na primeira reunião."

"Certo, então poderíamos dizer que isso seria interessante, mas não necessariamente uma prova de que o encontro foi um sucesso. Então a primeira coisa que precisamos agora e buscar aqueles itens que realmente fariam a diferença entre sucesso e insucesso. Pelo menos em seu ponto de vista."

"Do meu ponto de vista?"

"É claro, é a sua reunião. Cabe a você estabelecer os critérios de sucesso. Eles poderiam ser completamente diferentes para outros vendedores, mas, para você, é preciso estabelecer sua definição do que o sucesso representa – e não representa."

"Bem, mas ainda há algo que me incomoda. E todas essas repetições e duplicações? Quer dizer, o termo *follow-up* aparece na lista pelo menos cinco vezes."

"O que significa...?"

"O que significa que é importante, imagino."

"Exato!" Uma das coisas mais úteis sobre a ferramenta DRIVE é o fato de ela ressaltar as coisas que mais importam. Os itens passam a pulular diante de você, em geral porque aparecem repetidos. É bem melhor ser redundante nessa fase que deixar algo importante passar despercebido. A chave está em suspender seu julgamento, como disse ao iniciar a lista. Ao não julgar se algo deveria ou não estar na lista, você se verá retornando àqueles itens-chave, repetidas vezes. Isso lhe diz alguma coisa."

"Quanto mais aparecerem na lista, mais importante eles são."

"Com frequência. Ou talvez tenha outra razão. É possível que seja algo que o esteja preocupando ou tirando do foco. De qualquer modo, seja qual for a razão, o fato de aparecer repetidas vezes significa que merece ser observado com atenção."

Durante os próximos 20 min os dois discutiram todas as colunas e Virgil desafiou Steve em cada item mencionado. Se ele queria ou não mantê-lo e por qual motivo. Se ele preferia apagar, por que motivo. Na página 103 você encontrará a versão final da lista DRIVE de Steve.

D (Objetivos desejados)	• Efetuar a venda. • Descobrir as necessidades dos clientes. • Estabelecer rapidamente credibilidade. • Conseguir uma reunião para *follow-up*. • Descobrir quem toma as decisões de compra. • Compreender o processo de contratação de serviços do cliente. • Encontrar oportunidade de *follow-up* pessoal. • Descobrir oportunidade de *follow-up* comercial.
R (Riscos a serem evitados)	• Falar demais. • Perder o foco. • Discutir o problema errado. • Não conseguir reunião de *follow-up*.
I (Investimento que não devem ser excedidos)	• 2 h de pesquisa básica (para a primeira reunião). • Encontrar-se primeiramente com Brad + Gary. • Orçamento para apresentação (US$) • Quantidade de reuniões = 4, talvez 5 ou mais? • Duração da negociação = 4 meses?
V (Visão e valores)	• Útil. • Ouvinte atencioso. • Confiável. • Solucionador de problemas. • Amigo. • Sucesso conjunto. • Honesto. • Competente.
E (Resultados essenciais)	• Estabelecer utilidade. • Demonstrar compreensão. • Oferecer ajuda. • Fazer pelo menos uma promessa. • Agendar reunião para *follow-up* (com o responsável por tomar decisões, se for o caso).

104 VENDA MAIS, MELHOR E SEMPRE

Steve concordou que todos os itens eram importantes, mas aqueles salientados eram de fato os mais significativos. Depois de combinar e racionalizar os item repetidos, ele determinou que o critério de sucesso para sua primeira reunião com a Axel deveria ser o seguinte:

Ele precisaria **descobrir as necessidades de seus clientes**. Sem isso, ele claramente não seria capaz de ir muito além.

Se ele pretendia descobrir as necessidades de seu cliente potencial, teria de fazer perguntas e ouvir as respostas com atenção. Embora isso pareça óbvio, o sucesso exigiria que ele se estabelecesse como um questionador confiável e bom ouvinte. Isso significa que teria de controlar sua tendência de falar demais, independentemente do quão entusiasmado estivesse a respeito de sua empresa e/ou oferta.

Depois de descobrir as necessidades do cliente, ele teria de **estabelecer a si mesmo como um solucionador de problemas**, alguém capaz de oferecer valor de modo genuíno.

Todos os itens na coluna de **resultados essenciais** pareceram importantes. Steve precisava **demonstrar compreensão** em relação à situação e aos desafios enfrentados pela Axel, e, ao mesmo tempo, **sua utilidade e capacidade para administrá-los**. Para fazê-lo, ele teria de **oferecer ajuda**, talvez não por meio de seu produto, mas quem sabe de algum outro modo, por exemplo, com um *insight* diferente ou uma conexão. Isso, é claro, iria exigir **a assunção e o cumprimento de algum tipo de promessa** – algo tão simples quanto enviar ao cliente informações úteis ou indicar-lhe a outro contato comercial capaz de atendê-lo. E, o mais importante, ele teria de assegurar a realização de uma **reunião de *follow-up*** – de caráter comercial, é claro, mas que talvez tivesse um toque pessoal com o cliente, o que seria ainda mais produtivo.

Quanto ao item na **coluna de investimento**, de maneira relutante Steve admitiu que apesar de não impedir o fechamento de negócios, manter o orçamento de sua apresentação abaixo de US$ 2 mil era complicado, embora crucial. Ele concordou com seus sócios que esse seria o valor máximo investido. Se ele conseguisse a assinatura da Axel, custos extras seriam desconsiderados, porém, se isso não ocorresse, apresentações acima do valor combinado poderiam se tornar um ponto complicado.

No final, Steve resumiu seu critério de sucesso para sua primeira reunião a apenas sete itens:

- Estabelecer credibilidade para fazer perguntas (e então ouvir o cliente).
- Descobrir as necessidades do cliente.
- Demonstrar capacidade para solucionar problemas.
- Demonstrar utilidade para oferecer ajuda.
- Fazer (e cumprir) uma promessa.
- Manter-se dentro do orçamento.
- Conseguir uma reunião de *follow-up*.

Quando terminaram seu almoço, Steve comentou: "Uau, sinto que realmente tenho mais controle sobre o que devo fazer agora. Estou impressionado. Nunca fiz nada como isso antes."

"As pessoas normalmente não o fazem. É por isso que a OPFOR quase sempre vence. Eles estabelecem suas métricas de sucesso já no RPA, e então tentam aprender com as experiências. Não é assim tão complicado, não é?" Então ele empurrou a conta para Steve: "Valeu a pena pagar o almoço?"

"Pode apostar que sim," respondeu Steve enquanto apanhava a carteira no bolso.

CAPÍTULO 11

A tinta mais fraca –
Faça com que suas notas façam a diferença

"A tinta mais fraca ainda é melhor que a memória mais poderosa."

– Provérbio chinês

O verbo **notar** significa o mesmo que reparar ou prestar atenção em alguma coisa.

Quando você **toma nota** de algo (ou anota), amplia suas possibilidades de se lembrar daquilo em que reparou.

Quando **anota tópicos sobre os quais irá falar**, você, ao mesmo tempo, se força a lembrar do que deseja dizer e cria uma estrutura para sua apresentação. Esses tópicos são, portanto, uma mistura entre conteúdo e processo – o que pretende dizer durante a reunião e a estrutura que usará para fazê-lo.

Se conseguir, portanto, elevar seu nível de atenção, lembrar-se do que vê e estruturar suas reuniões de vendas, será capaz de tornar-se um melhor vendedor. É por isso que recomendamos a abordagem denominada Q-Notes (Anotações-Q). Essa é uma maneira de ajudá-lo a fortalecer as três habilidades da VP – notar, lembrar e estruturar.

Verdade? Com anotações?

Com certeza. Às vezes as ferramentas mais simples são também as mais eficientes – como, por exemplo, o instrumento "O que sei/O que imagino", usado para esclarecer suas necessidades de pesquisa no Capítulo 9, e a DRIVE para estabelecer critérios de sucesso, apresentada no Capítulo 10.

Em primeiro lugar, precisamos de alguma perspectiva: independentemente de quão boa seja a sua memória, ela nunca será suficiente. Pense na última

108   VENDA MAIS, MELHOR E SEMPRE

vez em que esteve em uma festa. No caminho para casa talvez tenha dito a seu cônjuge: "Sabe, Fulano é um sujeito legal."

E talvez ele tenha respondido: "Não conversei muito com esse convidado. O que a faz pensar assim?"

"Não sei. Ele apenas me pareceu interessante – e divertido."

"O que ele disse?"

Então você começa a pensar sobre o diálogo e se pergunta: que exemplos específicos me causaram uma impressão tão favorável? Você tenta responder a pergunta, mas nada de concreto surge em sua mente. Você simplesmente não consegue oferecer qualquer evidência clara.

Soa familiar? Não se preocupe, isso não acontece somente com você, mas com todos nós. Somos geralmente bem melhores em nos lembrar de impressões que tivemos de pessoas que de coisas específicas que elas possam ter dito para que pensássemos assim. A sensação permanece, mas a informação não.

Isso não é um problema sério quando saímos de uma festa, mas pode arruinar seu dia em uma situação de venda.

É de crucial importância que você capture o que aprendeu em uma reunião de negócios **no momento em que escutá-lo**, assim será capaz de revisar as informações e filtrar tudo em busca de ideias que não tenham lhe ocorrido durante o encontro. Tudo o que não é anotado logo em seguida desaparece da memória e se torna cada vez menos útil. E isso é um fato.

Desse modo, você precisa de um instrumento que aguce sua habilidade de observar e, com isso, facilite sua lembrança do que foi notado. A maioria dos bons vendedores concorda com o fato de que tomar notas é a melhor maneira de capturar os pontos-chave de sua conversa, para que possa revisitá-los posteriormente.

Mas o que acontece quando esse pensamento ocorre de trás para frente? E se o modo como faz suas anotações pudesse aprimorar a maneira como observa o que é mais importante? E se você tivesse uma maneira de tomar notas que lhe permitisse manter o foco no cliente em vez de rabiscar rapidamente cada detalhe mencionado? E se pudesse anotar de um jeito tão imperceptível que ninguém na sala sequer percebesse? E se esses dados fossem tão exatos que você conseguisse se lembrar de cada minúcia em relação às informações mais cruciais? Enfim, e se em vez de o diálogo direcionar as notas, estas norteassem a conversa?

De fato, há uma maneira bem simples, confiável e repetida de transformar tudo isso em realidade: utilizar-se de Q-Notes (Anotações-Q). Estas podem ser usadas para estruturar suas reuniões, capturar pensamentos-chave, manter o foco no que é mais importante e oferecer um verdadeiro tesouro

A tinta mais fraca – Faça com que suas notas façam a diferença **109**

em termos de material de *follow-up* – tanto para você como para o cliente – depois de o encontro estar terminado.

Nós as denominamos Q-Notes porque a página que você usará será dividida em **quadrantes**. Estes não servirão apenas para registrar informações captadas, mas também para estruturar sua reunião. Porém, além de o "Q" ser a letra inicial da palavra quadrante, também podemos pensar nela pela sua pronúncia em inglês [kyōō], que, aliás, é igual à da palavra inglesa *cue* [kyōō], cuja tradução é "dica", "pista" ou "deixa". Suas Q-Notes (anotações de deixas, por essa ótica) são projetadas exatamente para ajudá-lo a se lembrar daquilo que deseja ou precisa dizer – sejam afirmações ou perguntas – ao longo de toda a reunião. Essa abordagem permitirá que você estruture não apenas as informações recebidas, anotando-as em quatro áreas distintas que facilitarão o registro e a memorização dos dados, mas também aquilo que irá dizer com base nas "dicas" ali encontradas. Funciona como uma lista dos tópicos sobre os quais você pretende discutir – e em que momento do encontro.

A estrutura das Q-Notes

Como mencionado, a página é dividia em quatro quadrantes importantes. Suas anotações são então divididas em quatro categorias igualmente fundamentais:

Quadrante 1 – Perguntas que desejará fazer durante a reunião.
Quadrante 2 – Ideias que pretende compartilhar no final do encontro.
Quadrante 3 – Informações que descobrirá sobre o cliente durante a reunião.
Quadrante 4 – Ideias para atividades de *follow-up* após o encontro.

Na página 102 você encontrará um modelo em branco de Q-Notes. Nele você poderá observar que o lado superior esquerdo se transformará em uma estrutura ou pauta para a reunião (Q1); o superior direito (Q2) se tornará um lugar para registrar ideias que agreguem valor ao cliente no final do encontro; o inferior esquerdo (Q3) será o local ideal para anotar observações sobre os interesses, os problemas e as necessidades do cliente; e, finalmente, o inferior direito (Q4) será usado para um *checklist* de oportunidades de *follow-up* após o encontro.

Ao organizar suas anotações visualmente em uma página, descobrirá que será preciso escrever menos, e, assim, ficará mais fácil decifrar as ideias mais

VENDA MAIS, MELHOR E SEMPRE

tarde. Anotar apenas uma ou duas palavras-chave já deveria servir como gatilho para acionar posteriormente sua memória.

	Descoberta	Entrega
Durante a reunião	Quadrante de pauta Q1	Quadrante de valor Q2
Depois da reunião	Informações-chave Q3	*Checklist* de *follow-up* Q4

Veja a seguir nossa sugestão de uso para o quadro Q-Notes:

Quadrante 1 – Lado superior esquerdo (preencha-o antes e durante a reunião).

Registre as perguntas que deseja fazer. Aqui nos referimos às cinco áreas previamente selecionadas durante sua pesquisa, e consideradas úteis para serem exploradas em sua conversa de vendas. Escreva ali perguntas do tipo: **Quem, O quê, Onde, Quando, Por quê** e/ou **Como**. Ou utilize a introdução: "Conte-me mais a respeito de..." Durante o encontro, à medida que descobrir novas áreas a serem exploradas, acrescente perguntas relevantes para se lembrar dos pontos aos quais deverá retornar mais tarde.

Depois de ter explorado suficientemente uma área, e ter gerado ideias que possam ser úteis para seu cliente, escolha uma nova área para averiguar. Você poderá escolher uma daquelas pesquisadas por você ou até algo que tenha escutado do próprio cliente.

A tinta mais fraca – Faça com que suas notas façam a diferença **111**

Sempre que houver uma pausa no diálogo, ou que perceber que um tópico já foi abordado de maneira suficiente, dê uma espiada nesse mesmo quadrante e escolha um novo item sobre o qual esteja curioso, fazendo perguntas do tipo: "Permita-me perguntar-lhe sobre sua iniciativa de adentrar o mercado canadense..." Certifique-se de ter dados suficientes para ter sempre o que dizer. (É justamente por isso que sugerimos no Capítulo 9 que um de seus objetivos em termos de pesquisa deveria ser a identificação de cinco áreas de indagação que possam ser exploradas durante a reunião.)

Quadrante 2 – Lado superior direito (preencha-o antes e durante a reunião).

Este é o **quadrante de valor**. É o lugar adequado para listar ideias que possam ajudar seu cliente e que tenham sido descobertas durante sua pesquisa. Também é o espaço onde você anotará novas ideias que lhe ocorrerem enquanto estiver ouvindo seu interlocutor – de que modo seu produto ou serviço poderá ser útil, indivíduos que eles devem conhecer e recursos que você poderá ajudá-los a acessar. As novas ideias que tiver durante o encontro poderão superar aquelas que surgiram na fase de pesquisa. Talvez você nem tenha de mencionar os dados de sua pesquisa, simplesmente pelo fato de questões novas e mais interessantes surgirem durante a conversa. Discutiremos mais a frente, no Capítulo 16, a importância de **não** articular esses pensamentos logo no início, enquanto ainda estiver explorando o cliente. A chave está em anotá-los nesse quadrante, de modo que possa trazê-los à tona mais tarde, quando lhe parecer mais útil para si mesmo e para o cliente.

Quadrante 3 – Lado inferior esquerdo (preencha-o durante a reunião).

Durante do encontro, você com frequência verá que as respostas do cliente irão naturalmente estimular novas perguntas que possam ser exploradas mais adiante. Se esse for o caso, você as terá anotado no Q1. Às vezes, entretanto, você aprenderá algo importante que não precise ser explorado durante o encontro. Talvez você inclusive precise de algum tempo para pensar a respeito antes de se arriscar a gerar falta de credibilidade ao discorrer sobre o assunto; também é possível que você precise consultar alguém em sua rede

112 VENDA MAIS, MELHOR E SEMPRE

de contatos; ou, quem sabe, a reunião já esteja chegando ao limite de tempo estabelecido. Esses são os dados anotados no Q3, para que possa retomá-los e após a reunião.

O Q3 também é o espaço onde são anotadas **informações pessoais** – talvez algo que tenha descoberto durante o diálogo informal que precedeu a reunião, como "esquiador no Mt. Blanc, 3 crianças, filha frequenta Univ. NY, treina a Little League (Pequena Liga), Pebble Beach." Esses dados de caráter mais íntimo poderão gerar oportunidades para reuniões futuras, "lubrificar" os próximos diálogos e, inclusive, servir de base para o desenvolvimento de uma autêntica relação de amizade entre as partes.

Quadrante 4 – Lado inferior direito (preencha-o durante e depois da reunião)

O Q4 é seu **quadrante de *follow-up***, onde serão registradas oportunidades para futuros contados com o cliente. Talvez ele vá participar de uma conferência em duas semanas ou, quem sabe, o time que ele treina tenha um jogo importante pelo campeonato; pode ser também que esse cliente tenha mencionado curiosidade a respeito de alguma lei governamental recém-publicada. Praticamente qualquer informação no Q3 poderia se revelar uma ótima oportunidade para um contato de acompanhamento. O mesmo se aplica aos dados do Q2, que não puderam ser explorados mais profundamente durante o encontro. Anote-os aqui, no Q4.

Anotações somente lhe serão úteis se puderem ser lidas

Independentemente de quão poderosas as Q-Notes possam se revelar, elas serão inúteis se você não for capaz de decifrá-las, o que significa que **isso é fundamental** – e esta é uma das poucas verdades absolutas que nos comprometemos a compartilhar – aprender a escrever de maneira legível sem ficar com os olhos grudados na página. Essa é uma habilidade essencial para vendedores. Uma maneira de fazê-lo é desenvolvendo sua própria lista de abreviaturas inteligíveis. Afinal, é bem mais fácil escrever de modo reduzido que tentar anotar palavras e frases completas enquanto presta atenção ao cliente. Você só precisa ter o suficiente para se lembrar dos tópicos por algumas horas. Portanto, use o tempo que precisar para desenvolver – e praticar – um conjunto de abreviações, símbolos, códigos ou hieróglifos que no futuro próximo

A tinta mais fraca – Faça com que suas notas façam a diferença **113**

pareçam significativos para **você** (não importa se outras pessoas serão ou não capazes de interpretá-los).

	Descoberta	Entrega
Durante a reunião	**Q1 – Quadrante de pauta**: aqui você escreverá perguntas que deseja fazer durante a reunião, com base nas cinco áreas identificadas em sua pesquisa. Essas questões geralmente começarão com: Quem, O quê, Onde, Por quê ou Como, ou ainda pela frase "Conte-me mais a respeito de... ." Por exemplo: "Você está expandindo os negócios para o mercado canadense. Com que tipo de situações você deparou que se mostraram diferentes das operações nos EUA?" Durante o encontro, à medida que descobrir novas áreas de exploração anote as perguntas que lhe ocorrerem aqui, para que possa retomá-las mais adiante.	**Q2 – Quadrante de valor**: aqui você anotará ideias e sugestões que tenham sido geradas antes da reunião para ajudar o cliente. Por exemplo: talvez você possa se oferecer para conectá-los a um serviço de traduções que já tenha usado, com profissionais especializados no francês falado em Quebec. Durante a reunião, novas ideias irão surgir conforme escutar seu cliente – de que maneira seu produto/serviço seriam úteis; pessoas que esse cliente deveria conhecer; e recursos aos quais você possa lhes oferecer acesso. Anote essas ideias adicionais neste espaço.
Depois da reunião	**Q3 – Quadrante de informações-chave**: aqui você anotará os dados que talvez não queira explorar durante o encontro, mas que poderão ser valiosos mais tarde. Eles podem ser de ordem comercial ou pessoal – qualquer coisa capaz de criar uma oportunidade para um futuro ponto de contato. Por exemplo, os dados que descobriu logo no bate-papo inicial informal no encontro – esquiador no Mt. Blanc, 3 crianças, filha na NYU, treina a Little League, Pebble Beach.	**Q4 – Quadrante de *checklist* para *follow-up***: aqui você poderá anotar qualquer ideia do Q3 (à esquerda) ou do Q2 (imediatamente acima) que possa lhe oferecer uma chance para um encontro futuro. Por exemplo: digamos que você tenha descoberto que seu cliente participará como palestrante em uma conferência em duas semanas, ou que a equipe que ele treina tenha um importante jogo pelo campeonato, ou ainda que a empresa possa estar preocupada com novas regras recém-publicadas pelo governo.

Que tal dentro de três semanas, a contar de hoje?

Uma coisa é ser capaz de interpretar suas anotações no momento em que as coloca no papel ou até algumas horas depois, enquanto o conteúdo da reunião ainda está fresco em sua mente; outra, bem diferente, é tentar fazê-lo alguns dias, algumas semanas ou até mesmo alguns meses depois do encontro. Então aqui vai mais uma regra absoluta: **sempre se programe**

114 VENDA MAIS, MELHOR E SEMPRE

para reescrever o mais rápido possível (uma ou duas horas depois, no máximo) tudo o que anotou na forma de abreviaturas. Todas as vezes! Considere o tempo que levar para fazê-lo como parte da própria reunião; como parte do investimento que fez em si mesmo e no seu processo de vendas (quando preparar sua DRIVE). Considere isso como algo indispensável. Isso se aplica não somente às informações que obtiver durante a reunião, mas também a seus *insights* e suas ideias. Não se engane; por mais brilhante que eles possam parecer no momento em que você os tiver, você não se recordará deles mais tarde. Portanto, reescreva suas anotações da maneira mais completa possível, assim que puder. Sempre se recorde do seguinte provérbio judeu: **"Você é um gênio por apenas 5 s, e um idiota pelo resto de sua vida, portanto, tome nota!"**

Q-Notes – Uma ferramenta de múltiplas finalidades

Lembre-se: suas Q-Notes...

- representam sua pauta de exploração – as cinco perguntas-chave que você definiu com base em sua pesquisa. Tais questões se tornam um tipo de estrutura sobre a qual irá desenvolver sua reunião.
- o ajudam a orquestrar uma reunião eficiente e efetiva. Elas lhe permitirão retornar de maneira suave a áreas previamente discutidas com perguntas extras (*follow-up*) sobre os mesmos tópicos. Elas também lhe fornecerão espaço para registrar a longa lista de ideias que desejará oferecer ao cliente durante os próximos estágios do encontro.
- permitem que você registre um conjunto sólido de oportunidades de acompanhamento. Você será capaz de explorá-las em busca de informações e problemas que o cliente possa ter, tanto de ordem pessoal como profissional, e, com o tempo, construir uma relação mais próxima. (No Capítulo 21 discutiremos o *debriefing* – ou coleta de informações – durante a reunião).

E você conseguirá fazer tudo isso enquanto mantém o foco em seu cliente. A própria estrutura do quadro Q-Notes permite o registro do máximo de informações com o mínimo de anotações.

Todavia, o valor das Q-Notes não se restringe a reuniões de vendas. Como muitas outras ferramentas intrínsecas ao processo de VP, e recomendadas neste livro, as Q-Notes também são úteis em inúmeras situações profissionais e pessoais.

Vejamos, se você estiver...

- atendendo a um chamado de serviço, torne o processo mais eficiente estruturando e registrando as informações por meio de Q-Notes.
- fazendo uma breve apresentação no escritório ou em uma organização de trabalhos voluntários, o uso de Q-Notes poderá torná-la ainda mais interessante.
- realizando uma avaliação de desempenho, revele-se um *coach* mais eficiente usando Q-Notes.
- planejando um grande jantar, utilize a estrutura de Q-Notes para fazer sua lista de compras.

Como bônus, quanto mais utilizar esse processo em suas atividades do dia a dia, mais confiante e natural você soará quando usá-lo para vender melhor.

PARTE IV

Face a face

CAPÍTULO 12

O diálogo de vendas – Uma relação em três atos

"O mundo todo é um palco..."

– William Shakespeare

A VP é mais do que apenas uma coleção de ferramentas. É uma estrutura para ajudá-lo a vender melhor.

No Capítulo 2, discutimos a **importância da estrutura** no que se refere a pensar e vender melhor. Sejam elas óbvias, como na matemática, sutis, como na macroeconomia, ou, às vezes, até camufladas, como nos relacionamentos pessoais, as estruturas nos ajudam a construir nossas vidas e dar sentido ao mundo em que vivemos. Elas podem ser vistas em todos os lugares – de jogos de futebol até reuniões de vendas e roteiros de cinema.

Até agora, todos os capítulos deste livro têm se preparado para discorrer sobre o cerne (ou coração) do processo de vendas – a **reunião de vendas**. É durante esse evento (ou, no caso de transações mais complexas, nas reuniões de venda) que reside toda a ação – é o lugar onde até mesmo o impossível pode acontecer, como costumava dizer um amigo na IBM.

Nos próximos capítulos nós iremos desmembrar o diálogo de vendas e mostrar de que maneira, em sua melhor forma, o processo é altamente estruturado e projetado para identificar, esclarecer e abrir as portas tanto para suas necessidades quanto para as de seus clientes.

Pelo que se sabe, a estrutura mais útil para facilitar transações comerciais se deve bastante ao filósofo grego Aristóteles. No ano de 335 a.C., esse famoso pensador observou que as melhores tragédias gregas eram desenvolvidas em três atos – todas apresentavam histórias que tivessem **começo**, **meio** e **fim**.

Praticamente toda peça ou filme que assistimos, ou história que ouvimos, depende dessa mesma estrutura em três atos – de *Uma Canção de Natal* até *Toy Story* e *Star Wars*. Esse mesmo esquema é usado em romances, comédias, contos e até em *videogames*. A estrutura se baseia no modo como os seres humanos naturalmente processam informações complexas. É tão antiga quando a própria necessidade da humanidade de se comunicar.

O primeiro ato introduz os personagens e a situação em que eles se encontram. Em seguida surge o momento decisivo, geralmente denominado ponto crítico do enredo, que força o protagonista a tomar uma atitude. Isso geralmente domina os primeiro 20% ou 30% da história. O segundo ato impõe desafios ao herói, o que o leva a uma situação intrincada e de difícil solução. Trata-se do segundo ponto crítico do enredo, que levará ao terceiro e último ato. Em geral essa segunda etapa consome, em média, 50% da narrativa. O terceiro ato mostra a resolução da crise, com o protagonista vencendo (ou perdendo) sua batalha. Essa etapa utiliza os 20% ou 30% restantes da história.

O produtor da saga *Star Wars*, Gary Kurtz, descreveu o modo como aprendeu sobre a estrutura de três atos da seguinte maneira: "Eu tive uma verdadeira aula com Billy Wilder certa vez, e ele disse que no primeiro ato você coloca o personagem em cima da árvore; no segundo você coloca fogo na árvore e, no terceiro, você tira o personagem de lá."[1]

Veja a seguir a representação gráfica de uma história cuja estrutura apresenta três atos:

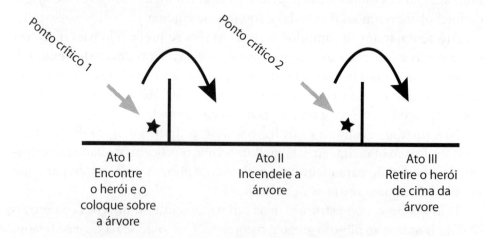

1- *Los Angeles Times*, 12 de agosto de 2010. Geoff Boucher, "Será que *Star Wars* se transformou em *Toy Story?*" O produtor Gary Kurtz analisa a saga.

O diálogo de vendas – Uma relação em três atos **121**

Como nos melhores filmes, contos de fada e histórias de ficção, as reuniões de vendas mais produtivas também utilizam uma estrutura de três atos, com começo, meio e fim.

Os três atos em um diálogo de vendas são:

1. Ganhar o direito de perguntar.
2. Explorar.
3. Demonstrar utilidade.

Para seguir adiante com a reunião, assim como em um drama, o primeiro e segundo atos contêm pontos críticos que sinalizam o início da próxima fase da interação.

Veja como isso funciona:

No primeiro ato, você trabalha no sentido de ganhar a credibilidade necessária para poder fazer perguntas. Uma vez que tenha cruzado essa barreira, a reunião segue para o segundo ato. Em um encontro de uma hora, o primeiro ato deverá durar entre **dez e quinze minutos**.

No segundo ato, você explora as necessidades do seu cliente fazendo a ele uma série de perguntas cuidadosamente planejadas para permitir que ambos os lados compreendam os problemas e desafios que precisam ser encarados e resolvidos. Agora, o ponto crítico seguinte é a **pergunta catalisadora** – aquela que irá provocar interesse genuíno, dissipar a neblina que os envolve, motivar o desejo de agir e abrir as portas para o solucionamento da questão. Esse segundo ato poderá durar cerca de 30 min, e levará a reunião ao terceiro e último ato.

No terceiro ato, você demonstra sua utilidade ao cliente oferecendo-lhe recursos e *insights*, atendendo as necessidades dele por meio da apresentação de produtos e/ou serviços e estabelecendo a base para uma relação contínua. Em um diálogo de um hora, esse terceiro ato poderá durar cerca de 15 minutos (porém, se você estiver realmente se mostrando valoroso para o cliente, é possível que a reunião ultrapasse o tempo previsto de duração).

Os capítulos dessa parte do livro – intitulada Face a Face – discorrem em detalhes sobre os três atos de uma reunião de vendas produtiva, oferecendo ao leitor ferramentas e estratégias que possam garantir resultados positivos.

O Capítulo 15 ("O diálogo, 1º ato – Garanta o direito de perguntar") discute oito maneiras de cruzar a barreira da credibilidade.

O Capítulo 16 ("O diálogo, 2º ato – Concentre-se na pergunta") debate sobre a arte da curiosidade disciplinada e introduz o conceito de reestruturação por meio de analogias e perguntas catalisadoras.

O Capítulo 18 ("O diálogo, 3º ato – Seja útil") mostra como você poderá articular *insights* sobre a situação do cliente, sugerir recursos que possam ajudá-lo e iniciar uma transação.

Veja a seguir um gráfico representativo da estrutura de uma reunião de vendas em três atos:

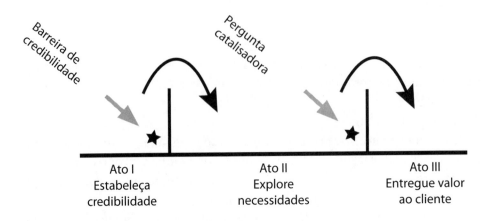

Ato I
Estabeleça credibilidade

Ato II
Explore necessidades

Ato III
Entregue valor ao cliente

Em geral, assim como nos dramas uma história de vendas tem um prólogo – uma cena de abertura que ocorre antes do início da história principal e oferece um cenário detalhado que ajuda na compreensão da história que irá se desenrolar. E, como em muitas peças teatrais, a história de vendas também pode apresentar um intervalo. Essa introdução para a sua reunião de vendas será objeto do Capítulo 14 ("O diálogo, prólogo – A reunião antes da reunião"). Já no Capítulo 17 ("Interlúdio – Dê algum tempo a si mesmo"), discutiremos como extrair valor de um intervalo no encontro.

Há ainda outro elemento crucial em qualquer história ou reunião de vendas – as pessoas envolvidas. Seja em narrativas ou encontros comerciais, cada personagem possui interesses, traços, expectativas e medos únicos. Eles recebem as informações de maneiras distintas e se expressam de modos diferentes. Quanto melhor você compreender os personagens da história, mais apreciará a própria narrativa. Similarmente, quanto melhor entender as pessoas que participam da reunião de vendas, mais produtivo será o processo como um todo. Já no próximo capítulo, abriremos as portas para a compreensão dos personagens em seu encontro comercial.

CAPÍTULO 13

Personagens – Fale para ser ouvido

"Não vemos as coisas como elas são, nós as vemos como nós somos."

– Anais Nin

Como é possível que duas pessoas mantenham um diálogo e logo em seguida deixem a sala de reuniões com ideias completamente distintas sobre aquilo que foi dito, com dúvidas sobre "quem disse o quê, quando e para quem," em relação aos fatos e números mencionados e, inclusive, a respeito do próprio significado das palavras?

Imagine, então, que você esteja escutando seu músico favorito durante um concerto. De maneira objetiva, você escuta as mesmas notas, tocadas no mesmo ritmo, assim como todas as outras pessoas no auditório. Uma das músicas evoca sentimentos agradáveis em você porque lhe traz à mente momentos doces e felizes de sua vida. Porém, para a mulher sentada ao seu lado esquerdo, essa mesma melodia provoca dor e saudade. Já para o homem do lado direito o resultado é ainda diferente. Ou seja, cada um de vocês tem uma experiência específica daquilo que, superficialmente, parecia ser a mesma coisa. Neste sentido, se houver mil pessoas na plateia, haverá também mil percepções de uma mesma música.

Talvez você esteja pensando, "Sim, claro, a resposta emocional é diferente, mas a música é a mesma. Todos estão ouvindo a mesma melodia."

Será mesmo?

Ao tentar descobrir o modo como diferentes percepções influenciam o comportamento, o psicólogo norte-americano John Weir sugere o seguinte

124 VENDA MAIS, MELHOR E SEMPRE

experimento. Na sala de concertos, imagine que a pessoa à sua esquerda seja vinte anos mais velha e tenha perdido a habilidade de ouvir notas de alta frequência. Será que ela ainda estaria ouvindo a mesma música que você? Experimente você mesmo. Ouça uma música enquanto tampa os ouvidos com as mãos. Você ainda escuta a mesma música que ouvia antes de abafar o som? E se acrescentar a fala humana à experiência? Seria possível que algumas palavras ou significados possam ser distorcidos ou até perdidos.

Cada um de nós possui certa acuidade em termos de percepção. Talvez sua visão seja perfeita, mas também é possível que precise de óculos e, nesse caso, sem eles você acabaria perdendo vários detalhes naquilo que enxerga. Weir afirma que a acuidade relativa de nossos receptores sensoriais – quão exatos eles são a partir de um ponto de vista puramente psicológico – se dá através de uma série de filtros que influenciam o modo como percebemos o mundo.

Todavia, os filtros de Weir vão muito além do meramente físico.

Voltemos à sala de concerto. E se a pessoa sentada ao seu lado for uma *expert* em música? Será que ela a escutaria de um modo diferente? Seria ela capaz de reconhecer influências na melodia – uma frase de Bach em uma canção de John Lennon, por exemplo? Será que a compreensão dela desse tipo de influência seria capaz de colorir sua percepção dessa música?

Se deixarmos de lado a música e passarmos aos esportes, será que um ávido torcedor de basquete não veria um jogo de modo bem diferente de alguém que nunca antes tivesse assistido a uma partida? Um técnico experiente também não teria outra percepção? O jogo é o mesmo, mas, dependendo do seu nível de conhecimento do esporte você terá uma experiência diferente ao assisti-lo.

A *expertise* é, portanto, outro tipo de filtro, assim como a memória de experiências passadas (como no caso de uma melodia familiar). Outros filtros que influenciam nossas percepções podem ser o gênero sexual, o idioma original, a etnia, o *status* econômico, o sistema de crenças e um número bem grande de outras variáveis que definem cada indivíduo.

Por conta de todas elas, a chance de que quaisquer duas pessoas percebam o mesmo estímulo exatamente do mesmo modo é extremamente diminuta. Se considerarmos que somos todos seres únicos, então as diferentes maneiras como percebemos o mundo são ilimitadas. O resultado disso é que não somos capazes de nos comunicar com todos os nossos clientes da mesma maneira e esperar que eles saiam de uma reunião com as mesmas percepções que tivemos sobre o assunto discutido.

É por isso que bons comunicadores – independentemente de estarem contando histórias ou efetuando vendas – adéquam suas palavras, seus gestos e

Personagens – Fale para ser ouvido **125**

até mesmo seu tom de voz conforme a pessoa com quem estiverem dialogando. O objetivo não é ser manipulador, e sim efetivo e eficiente. Afinal, se vocês estão intercambiando ideias, seria útil que todos soubessem e compreendessem o que cada participante está dizendo, não é mesmo?

Para se conectar com seus clientes é útil entender o modo como eles veem o mundo, como recebem informações e de que maneira as processam. Você precisa reconhecer o que mexe com eles e lhes fornece energia – assim como o que drena o entusiasmo desses indivíduos. Em resumo, é preciso conhecer o modo como eles **pensam** para ser capaz de compreender **tanto** o que estão ouvindo **quanto** o que estão dizendo.

Você provavelmente já está familiarizado com uma variedade de instrumentos de tipificação de personalidade – questionários curtos que ajudam a identificar estilos individuais de pensamento. Se alguma vez já trabalhou em uma grande empresa, há grandes chances de que tenha participado de uma Classificação Tipológica de Myers-Briggs (CPMB), um instrumento utilizado para identificar características e preferências pessoais, ou de alguma variação dessa ferramenta – a teoria *True Colors* (*Cores Reais*), por exemplo, que traduz a complexidade dos princípios de personalidade de um modo que facilita o entendimento e a apreciação do comportamento humano, por intermédio de técnicas lúdicas; DISC (sigla em inglês para Dominância, Influência, Estabilidade e Conformidade), um modelo usado para avaliar o comportamento de cada indivíduo em um determinado ambiente; SDI, sigla em inglês para Inventário de Utilização de Forças; o Perfil de Personalidade de Winslow, que avalia 24 traços em uma escala décil; o HBDI (sigla em inglês para Instrumento Herrmann de Dominância Cerebral); entre vários outros.

Dois dos inventários de estilos de pensamento que consideramos úteis para ajudar a compreender a dinâmica dos diálogos de vendas são o Four-Sight, desenvolvido pelo dr. Gerard Puccio, e o NBI, desenvolvido pelo dr. Kobus Neethling.[1] Pela nossa experiência, com essas ferramentas conseguimos identificar **seis estilos de pensamento** com os quais deparamos repetidas vezes em nossas conversações na área de vendas – assim como um conjunto de pistas observáveis na linguagem utilizada pelos seus usuários, no tipo de ambiente de trabalho que preferem, nos tópicos que os entusiasmam (ou não), no modo como se relacionam com o fator tempo e, inclusive, com as pessoas.

1- Você poderá aprender mais sobre esses excelentes instrumentos acessando www.foursightonline.com e www.nbiprofile.com.

126 VENDA MAIS, MELHOR E SEMPRE

Começaremos com uma breve descrição de cada um desses seis estilos, seguidas por um conjunto de quadros com pistas comuns que poderão ajudar o leitor a reconhecer cada um deles e sugestões sobre as maneiras mais eficientes de se comunicar com essas pessoas – para que seja possível minimizar eventuais mal-entendidos e o número de oportunidades perdidas.

Uma chave para comunicar-se de maneira efetiva é compreender o que entusiasma e energiza indivíduos diferentes. É fato que nossa energia se altera com o nosso estado de humor, a hora do dia, as circunstâncias em que nos encontramos e vários outros elementos, porém, também é verdade que todos nós temos nossas próprias tendências. Certas coisas tendem a nos energizar, enquanto outras a sugar nossa energia. Saber o que revigora (ou refreia o ânimo) do seu interlocutor pode fazer uma grande diferença na qualidade da interação.

Os seis principais energizadores que identificamos são: **contexto, resultados, ideias, processo, ação** e **pessoas**.

➡ **Indivíduos energizados pelo contexto** desejam **compreender completamente** a situação antes de se jogar de cabeça em uma aventura. Eles não se sentem confortáveis em seguir adiante até que tenham certeza a respeito dos possíveis riscos, das eventuais recompensas e de quaisquer outras consequências. Essas pessoas buscam por critérios mensuráveis para ajudá-las a avaliar causas e efeitos. Elas gostam de reunir informações sobre problemas, tendências e eventos. Em geral são hábeis em conduzir pesquisas na Internet e podem ser os primeiros a sacar o *smartphone* para resolver uma discussão com "fatos."

Nos negócios, esses elementos fazem muitas perguntas. Eles podem querer mais detalhes do que outras pessoas se mostram interessadas a explorar. Em geral se sentem desconfortáveis com suposições e afirmações infundadas. Eles apreciam a segurança de compreender o que de fato está acontecendo. Pessoas energizadas pelo contexto são aquelas que se certificam de que as questões e os problemas certos sejam colocados na mesa e discutidos.

➡ **Indivíduos energizados por resultados** estão interessados nas **soluções**. Eles se concentram nos fatos, nos números e na lógica que sustentam seus objetivos. Essas pessoas valorizam a comunicação direta e eficiente, mas não se interessam por diálogos que extrapolem o contexto. Ao tomar decisões elas preferem abordagens racionais, tais como análises de custo-benefício. As decisões e ações desses indivíduos "fazem sentido", e eles podem ver os sentimentos como distrações. Essas pessoas avaliam o progresso, mas nunca perdem o foco no objetivo final.

Nos negócios, elas geralmente ocupam posições de liderança e exigem precisão e acurácia nos serviços prestados. Elas não gostam de situações ambíguas ou confusas. Visões, missões e metas são cruciais para esses indivíduos. Em uma visão extrema, eles podem acreditar que os fins justificam os meios. Pessoas energizadas por resultados são motivadas pelo estabelecimento de objetivos claros e pelo alcance dos mesmos.

➡ **Indivíduos energizados por ideias** se interessam pelo **quadro geral**. Eles propõem várias novas ideias e imaginam possíveis soluções para os problemas. Essas pessoas apreciam experimentos mentais, mas ficam entediadas com detalhes e demonstram menos interesse pela praticabilidade na implantação de soluções. Elas gostam de pensamentos abstratos e se sentem confortáveis diante de ambiguidades. Esses indivíduos veem certas conexões entre elementos que parecem invisíveis para outras pessoas. Eles podem encarar regras como meras sugestões, não como limitações – em especial se a quebra de um regulamento resultar em pensamento inovador.

Nos negócios, essas pessoas podem negligenciar detalhes. Nos diálogos eles, em geral, pulam de um tópico para outro, mesmo quando estes não parecem estar relacionados. Normalmente esses indivíduos são divertidos, irreverentes e independentes, além de naturalmente criativos. Eles se esforçam para identificar possibilidades novas, inexploradas e potencialmente úteis, e estimulam outros a fazerem o mesmo.

➡ **Indivíduos energizados pelo processo** querem compreender como as coisas **funcionam**. Eles veem o mundo a partir de uma perspectiva de sistemas. Estes, por sua vez, são dissecados em etapas. Eles gostam de comparar e contrastar abordagens alternativas. Essas pessoas gostam de planos de implantação detalhados, com cronogramas e etapas específicas. Elas são cuidadosas e orientadas pelos detalhes. Neste sentido, se parecem com pessoas energizadas pelo contexto. Seu foco, entretanto, é no sistema, não no histórico ou cenário. Eles percebem os elementos subjacentes nos chamados comportamentos naturais, com frequência identificando oportunidade para aprimoramentos. Em geral possuem um bom entendimento das áreas de economia, finanças ou engenharia e, regularmente, localizam erros e inconsistência que não são percebidas por outras pessoas.

Nos negócios eles são ordeiros e organizados. Geralmente se comunicam usando tabelas e fontes de informação. Às vezes, o foco nos detalhes os impedem de tomar decisões rápidas. Esses indivíduos são hábeis em preencher as lacunas entre teoria e prática, impondo critérios rigorosos e mensuráveis sobre os projetos e as pessoas que comandam.

➡ Indivíduos energizados pela ação querem ver as coisas **acontecerem**. Eles se sentem mais felizes quando estão se movendo rumo a um objetivo, mesmo que não tenham plena certeza de qual seja essa meta. Eles se sentem confortáveis em aprender no trabalho e corrigir o curso ao longo do caminho, sempre que necessário. Essas pessoas são persistentes, decididas e assertivas. Uma vez que tenham uma ideia, partem imediatamente para colocá-la em prática. Para elas, **fazer** é mais importante que **analisar**. Esses indivíduos ficam frustrados quando outras pessoas não se mexem tão rápido quanto eles.

Nos negócios eles não ficam fechados dentro de seus escritórios, e estão sempre conversando com os outros sobre o que já está em andamento e o que precisará ser feito em seguida. Eles poderão se atirar de cabeça e agir, mesmo quando os demais ainda não estão prontos, podendo inclusive se mostrar impositivos e impulsivos. Eles se sentem confortáveis quando estão no controle das coisas e, de modo geral, conseguem que as coisas sejam feitas.

➡ Indivíduos energizados por outras pessoas são **gregários**. Eles veem o local de trabalho como um ambiente social e mantêm relações firmes com os colegas. Ao avaliar questões, sua primeira preocupação é saber como as pessoas serão afetadas. Eles precisam **"gostar"** das propostas antes de se comprometer com elas. São cultivadores de redes de contato e possuem um forte senso intuitivo e, em geral, sabem de antemão como os outros irão reagir a propostas ou mudanças. Pessoas energizadas por outros seres humanos querem que os sentimentos e a justiça desempenhem papeis cruciais em suas decisões.

Nos negócios, elas às vezes favorecem decisões baseadas em relacionamentos, em vez daquelas fundamentadas em resultados. Porém, pelo fato de consultarem a opinião dos outros, são, naturalmente, promotores de consenso. Se apreciam uma ideia, tendem a discuti-la com suas redes de contato, ajudando a gerar aceitação e recrutar apoio.

Você poderá ver esses seis estilos de pensamento em ação em cada classe social. Compreender como os outros veem o mundo, de que maneira eles se relacionam com as informações e o que lhes fornece energia poderá se revelar uma habilidade útil no trabalho, em seus círculos sociais e até mesmo em casa. Porém, tome cuidado. Cada um de nós é uma mescla desses estilos e dessas tendências. Praticamente ninguém conta com apenas um tipo de energia; todos nós temos nossas próprias preferências, e reconhecer isso pode ser útil. Lembre-se de ser **flexível**. Na verdade, somos todos mestiços, portanto, não temos uma raça definida.

Personagens – Fale para ser ouvido **129**

Embora existam inúmeros testes de personalidade capazes de ajudar a identificar o que energiza as pessoas, é improvável que consiga aplicar qualquer um deles a seus clientes, tampouco que tenha tempo de analisar os resultados antes de uma reunião. Felizmente, há outra maneira excelente de identificar o que dá energia a esses indivíduos. Para isso basta que você os observe atentamente. Como verá a seguir, a maioria das pistas não é difícil de detectar.

INDIVÍDUOS ENERGIZADOS PELO CONTEXTO

Dicas sobre o ambiente de trabalho	Mesa e escritório bem organizados; espaço livre de qualquer bagunça. Livros de consulta nas estantes; diplomas, certificados e missão da companhia devidamente enquadrados e pendurados nas paredes. Poucos objetos pessoais de estimação. Documentos empilhados de maneira ordenada e assinalados com *post-its*.
Dicas do estilo de comunicação	Analítica, detalhada, repleta de jargões e abreviaturas. Os *e-mails* são curtos e, com frequência, contêm perguntas. A mensagem no correio de voz é direta e precisa. Tende a corrigir erros e palavras utilizadas de maneira incorreta por outras pessoas, assim como a fazer várias perguntar de caráter informativo e esclarecedor.
Dicas gerais	Veste roupas bem cuidadas e combinadas, mas não faz o tipo "estiloso" nem gosta de se exibir. Em reuniões, ele poderá retornar a questões que teoricamente já parecessem esgotadas. Não se mostra preparado par tomar decisões nem prosseguir com a pauta até que esteja confortável com o fato de todos os pontos terem sido amplamente considerados.

A conexão

- Esteja preparado para cobrir um número menor de tópicos do que faria com outros clientes, mas, ao mesmo tempo, para discuti-los de maneira mais aprofundada.
- Comece com uma pauta, preferencialmente impressa que contenha os benefícios/resultados específicos para cada item.
- Ofereça informações detalhadas e sustentadas por fatos. Leve consigo planilhas de dados, cronogramas, listas de preços e indicações de clientes que estiverem disponíveis.
- Ao apresentar informações, certifique-se de que estejam corretas e que as fontes sejam citadas. Esteja preparado para explicar e apoiar metodologias usadas para reunir, validar e interpretar dados.
- Mostre como os riscos serão minimizados e ressalte planos de contingência diante de imprevistos.
- Esteja preparado para responder questões sobre a história da empresa, fontes e dados. Se não souber, seja honesto e comprometa-se a buscar a informação o quanto antes. Tome notas de todas as informações que precisará levantar e fornecer ao cliente.
- Confirme se ele está satisfeito com cada item da pauta antes de prosseguir. Se tentar oferecer conselhos antes de o cliente achar que você realmente compreendeu a situação da empresa, ele poderá vê-lo como superficial ou até arrogante. Uma pergunta útil a ser feita periodicamente é: **"Isso parece suficiente antes de prosseguirmos?"**
- Não espere decisões finais durante a reunião. Essas pessoas precisam de tempo para pensar com cuidado. Coloque-se a disposição para trazer mais informações em uma próxima reunião.

130 VENDA MAIS, MELHOR E SEMPRE

INDIVÍDUOS ENERGIZADOS POR RESULTADOS

Dicas sobre o ambiente de trabalho

Mesa limpa e com poucos objetos dispersos. Pouca evidência de trabalho em andamento. Diplomas e certificados visíveis. Possivelmente você encontrará alguns relatórios de pesquisa ou resumos executivos no local. Poucos objetos pessoais de estimação.

Dicas do estilo de comunicação

Confiante, objetiva, direta e racional, com poucos momentos de relaxamento. A mensagem do correio de voz é geralmente gravada por seus assistentes. *E-mails* talvez sejam também enviados pelos assistentes, com a especificação de tópicos, resultados e prazos de início/término de cada projeto.

Dicas gerais

Veste roupas que escolhe deliberadamente. Em geral essas pessoas estão cientes das mensagens que querem transmitir pela aparência, linguagem corporal, posição ocupada na sala e também pelas palavras empregadas. Com frequência possuem um forte senso temporal e não estão dispostos a perder nem um minuto mais que o necessário. Em geral são explícitos em relação a suas preocupações no quadro geral e também quanto aos resultados esperados. Podem organizar reuniões entre você e outros funcionários, afastando-se fisicamente, mas, ao mesmo tempo, mantendo-se bem informados.

A conexão

- Tenha uma pauta preparada em tópicos e demonstre objetivos claros para cada etapa da reunião, mas esteja preparado caso o cliente se antecipe a você e passe diretamente àquilo que considere mais importante.
- Sempre tenha uma resposta pronta para a pergunta: **"Por que estamos aqui?"**
- Respeite o tempo do cliente.
- Concentre-se mais em estratégias que em táticas.
- Demonstre raciocínio lógico. Ofereça informações importantes e confiáveis, de maneira correta e objetiva.
- Esteja preparado e munido de fatos, números, gráficos e conhecimento técnico. Cite autoridades no assunto e provas científicas.
- Ofereça uma análise franca da situação e seja claro em relação aos prós e contras de cada situação ou sugestão. Seja cuidadoso em relação aos custos, benefícios e riscos envolvidos.
- Associe sua proposta ao sucesso do cliente, às estratégias e aos impulsionadores do setor. Aliás, ao discutir estratégias sempre as associe aos resultados obtidos; ao falar sobre resultados, sempre esteja pronto para oferecer métodos para atingi-los.
- Mostre ao cliente que ao encontrar-se com você ele fez bom uso de seu tempo, demonstrando eficiência, direcionamento e concentração nos resultados.

Personagens – Fale para ser ouvido **131**

INDIVÍDUOS ENERGIZADOS POR IDEIAS

Dicas sobre o ambiente de trabalho	Ambiente de trabalho geralmente estimulante. Tudo está em evidência: artigos, fotos, lembretes. "Uma confusão criativa" com pilhas de papel, pastas de arquivo, enfeites de mesa, livros, jogos e outros itens que possam parecer não relacionados ao trabalho. Aliás, talvez a mesa nem seja usada para trabalhar, apenas para apoiar objetos e papelada.
Dicas do estilo de comunicação	Aberto e expressivo. Utiliza expressões como "Uau! E se...?" ou "O que mais" A conversa serpenteia de um tópico para outro, enquanto o indivíduo usa analogias, metáforas e histórias. Os *e-mails* são escritos com rapidez e, com frequência, contêm erros de escrita, entre outros. Costuma utilizar pontos de exclamação.
Dicas gerais	Estilo variado, oscilando entre o elegante/deliberado e o colorido/casual, mas nunca conservador. Busca expressões do quadro geral. Monitora sua própria energia, sentindo-se mais revigorado por pensamentos abstratos de alto nível, mas, ao mesmo tempo, desprovido de energia para pensar em detalhes, informações excessivas e táticas. Pode perder a noção de tempo à medida que explora opções e alternativas.

A conexão

- Não apresente uma pauta, apenas ofereça uma ideia geral sobre a reunião. Se for possível utilize-se de metáforas e recursos visuais.
- Concentre-se em estratégias de alto nível. Evite a discussão de detalhes, táticas e viabilidades.
- Use analogias, metáforas, recursos visuais, variedade, novos conceitos e aplicações futuras do seu produto. Se possível, apresente ideias inesperadas com base em associações aleatórias.
- Ofereça opções e ouça cuidadosamente as alternativas e variáveis propostas pelo cliente.
- Esteja preparado para vê-lo entrar no modo *brainstorm* e começar a apresentar várias ideias diferentes.
- Não tente controlá-lo antes que esteja pronto, pois o cliente poderá sentir que você o está interrompendo ou limitando.
- Respeite o raciocínio intuitivo dessas pessoas. Deixe que elas tirem conclusões, façam associações e tenham ideias. Anote-as, mesmo que pareçam incomuns. Com frequência, as conexões inesperadas feitas por esses indivíduos abrem caminho para soluções criativas de problemas.
- Dê ao cliente tempo suficiente para incubar suas ideias. Em geral isso poderá significar *e-mails* ou mensagens telefônicas que garantam a essas pessoas a oportunidade de verificar, confirmar, esclarecer ou até descartar pensamentos anteriores (talvez você tenha a tentação de fazê-lo durante a reunião, mas, neste caso, estará se arriscando a sugar toda a energia do momento).

132   **VENDA MAIS, MELHOR E SEMPRE**

INDIVÍDUOS ENERGIZADOS PELO PROCESSO

Dicas sobre o ambiente de trabalho	Mesa limpa e funcional. Placa com o nome, cartões de visita. Paredes cobertas por diagramas, tabelas e planilhas. Pilhas de papel devidamente codificadas por cores, colocadas lado a lado. Um lugar para cada coisa e cada coisa em seu lugar. Com frequência se sentam de costas para a porta e de frente para o computador.
Dicas do estilo de comunicação	A comunicação é cuidadosa, precisa, geralmente técnica, baseada em fatos e números. Os e-mails são diretos, com poucas metáforas ou analogias. Não fazem uso de pontos de exclamação ou emoticons. Eles tomam notas detalhadas, conseguem resumi-las bem e com frequência são ótimos sintetizadores de informação.
Dicas gerais	As roupas são bem cuidadas, mas não necessariamente estilosas. Gosta de objetos úteis e diferenciados como chaveiros retráteis, porta-caneta e porta-celular exclusivos etc.

A conexão

- Apresente uma pauta detalhada, lógica e escrita. Siga-a durante a reunião e confirme de maneira explícita se o cliente está pronto para seguir em frente e abordar o próximo ponto.
- Leve consigo informações necessárias e, inclusive, dados extras como *backup* na forma escrita.
- Seja cuidadoso e preciso no que diz. Ofereça respostas diretas e detalhadas para as perguntas.
- Forneça critérios concretos e mensuráveis de sucesso.
- Demonstre a integridade e o registro de acompanhamento de todos os processos ou sistemas propostos.
- Dê ao cliente a possibilidade de avaliar e comparar planos e propostas, assim como tempo suficiente para fazer perguntas.
- Valorize a necessidade de esse cliente avaliar de perto quaisquer propostas, produtos ou serviços oferecidos para que ele mesmo veja se irão funcionar no seu caso. Torne fácil para ele interromper seus processos, examiná-los e reagregá-los.
- Ofereça a implementação de planos e cronogramas que incluam: 1º) as ações que serão necessárias em cada momento específico; e 2º) quem será responsável por executá-las.
- Apresente planos de *backup* e estratégias para mitigação de riscos.

Personagens – Fale para ser ouvido **133**

INDIVÍDUOS ENERGIZADOS PELA AÇÃO

Dicas sobre o ambiente de trabalho	Sinais de projetos em andamento, cronogramas, listas de afazeres, lembretes e recordações de realizações passadas. A mesa pode estar repleta de processos recentes (em contraste com os indivíduos energizados por ideias, cujo atulhamento se refere a processos do passado). Esse tipo de cliente pode preferir realizar a reunião fora de sua mesa de trabalho, em uma sala de reuniões ou até em outro local da empresa. A reunião poderá ser interrompida por telefonemas, avisos de recebimento de mensagens e até por visitas breves.
Dicas do estilo de comunicação	Decisiva e confiante. Seus *e-mails* se caracterizam por frases curtas, como: "Encontrei isso e achei que ficaria interessado." A linguagem demonstra preferência por manter o controle, com perguntas do tipo: "Quais serão os próximos passos?" ou "Quem cuidará disso?" ou até mesmo "Qual será o prazo final?"
Dicas gerais	Pelo fato de buscar segurança, exercitando o controle sobre as situações, esse cliente pode se revelar um administrador meticuloso. Em geral exige rapidez, buscando sempre os primeiros indicadores de progresso. Normalmente se sente confortável em aceitar certo grau de risco, mas isso não acontecerá caso não receba *feedback* regular sobre o andamento dos processos.

A conexão

- Respeite seu tempo e evite explanações demoradas, discussões de assuntos não relacionados e/ou pautas detalhadas. Use, em vez disso, uma lista curta de itens que deverão ser ticados de maneira visível assim que cobertos.
- Enfatize as táticas em relação às estratégias.
- Quando lhe for solicitado, utilize evidências que sustentem sua proposta, ajude o cliente a visualizar como ela poderá funcionar no caso dele, o que poderia ser aprendido com a experiência de outras pessoas e de que maneira você seria capaz de se adaptar para atender às necessidades específicas dele.
- Atenda à necessidade desses indivíduos por determinação e decisão, mostrando-se igualmente determinado e decisivo. Mostre que as coisas poderão caminhar rapidamente, que o cliente terá o controle e logo poderá visualizar progressos.
- Para esse tipo de pessoa, não receber notícias é um péssimo sinal, portanto, enfatize a disponibilidade de *feedback* e o acesso livre a verificações regulares.
- Essas pessoas não gostam de encontros desmarcados, prazos extrapolados ou erros nos cronogramas de entrega – e sempre se lembrarão de tais eventos. Demonstre que você e sua equipe estão preparados para responder rapidamente às preocupações do cliente e que todos estão dispostos e prontos para corrigir o curso ao longo do caminho.
- Esse tipo de cliente gosta que suas reuniões terminem assim que sentirem que já têm informação suficiente para seguir adiante. Lembre-se: essas pessoas sempre têm outras coisas a fazer, portanto, não estenda sua visita.

VENDA MAIS, MELHOR E SEMPRE

INDIVÍDUOS ENERGIZADOS POR OUTRAS PESSOAS

Dicas sobre o ambiente de trabalho

Ostenta fotos da família, em geral com crianças de diferentes idades; fotos de amigos e colegas, geralmente agrupados. Mantém potes de balas ou bombons sobre a mesa. Podem preferir utilizar uma pequena mesa na cafeteria ou simplesmente caminhar pelos corredores enquanto conversam.

Dicas do estilo de comunicação

Amigável. Expressões faciais e linguagem corporal abertas. Os *e-mails* usam sinais de exclamação, letras maiúsculas e *emoticons*. A mensagem de voz pode ter um tom bem-humorado, ou fazer referências pessoais. Nas reuniões esse tipo de cliente costuma estabelecer um clima harmonioso e informal antes de falar de negócios.

Dicas gerais

Essas pessoas praticamente pulam da cadeira para cumprimentá-lo. Com frequência o recebem em seu espaço com gestos calorosos, colocando a mão no seu ombro ou nas costas. Observe sinais de informalidade, referência a outras pessoas e toques pessoais.

A conexão

- Evite expor sua pauta logo ao sentar-se. Torne o clima mais agradável conversando sobre outros assuntos.
- Mantenha sua pauta e seu planejamento disponíveis como *backup*, mas saiba que seu cliente provavelmente se sentira confortável em saber que você os têm em mãos para discuti-los em detalhes.
- Faça comentários ou pergunte sobre o que vê no escritório. Tente descobrir os interesses do seu cliente.
- Use uma linguagem amigável, informal e palavras e frases expressivas. Pense no que suas linguagens corporal e facial estão transmitindo.
- Se possível, e relevante, faça referência a amigos ou histórias em comum.
- Prepare-se para ser interrompido por colegas ou por pessoas que abram a porta de repente e espiem o local. Aliás, não se surpreenda se o seu cliente apresentá-los a essas pessoas.
- A interação humana é mais importante para esses indivíduos que logística e caminhos críticos. Não os sobrecarregue com dados técnicos ou detalhes financeiros. Essas pessoas preferem tomar decisões de maneira intuitiva, com base em suas emoções, na justiça, na empatia, nas normas do grupo e na oportunidade de engajamento interpessoal.
- Explique como sua proposta irá afetar as pessoas com as quais seu cliente trabalha.
- Ofereça testemunhos e opiniões de indivíduos que eles admirem e respeitem.
- Ofereça a oportunidade de o cliente conversar com outras pessoas que já utilizaram seu produto/serviço.

Personagens – Fale para ser ouvido **135**

A premissa desse livro é de que os vendedores estão em uma posição privilegiada para ajudar seus clientes a resolverem problemas. No final, quanto mais habilidoso você se revelar em identificar o que realmente importa para seus clientes e em transmitir-lhes as informações de maneira adequada, mais corretamente será capaz de diagnosticar os problemas que enfrentam e oferecer-lhes soluções que atendam suas necessidades.

Esse modelo de energização também é capaz de fornecer a você algumas dicas a respeito de seu estilo pessoal de pensamento. Você se sente mais energizado pelo contexto, por resultados, por ideias, pelo processo, pela ação, por pessoas ou por uma combinação de dois ou mais estilos. A maioria de nós tem mais que uma única preferência dominante. Só porque você é prioritariamente energizado por pessoas não significa que não possa se sentir da mesma maneira em relação a ideias. Um indivíduo primariamente revigorado por resultados também pode ostentar a agilidade típica de quem se sente impulsionado pela ação. Existem pessoas de todos os tipos, tamanhos e combinações. Você precisará manter seu olhar afiado e se mostrar flexível e paciente para conseguir identificar com tranquilidade e facilidade os elementos energizadores. Você também precisará de prática. Porém, se trabalhar nisso, descobrirá que conhecer seu próprio estilo (ou seus estilos) de pensamento e ter uma boa ideia dos estilos de seus clientes são práticas que irão transformá-lo em um profissional mais útil – capaz de oferecer informação de maneira que as pessoas consigam entendê-las, se relacionar com elas e decidir a melhor maneira de seguirem em frente.

Lembre-se, entretanto, de que cada ponto forte traz consigo um ponto fraco. Ao identificar o que energiza seus clientes você também começará a identificar o que eles estão negligenciando. Neste caso, você poderá ajudá-los a considerar as peças do quebra-cabeça que eventualmente tenham sido deixadas de lado. Por exemplo, usando sua perspectiva de contexto você poderá ajudar um indivíduo que tende a se concentrar em ideias a investir mais tempo na identificação do problema certo. Em contrapartida, adotando um ponto de vista voltado para pessoas, talvez você consiga ajudar um cliente concentrado em resultados a considerar de que modo uma nova iniciativa irá afetar os funcionários. Observando pela ótica do processo, é possível que você consiga ajudar o cliente voltado para a ação a perceber que um plano precisa de mais trabalho antes de ser colocado em prática. O fato é que, com frequência, você consegue demonstrar sua utilidade apenas oferecendo novas perspectivas.

No final, compreender essas preferências no estilo de pensamentos e usá-las de modo inteligente são boas maneiras de aplicar uma nova versão da **regra de ouro**. Como disse certa vez um bom amigo, Ken Wall: "A questão não é tratar as pessoas como você gostaria de ser tratado, mas fazê-lo do modo como elas gostariam que você o fizesse."

CAPÍTULO 14

O diálogo, prólogo –
A reunião antes da reunião

"Você me convenceu ao dizer olá."

– Dorothy (Renée Zellweger) para Jerry (Tom Cruise)
no filme *Jerry Maguire*

Virgil estava treinando Steve para sua reunião na Axel. "Muito bem, sua preparação está tão pronta quanto poderia estar. Você tem dados sobre o cliente e a respeito dos desafios que ele enfrenta, está indo lá com uma boa indicação, já tem seus roteiros, além de uma boa ideia de como poderá ser útil. Qual é a primeira coisa que você faz em um encontro comercial?"

"Bem, eu pensei em começar com meu roteiro sobre minhas habilidades e capacitação e então..."

Virgil o interrompeu. "Não, antes disso."

"Antes disso? Ah, claro, eu me apresento..."

"Antes **disso**."

"Antes **disso**? Acho que não estou entendendo."

"Sua reunião não começa quando você se senta para falar. De fato ela nem começa quando você diz olá. Ela se inicia no momento em que entra no prédio – aliás, no segundo em que você olha para ele. Então, qual a primeira coisa que você faz?"

138   VENDA MAIS, MELHOR E SEMPRE

Já dissemos isso várias vezes: o momento mais importante em um processo de vendas é a **reunião com o cliente**. E isso é verdade. Entretanto, isso não significa que a reunião comece com as apresentações formais. Assim como em qualquer interação humana, em geral há um prólogo que antecede o diálogo comercial.

Em uma reunião pessoal, o lugar – o local escolhido para o encontro – pode fazer parte desse prelúdio e estabelecer o tom para a sua conversa. Seu nível de energia e o tipo de diálogo adotado serão totalmente distintos se encontrar um amigo em um bar, no escritório ou em um evento religioso. O lugar faz diferença!

Outro tipo de preâmbulo é o breve diálogo que se estabelece antes da reunião propriamente dita. Essas palavras aparentemente desprovidas de importância, sobre o tempo, o trânsito e/ou as últimas novidades sobre um amigo em comum, também importam. Elas estabelecerão a atmosfera para o resto do tempo em que as partes estiverem reunidas e oferecerão pistas importantes tanto sobre como elas estão se sentindo quando daquilo que poderia energizá-las. Portanto, assim como o lugar, esse diálogo informal também é fundamental!

O mesmo se aplica às reuniões comerciais. Tanto o espaço como o diálogo inicial podem exercer um forte impacto no encontro e determinar quão bem-sucedido ele será. Desse modo, faz todo o sentido prestar atenção e ser ponderado ao lidar com essas questões.

Neste capítulo discutiremos duas habilidades cruciais na área de vendas, que se mostrarão relevantes antes mesmo de a reunião comercial iniciar. São elas: 1ª) Tornar-se o "Jedi" da sala de espera (aprender a captar todas as pistas que estiverem disponíveis no ambiente de trabalho do seu cliente potencial); e 2ª) Transformar a conversa fiada um diálogo produtivo (aprender a revelar o que há de comum entre ambos os lados e, assim, converter uma simples reunião comercial em um princípio de relacionamento).

Portanto, você ainda tem muito trabalho a fazer antes do "olá".

Tornando-se um Jedi da sala de espera

Sam, um dos sócios de Jane, estava descrevendo uma experiência recente. "Eles me fizeram esperar uma hora na recepção. Que perda de tempo."

"E o que você fez?"

"Respondi alguns *e-mails*, dei uma olhada nos *feeds* recentes."

"E o que você viu?"

"Na recepção? Nada, apenas arte de mau gosto."

"O que você ouviu?"

"Musica ambiente?"

"Você perguntou o nome da recepcionista?"

Sam ficou mudo. Jane, como sempre, mostrou-se inexorável. "O que achou do banheiro masculino?"

"Como? Acho que não entendi."

Jane se sentiu tentada a soletrar a palavra **b-a-n-h-e-i-r-o** para o rapaz, porém, em vez disso, ela disse: "Ouça, Sam, da última vez que tive de esperar, perguntei à recepcionista onde ficava o banheiro feminino e também onde poderia beber um copo de água. Havia uma cozinha para os funcionários onde acabei me apresentando a uma mulher que estava tomando café. Acontece que, por acaso, essa senhora era a diretora financeira da empresa. Então eu disse a ela que estava ali para conversar com o Jay, e que havia sido responsável por fechar o contrato com a Lebowski. Então ela disse: 'O contrato com a Lebowski, é mesmo? Passe os detalhes para o Jay. Gostaria de saber mais sobre isso.'"

"E tudo isso porque você tinha que enrolar por uma hora?"

"Eu não enrolei por uma hora, mas acho que foi exatamente isso que você fez."

O escritório de um cliente – incluindo a recepção e as áreas comuns – é o habitat natural dele. O local está repleto de pistas importantes sobre a empresa e sua cultura. Pense na sala de espera como uma oportunidade de exploração, na qual você é exposto a recursos que não estarão disponíveis nos relatórios da empresa nem na Internet. É possível, portanto, valorizar o tempo que passará na companhia do cliente agindo como um **antropólogo**, ou seja, buscando indícios para compreender melhor as pessoas com as quais irá se reunir. Uma vez que estiver no território do seu cliente, os únicos momentos perdidos serão aqueles que você mesmo decidir jogar fora.

O fenômeno da estrada mais conhecida

Imagine a si mesmo caminhando por uma trilha conhecida. Você a percorre de olhos fechados. É como se os seus pés o levassem aonde deseja ir, sem qualquer esforço. Agora imagine como seria caminhar por uma trilha totalmente nova e desconhecida. A distância é exatamente a mesma, assim como o ritmo da caminhada. Qual trajeto você acha que demoraria mais? Pense na última

140 VENDA MAIS, MELHOR E SEMPRE

vez em que você dirigiu até um local desconhecido. Agora lembre-se do caminho de volta. Qual deles pareceu mais longo?

Pesquisadores fizeram com que algumas pessoas caminhassem por duas trilhas diferentes: a primeira bem conhecida por eles; a segunda completamente nova. Os participantes do estudo foram então questionados em relação ao tempo que gastaram em cada jornada. Praticamente todos estimaram que o gasto maior tivesse ocorrido na trilha desconhecida. A partir daí, os pesquisadores desenvolveram a teoria de que em ambientes não familiares costumamos prestar mais atenção às coisas, reparar mais nos detalhes e

lembrar deles. O efeito disso é justamente o que faz parecer como se tivesse se passado mais tempo.[1]

Podemos usar esse fenômeno a nosso favor. Se é natural reparar mais em novos ambientes, por que não se beneficiar de sua capacidade de percepção? **Observe e ouça!**

É praticamente certeza de que as pessoas do escritório conhecem seus clientes, portanto, qualquer interação que tenha no prédio poderá gerar informações e perspectivas que possam ampliar seu conhecimento, sintonizar suas perguntas e/ou abrir novas áreas de exploração. Com base naquilo que observar, talvez você consiga acrescentar algo às perguntas que já tenha planejado fazer durante a reunião. Anote isso em suas Q.Notes.

Portanto, se por acaso você tiver de ficar esperando na recepção, pense nisso como um ponto positivo. Não enfie a cabeça na pauta já planejada. Você já conhece o plano. Busque por oportunidades de torná-lo melhor – tornando-se um "Jedi" da sala de espera.

Seja curioso

Quanto mais curioso você for, mais irá aprender. É uma equação simples; um círculo virtuoso.

Olhe para as paredes. Estou falando sério. Repare no quadro do CEO cortando uma fita durante uma inauguração; preste atenção aos objetos de arte, à missão da empresa emoldurada e ao pôster listando todos os valores da companhia – tudo isso são pistas. Por meio delas é possível aprender muito sobre

---

1- L. G. Allan, *The Perception of Time* (*A Percepção do Tempo*), *Perception & Psychophysics* 26 (1979): 340–54; e B. Zakay e R. A. Block, *Prospective and Retrospective Duration Judgments: An Executive-Control Perspective* (*Avaliações de duração prospectiva e retrospectiva: uma perspectiva de controle executivo*), *Acta Neurobiologiae Experimentalis* 64 (2004): 319–28.

O diálogo, prólogo – A reunião antes da reunião **141**

a cultura vivenciada pelo cliente, as iniciativas que orgulham a organização, o prédio em que a reunião irá acontecer, a história da empresa e até mesmo as pessoas com as quais irá se encontrar.

Faça perguntas sobre aquilo que observar. Diga olá para as pessoas que encontrar. Apresente-se a elas e explique o que está fazendo ali. Ou simplesmente pergunte onde fica o banheiro. Não há uma lista padrão do que é possível descobrir em uma sala de espera. A questão é despertar sua curiosidade por tudo aquilo a que for exposto.

Pense no diálogo entre Jane e a diretora financeira na cozinha do escritório. A primeira ofereceu uma informação (o contrato Lebowski) e então seguiu para onde a conversa a levou. Ao fazê-lo, Jane plantou as sementes e regou o breve dialogo que manteve com sua cliente potencial. "Ela gostaria que eu lhe informasse sobre o contrato que fechei com a Lebowski, para que você possa transmitir a ela sua opinião." Ao se mostrar curiosa e aberta, Jane conseguiu dar de cara com a diretora financeira da empresa e arrumar um importante tópico para a reunião. E, com aquele simples bate-papo informal, estabeleceu credibilidade suficiente para poder fazer várias outras perguntas relevantes ao Jay. Aí está a força de ser um "Jedi" da sala de espera.

> Vale ressaltar que talvez haja razões para que você e seu cliente potencial se encontrem em um lugar neutro: isso economiza tempo no trânsito, se torna menos formal e reduz as distrações para o cliente. Porem, a menos que exista uma boa razão para não fazê-lo, preferimos sempre agendar a reunião no escritório do cliente. Afinal, depois da casa dele, esse é o melhor lugar para se conseguir informações pessoais. A mochila de ginástica no canto da sala, o diploma emoldurado, a foto da família no topo de uma montanha, o grande arquivo coberto com pilhas de papeis com dobras nos cantos, tudo isso são informações preciosas; cada um é uma possibilidade para iniciar uma conversa. Mesmo que vocês se encontrem na sala de reuniões, peça para ver o escritório do seu cliente como parte de um tour pelo escritório.

A recepcionista

Essa funcionária fica ali sentada o dia todo. Ela vê todos que entram e saem e, com frequência conhece todo mundo na empresa. Essa pessoa com certeza sabe muito mais sobre a dinâmica social e os colegas de trabalho na organização do que você jamais saberá, e, aliás, é possível que também saiba mais que a maioria dos outros funcionários. E o melhor de tudo, em geral, as recepcionistas adoram conversar.

A seguir veremos Jane praticando suas habilidades de "Jedi" ao chegar para uma reunião com um cliente na Boston Sabre.

"Olá, sou Jane Anders. Estou aqui para ver o Juan. Você deve ser a Mary, certo?"

"Sim, sou eu."

"Juan me disse que eu a reconheceria pelo sorriso. Prazer em conhecê-la."

"Digo o mesmo... Oh, parece que ele ainda está em uma ligação. Eu voltarei a verificar em alguns minutos. Sente-se, por favor. Aceita um café?"

Então Jane respondeu, "Não, obrigada," e se sentou tranquilamente para esperar.

De jeito nenhum! Afinal, por que terminar essa interação tão cedo? Em vez disso, Jane começou a conversar com a recepcionista. "Eu reparei na academia de ginástica no andar inferior. Muita gente da empresa costuma frequentá-la?"

"Nós temos um preço diferenciado por trabalharmos no prédio. Então é um bom negócio."

"Entendo, e a Boston Sabre já está aqui há muito tempo?"

"Três anos. Desde que nos mudamos para cá a academia nos ofereceu um desconto. Muitos aceitaram."

"Faz sentido. Por que vocês se mudaram?"

"A empresa? Foi parte da estratégia de reorganização, quando o setor corporativo se separou da fábrica."

Agora Jane tem uma nova informação sobre a Boston Sabre. "Parece que o espaço ficou pequeno."

"Sim, com certeza! E já estamos buscando mais espaço."

Jane queria saber mais sobre a cultura corporativa. "Há muita gente que gosta de atividades físicas trabalhando aqui?"

"Sim, acho que podemos dizer isso! Na empresa temos uma equipe de vôlei, uma de basquete e outra de futebol. É uma companhia jovem, portanto, é um espaço bem social. Além disso, os times são uma ótima maneira de aliviar o estresse."

O diálogo, prólogo – A reunião antes da reunião **143**

Jane conhecia bem a questão de estresse. "Pode apostar... René e Juan fazem parte de algum time?"

"Vê aquela foto no quadro? Aquele é o Juan sendo cumprimentado depois de ter decidido a partida final do campeonato."

Jane podia ver a energia nos olhos de Juan. "Parece que ele adora vencer."

"Com certeza!"

Em apenas alguns minutos de interação amigável Jane conseguiu reunir vários itens que poderiam servir para iniciar diálogos comerciais e pessoais. O que ela poderia começar a supor sobre as coisas que energizam Juan? E quais são as possibilidades de ela mencionar a fotografia dele durante a conversa?

É claro que ela poderia ter desperdiçado seu tempo verificando seu *e-mail*, mas então ela não seria a Jane.

Transforme o inevitável tempo de espera em algo produtivo; faça disso uma prática natural sempre que adentrar o território de seus clientes: apresente-se, inicie uma interação positiva e busque oportunidades de reunir informações em uma ou mais das áreas a seguir:

- **História da empresa e logística.** Compreender o cenário da organização visitada fornece a você contexto e tópicos interessantes para sua reunião.
- **Cultura organizacional.** Quando a sala de espera dá a você um vislumbre de outros setores da empresa, você consegue reparar no modo como as pessoas trabalham; como se vestem; como se cumprimentam. Por exemplo, você as vê interagindo com camaradagem? O lugar é quieto ou vibrante? As pessoas discutem problemas umas com as outras? O grupo é internacional, mesclado em termos culturais ou homogêneo? Reparar em pistas sobre normas culturais também é algo que poderá ajudá-lo de outras maneiras, revelando, por exemplo, o tipo de linguagem mais adequada ao local – e que poderia, inclusive, parecer inaceitável em outros.
- **Maneiras de se conectar ao seu cliente potencial.** O que descobrir na recepção poderá servir como trampolim para conversas interessantes com as pessoas que encontrar pela frente. Se um visitante aparecesse em seu escritório e lhe dissesse, "Ouvi dizer que você acaba de retornar de um safári de três semanas no Quênia," você não se sentiria tentado a falar sobre o assunto?

Perguntas ao estilo "Jedi" feitas na recepção

Faça uma lista de sete perguntas que poderão ser introduzidas em qualquer tipo de diálogo com a recepcionista e/ou outros funcionários que encontrar na sala de espera. Quanto mais elas refletirem seu estilo pessoal e seus interesses, mais genuínas e úteis se revelarão. Veja a seguir algumas perguntas típicas para dar início a uma conversa:

- Há quanto tempo a empresa está nesse endereço? O que provocou a mudança?
- Quantas pessoas trabalham no local? Que departamentos ocupam esse prédio?
- Qual a maior divisão ou departamento nesse local específico?
- Todos são sempre tão... (descontraídos, amigáveis, energizados) por aqui ou hoje é um dia especial para vocês?
- Do que você mais gosta ao trabalhar aqui?
- Os superiores normalmente passam mais tempo na empresa ou fora dela? Eles estão envolvidos nos acontecimentos do dia a dia? Eles conhecem todos do escritório pelo nome?

> Com frequência você vai a uma reunião acompanhado por um ou dois colegas. Neste caso, vocês se sentirão tentados a conversarem uns com os outros enquanto esperam. Mas de que lhes servirá rediscutir os resultados dos jogos do dia anterior?
>
> Faça o oposto. Aproveite que estão em número maior. Enquanto um pergunta a um funcionário que passa sobre os troféus em exibição, outro vai ao banheiro e o terceiro conversa com a recepcionista. Quanto mais perguntarem, mais aprenderão. A curiosidade valerá a pena.

Incorpore o papel de um antropólogo no momento em que adentrar o território do seu cliente. Se descobrir dez informações, algumas delas certamente irão ajudá-lo durante a reunião.

Transformando conversa fiada em diálogo produtivo

Em geral, a conversa fiada – aquela ritualística e informal em que as pessoas se envolvem quando conhecem umas às outras – gira em torno do tempo, de esportes, do tráfego ou de algum tópico atual. Porém, esse bate-papo é apenas uma maneira de quebrar o gelo, ou seja, de lubrificar as relações e abrir caminho para diálogos mais profundos.

Um dos propósitos sociais da conversa fiada é superar o **"dilema do forasteiro"**, discutido no Capítulo 2. Nenhuma interação produtiva entre seres humanos pode ocorrer sem o estabelecimento de algum nível de confiança. Independentemente de estarmos trocando dinheiro por um refrigerante no bar da esquina, concordando em encontrar um colega em algum local ou conduzindo uma grande negociação comercial, é preciso que exista confiança de que a outra parte cumprirá sua parte no acordo – de maneira explícita ou implícita.

O bate-papo informal ajuda a superar o "dilema do forasteiro" porque é um modo de estabelecer pontos em comum. Se conseguirmos descobri-los – experiências, pessoas e/ou interesses que sejam compartilhados por ambas as partes –, nos tornaremos menos estranhos aos olhos de nossos interlocutores. É isso o que fazemos quando socializamos com pessoas desconhecidas em uma festa ou conversamos com o passageiro sentado ao nosso lado em um avião. A partir do momento em que perceberem o que têm em comum seu diálogo avançará a outro patamar, e vocês terão algo de interesse mútuo sobre o qual discutir. Apesar de terem acabado de se encontrar, já foi possível aprender algo sobre o outro e começar a se sentir mais conectado. É quase como uma mágica. Em um momento você é um completo estranho, no seguinte está a caminho de uma possível relação – não garantida, mas que pode dar certo.

Pense em qualquer reunião de negócios que tenha feito com alguém que não conhecia bem. É quase garantido que ela tenha começado com algum tipo de bate-papo informal. Essa é a maneira como os seres humanos operam. Aos poucos nós abrimos caminho para a conversação propriamente dita.

Em encontros comerciais, há três níveis de **"elementos comuns"** que podem ser descobertos por meio de um simples bate-papo.

- **Interesses comuns de nível básico:** o cliente revela um interesse pessoal pelo qual você sente curiosidade genuína.
- **Conexões compartilhadas um pouco mais substanciais:** você e seu cliente possuem experiências similares ou conexões sociais distantes.
- **Mesma comunidade, que ocupa o grau mais elevado:** você e seu cliente são membros de uma comunidade específica, cuja cultura e os valores são identificáveis. Por exemplo, ambos fazem parte de um mesmo clube.

146   **VENDA MAIS,** MELHOR E SEMPRE

Em cada um dos casos, é possível procurar pontos em comum perguntado sobre o outro e revelando dados sobre si mesmo. Veja como Jane usou essas habilidades para revelar um interesse compartilhado.

René, o colega de Juan, foi buscá-la na recepção. Depois de se apresentarem um ao outro, Jane perguntou: "Eu vi a foto de Juan na estante de troféus da empresa. Você também participa de algum dos times da companhia?"

"Jogo um pouco de basquete. Eu costumava jogar na faculdade, mas agora tenho que tomar cuidado com os meus joelhos."

"Em que faculdade você estudou?"

"Na Carolina do Norte."

A curiosidade natural de Jane a levou a um possível interesse comum que valia a pena ser explorado. "Minha filha joga basquete. Ela sonha em entrar para o time da universidade e, um dia, disputar o campeonato nacional."

"É um campeonato difícil."

"Ela não tem a altura ideal, mas é tenaz. Acho que puxou um pouquinho a mãe nesse aspecto. Eu só joguei um pouco antes de entrar para a faculdade, e até chegamos a fazer uma turnê pelo Estado no último ano do ensino médio. Nosso segundo jogo foi na Universidade da Carolina do Norte. Ainda me lembro de como foi olhar para as arquibancadas de dentro da quadra. Eu estava super nervosa!"

A revelação de Jane fez com que René ficasse curioso. "Você cresceu na Carolina do Norte?"

"Na verdade nós nos mudamos para lá quando eu tinha 16 anos."

"E como se saiu na turnê?"

"Não tão mal, mas não bem o suficiente para ganhar. De qualquer modo foi uma ótima experiência. Você gostava da Carolina do Norte?"

Ao se mostrar curiosa e fazer algumas perguntas com base nos dados que descobrira na recepção, Jane identificou duas pequenas áreas de interesse comum – basquete na faculdade e o campeonato de basquete nacional. Era provável que ela e René continuassem naquela linha de interação até chegarem ao escritório de Juan.

Veja que também é possível usar essa mesma abordagem para identificar níveis mais profundos de interesses comuns – **conexões compartilhadas**. Imagine o seguinte cenário:

Seu chefe o apresenta a um de seus clientes, David, para que você passe a atendê-lo regularmente e seja seu contato na empresa. Ambos começam a conversar e decidem que seria uma boa ideia visitar as instalações da fábrica. Porém, você menciona que isso seria impossível na próxima, pois estará em

O diálogo, prólogo – A reunião antes da reunião **147**

férias na região dos grandes lagos no Michigan. Então David diz, "Você está brincando. Eu costumava ir àquela região todos os anos no verão." Em uma conversa de cinco minutos ambos se recordam do campo de golfe local, do velho hotel e das peculiares cidadezinhas da região. Em pouco tempo, os dois já descobriram vários pontos em comum simplesmente pelo fato de passarem férias nos lagos – e tudo porque você revelou algo a seu respeito.

O grau mais forte de compartilhamento é o de nível comunitário. Mais uma vez, os atos de perguntar e revelar informações são cruciais.

Imagine descobrir logo no início de uma reunião que você e seu cliente frequentaram a mesma escola ou cresceram no mesmo bairro. Vocês nunca se encontraram antes, mas conhecem os mesmos lugares, as mesmas famílias e, inclusive, têm amigos em comum – os dois compartilham suas histórias. Todo o tom da conversa muda a partir dessas revelações. Algumas pessoas poderiam dizer: "Foi muita sorte deparar com alguém que cresceu na mesma cidade que você," enquanto outras, como Wayne Gretzky, diriam: "Perdemos todas as oportunidades não aproveitadas." O fato é que conexões não aparecem do nada; elas surgem porque procuramos por elas.

Uma das razões de o compartilhamento de uma mesma comunidade ser tão poderoso é que isso vai muito além de as pessoas **conhecerem** as mesmas coisas. Tal situação evoca **sentimentos** comuns. Se isso lhe parece trivial, pergunte a si mesmo: com quem é mais provável que você se abra mais no início de uma reunião: um indivíduo com o qual você não tem nenhuma conexão ou uma pessoa com quem partilha sua história de vida? Em quem você provavelmente confiaria mais – e de quem possivelmente gostaria mais?

O compartilhamento de uma comunidade cria um tipo de lealdade velada. É natural que membros de um mesmo grupo tratem uns aos outros de maneira decente e apliquem entre si o benefício da dúvida. Pense na última vez em que viajou para o exterior e encontrou alguém de seu país. Não houve uma conexão imediata? Os dois não pensaram o melhor um no outro, pelo menos no início?

O compartilhamento de interesses, conexões e comunidades também é capaz de fornecer razões para que você acompanhe seus clientes mais de perto – oportunidades para que seu nome se mantenha na mente dessas pessoas (discutiremos esse conceito mais detalhadamente no Capítulo 20). Se você e seu cliente começassem a falar sobre tênis e ele mencionasse o fato de estar um pouco enferrujado e perdendo muitas bolas, talvez você pudesse enviar a ele uma caixa de bolinhas verdes novinhas para ajudá-lo, acompanhada, é claro, de um bilhete amigável – essa seria uma típica oportunidade de manter contato, totalmente amparada em um simples bate-papo informal.

148 VENDA MAIS, MELHOR E SEMPRE

O bate-papo é uma arte, e algumas pessoas são naturalmente boas nisso. Todavia, isso também representa uma habilidade e, como tal, pode ser aprimorada com a prática. Uma vez que a conversa fiada irá ocorrer, quer você queira ou não, com o tempo será possível aprimorá-la. Veja a seguir algumas maneiras de afiar seus talentos naturais:

- **Desenvolva o hábito de se abrir e perguntar.** Não diga apenas: "Semana que vem será impossível, pois estarei em férias." Diga, "Semana que vem será impossível, pois estarei em férias no meu local favorito, a região dos grandes lagos no Michigan." Isso dará ao outro algo como o que possa se conectar. Eu lhe garanto que as possibilidades são pequenas de que essa pessoa se identifique com o seu local favorito de férias, porém, elas sem dúvida são maiores do que se optar por não dizer nada. Se o seu cliente diz a você: "Estamos saindo em férias", demonstre interesse; pergunte: "Para onde vocês pretendem viajar?". Você nunca sabe o que poderá descobrir.
- **Comece imediatamente – logo que cumprimentar seu cliente**. Pergunte sobre algo que viu na recepção, as obras de caridade da empresa, os prêmios e troféus na estante da sala de espera. Se o escritório parecer mais movimentado que o de costume, pergunte a razão. Tais indagações são leves, apropriadas e potencialmente informativas.
- **Sintonize-se com o que seu cliente estiver oferecendo a você**. Antes de iniciar os negócios, observe as paredes, a mesa, as prateleiras, os prêmios, a raquete de tênis, o painel de projetos e as fotos da família. As pessoas gostam de se manter rodeadas por aquilo que as interessa, portanto, não se importarão se você perguntar sobre esses itens. Longe disso. Elas provavelmente ficarão felizes em falar a respeito caso você lhes dê essa oportunidade. Lembre-se também de que quanto mais atenção der ao espaço de seus clientes, maiores serão suas chances de identificar o que os deixa animados, e mais facilmente conseguirá se comunicar e se conectar com eles.
- **Lembre-se de que aquilo que interessa a você pode também atrair o interesse dos outros**. Permita que eles saibam a respeito de suas escaladas nos finais de semana, de sua estranha coleção de aranhas da América do Sul ou do curso de culinária tailandesa que está fazendo. Cada revelação é um potencial gatilho para o início de uma conversa animada.

Os atos de perguntar e revelar dados são partes naturais de quase toda interação social, e não há motivo para que tais práticas também não façam parte de praticamente todos os diálogos comerciais. Sua atitude de compartilhar informações

O diálogo, prólogo – A reunião antes da reunião **149**

pessoais envia a seguinte mensagem: "Não sou apenas um robô vendedor. Sou um ser humano único que tem uma vida fora dessas quatro paredes. Estou interessado em saber quem você é, e gostaria que você também se interessasse em saber quem eu sou. Não quero que sejamos estranhos um para o outro."

Cada vez que faz perguntas e revela informações a seu respeito, você está convidando a outra pessoa a participar de uma conversa e criando uma espécie de linha magnética. Se esta for capaz de atrair seu cliente, haverá uma possibilidade de que um diálogo se instale. Caso isso não ocorra, você poderá criar outra linha magnética perguntando sobre outra coisa ou revelando outros dados a seu respeito, até encontrar uma área de interesse comum.

Uma situação especial em termos de bate-papo – Apresentando seus colegas

Muitas pessoas consideram desconfortável revelar informações sobre si mesmas de uma hora para outra. Uma das vantagens em ir acompanhado com colegas a reuniões é o fato de que ambos poderão fazê-lo um pelo outro.[2]

À medida que desenvolve seus negócios, Matt sempre leva seu chefe em reuniões cruciais. Ele o apresenta da seguinte maneira: "John é o chefe de nossa equipe. Ele também é um ávido alpinista, o que significa que é bastante detalhista. Os colegas dele de escalada costumam dizer que apreciam essa característica quando ele os está liderando na subida de um paredão de 800 metros de altura."

Essa simples apresentação cumpre três papéis: revela algo interessante sobre John; enfatiza sua atenção aos detalhes; e oferece uma linha de diálogo que talvez possa ser aproveitada pelo cliente. "Está de brincadeira? No outro dia recebi um *link* com fotos de pessoas se preparando para dormir em pequenas plataformas penduradas em paredes de 1.000 metros de altura. Daí eu pensei, estou absolutamente fora disso. Minha atividade mais arriscada é treinar o time de futebol de minha filha. Embora eu ache que diante da tarefa de enfrentar um bando de garotas adolescentes acompanhadas dos pais, a ideia de ficar pendurado nesses paredões talvez seja até preferível."

2- Há várias boas razões para levar um colega para uma reunião de vendas. Em geral, dois cérebros funcionam melhor que um só. Enquanto um conversa e faz perguntas, o outro pode observar o ambiente e tomar notas. Seus colegas poderão ainda adicionar outra perspectiva à discussão. Quando fizer sua avaliação após a reunião (o que será visto nos Capítulos 20 e 21), seu colega poderá se lembrar de coisas que passaram despercebidas para você. Adoramos trabalhar em equipes e recomendamos essa prática.

150 **VENDA MAIS, MELHOR E SEMPRE**

"Sei o que quer dizer, também treino o time do meu filho e alguns pais são tão delicados quanto o Godzilla. Avise-me se tiver alguma dica sobre como lidar com eles."

A introdução de Matt abriu as portas para uma possível pergunta, uma história sobre alpinismo ou até mesmo uma observação a respeito de disciplina. No final, John e o cliente descobriram uma possível razão para se manterem conectados. Talvez não haja um motivo de cunho comercial para conversar, porém, se ambos treinam as equipes de futebol dos respectivos filhos, talvez você possa enviar-lhe um *e-mail* depois do primeiro jogo.

Para: Cliente
De: John
Assunto: Abertura da temporada

Abrimos nossa temporada ontem. Perdemos por 4 a 3 em uma partida nervosa. Minha filha Molly quase marcou o gol de empate quando faltavam seis minutos para terminar o jogo.

E quanto a vocês, já começaram a temporada? Espero que tenham mais sorte!

John

PS: A propósito, Matt e eu entraremos em contato com você em junho para falar sobre a expansão da linha discutida em nossa reunião no mês passado.

A transição entre o bate-papo e a reunião

O bate-papo inicial não precisa se prolongar muito. Investir entre dois ou três minutos na tentativa de descobrir coisas em comum pode fazer uma grande diferença. Todavia, não se deve investir tempo demais em conversa fiada. Perceba a pista que o cliente lhe dará de que está na hora de seguir adiante. Uma olhada no relógio, uma resposta concisa a uma pergunta do bate-papo, uma mudança abrupta na postura – tudo isso indica que o cliente está pronto para falar de negócios. Afinal, foi para isso que você foi até lá.

Sempre haverá uma nova chance de retornar ao bate-papo, mas, por enquanto é hora de seguir adiante.[3]

3- Com frequência, o nível de interesse demonstrado pelos clientes ao continuar com o bate-papo lhe dará uma pista sobre seus estilos de pensamento. Aqueles estimulados por ideias ou pessoas geralmente se mostrarão felizes em continuar falando; os estimulados pelo contexto, resultado ou processo poderão se mostrar mais interessados em seguir adiante e falar sobre negócios.

Ao longo dos anos, Matt aprendeu como fazer a transição para a parte comercial de maneira natural e quase imperceptível. Veja o diálogo a seguir:

"Como conseguiu aguentar essa última onda de calor?"

"Na verdade eu tive sorte, pois não precisei enfrentá-la. Acabo de retornar de uma viagem de férias ao Estado do Maine. Lá estava quente também, mas estávamos na costa do Atlântico, então foi mais fácil suportar."

"E todo esse calor afetou seus negócios de alguma maneira?"

"O maior problema foi em nosso conjunto de servidores. Manter os equipamentos resfriados é sempre muito caro, mas, com essa temperatura, o aumento foi brutal – duas vezes a quantidade de kilowatts-hora por dia."

"Nunca paguei pelo consumo de energia por kilowatt-hora, porém, imagino que qualquer custo duplicado represente um impacto forte. Sua formação é na área técnica?"

"Cursei engenharia elétrica na universidade e trabalhei como engenheiro por vários anos."

"E como foi essa transição da área de engenharia para a administrativa?"

"O que eu mais apreciava na área de engenharia era solucionar problemas, mas, no nível em que me encontrava, tudo girava em torno de encontrar respostas temporárias e paliativas, e não de buscar soluções inovadoras. Então eu passei para P&D (Pesquisa e Desenvolvimento), onde havia mais flexibilidade. Porém, depois de alguns anos senti que estava enfrentando as mesmas barreiras. Finalmente percebi que são os homens de negócios que definem as metas de inovação, então decidi que era aqui que eu precisava estar. Eu fiz um MBA executivo, realizei alguns projetos importantes e consegui ser notado no mercado. E aqui estou eu... A propósito, sobre o uso de kilowatts-hora para refrigerar nossos servidores, posso lhe dizer que você conseguiria aquecer e refrigerar sua casa por um ano com a quantidade que usamos em um único dia normal de operação, e em apenas uma de nossas unidades. É muita coisa. Estamos falando em megawatts."

"Eu me lembrarei dos seus servidores sempre que ligar o ar condicionado... Pelo que vejo você com frequência utiliza seu *background* técnico como executivo-sênior. Você se preocupa com questões que seus colegas possam não perceber?"

Nesse momento Matt direcionou a conversa de modo que pudesse pesquisar desafios. Ele passou naturalmente de um simples bate-papo sobre o clima para o 1º ato da reunião. Ele também descobriu pistas sobre o estilo de pensamento de seu cliente. Com uma formação na área de engenharia, ele claramente se sente confortável com processos, porém, com base em sua história, ele está mais interessado em solucionar problemas e buscar inovações. Matt conseguiu perceber que o cliente é energizado tanto por ideias como por resultados.

VENDA MAIS, MELHOR E SEMPRE

Como em qualquer habilidade, seus primeiros esforços em termos de bate-papo podem se mostrar desajeitados e embaraçosos, e até mesmo mecânicos. Lembre-se: a chave para se mostrar autêntico é se manter genuinamente curioso. Se as perguntas e afirmações que faz se baseiam verdadeiramente em querer saber, é assim que elas serão vistas pelo interlocutor. Sua atitude pessoal sempre comunicará tanto quanto suas palavras, ou até mais que elas.

Também é importante ter em mente que o bate-papo não é um jogo de pingue-pongue – você não perde nada por não conseguir rebater um voleio. Se não estiver interessado em um assunto, mas continuar fazendo perguntas, soará como um investigador e, neste caso, são grandes as possibilidades de que seu cliente perceba essa falta de autenticidade. Portanto, em vez de tentar fingir interesse por algo com o qual não se importa, busque outro caminho. Seus filhos, os filhos do cliente, a atmosfera no escritório e, com certeza, até mesmo o trânsito e/ou o clima. Qualquer um desses temas pode desencadear uma boa conversa.

É claro que, às vezes, nem mesmo os tópicos mais interessantes e autênticos não serão capazes de promover uma conexão entre você e o interlocutor. Não se deixe desencorajar caso o cliente não "aceite" seu convite. Talvez você esteja falando com alguém que somente se sente estimulado por resultados, ou cuja principal preocupação seja o contexto. Esses dois tipos de indivíduos ficarão felizes em falar de negócios o quanto antes.

Entretanto, de modo geral, seu bate-papo fará pelo seu diálogo comercial exatamente o mesmo que faz nas muitas interações sociais que ocorrem todos os dias – facilitará a transição para as etapas mais sérias da conversa, fazendo que seu cliente potencial o veja menos como um estranho.

Os bate-papos funcionam em quaisquer ambientes sociais, seja a bordo de um avião, dentro de um trem, em um *shopping-center*, numa sala de espera ou em reuniões comerciais, em todas as partes do mundo. Sua dinâmica é simples – é um convite ao compartilhamento de informações. Seu efeito pode ser profundo e transformar um completo estranho em um cliente potencial – e, inclusive, e um possível amigo.

CAPÍTULO 15

O diálogo, 1º ato – Garanta o direito de perguntar

"Os dois patrimônios mais valiosos que um vendedor possui são a credibilidade e a curiosidade. Sem ambos não haverá vendas."

– Matt

Assim como nos filmes e romances, o **ato I**, ou o primeiro ato de uma conversa de vendas levará você e seu cliente para dentro da história e estabelecerá o palco para que os eventos se desenrolem.

O primeiro ato gira em torno da superação da barreira da credibilidade – adquirir o direito de fazer perguntas capazes de descobrir as necessidades do seu cliente. Mesmo suas perguntas mais bem projetadas não o levarão adiante caso o cliente não confie em você o suficiente para respondê-las. Sem credibilidade não há candor e, sem ele, a história não se desenrola.

Os clientes entram numa reunião com seus próprios objetivos. Um deles é, com frequência, **des**qualificar o vendedor. Para gerentes ocupados, identificar o visitante como alguém com o qual não precisam conversar é bastante útil.

Portanto, antes mesmo de começar, saiba que seus objetivos são incompatíveis: você deseja construir uma relação; o potencial cliente deseja evitar qualquer uso improdutivo do seu próprio tempo. Mesmo que ele provavelmente não se importe com a meta por você estabelecida – o **relacionamento** – é preciso considerar as preocupações dele em relação à agenda de compromissos. Você não atingirá seus objetivos antes de satisfazer as necessidades do cliente, e isso só acontece quando você estabelece credibilidade.

153

154 **VENDA MAIS,** MELHOR E SEMPRE

Matt se ofereceu para levar Steve em uma de suas reuniões de vendas para mostrar-lhe sua abordagem. Durante o trajeto, ele fez um resumo do que Steve deveria esperar. "Acredito que só haja duas coisas que eu possa oferecer a Jean. Por conta de uma aquisição que fizeram no ano passado nós acabamos nos tornamos uma necessidade indireta para a empresa dela. Jean já disse que só dispõe de 30 minutos, portanto, tentarei ir direto ao assunto. Acredito que ela jamais será uma grande cliente, mas talvez eu esteja errado. Por enquanto tudo não passa de suposições. Tentarei confirmar minha percepção logo no início do encontro."

"Como conseguiu a reunião?"

"Um colega de negócios recomendou meu nome para ela. Louis é um bom amigo e também está atuando como um mentor para Jean. Trata-se, portanto, de uma recomendação sólida. Eu pretendo apresentar você como meu pupilo."

Eles se encontraram em uma sala de reuniões ao lado da recepção. Matt logo assumiu o controle da reunião. "Jean, Louis me contou sobre a investida de sua empresa no setor em que trabalho, então eu achei que talvez pudesse ajudá-la. Você poderia me fornecer algumas informações? 1ª) Quais são seus objetivos estratégicos gerais para os próximos dezoito meses? 2ª) De que modo essa aquisição se encaixa neles? 3ª) Como você definiria o sucesso dessa compra? e 4ª) O que percebe como os três maiores obstáculos para alcançá-lo?"

Jane sorriu e respondeu. "São várias informações."

"Esse é meu trabalho. Você acha que conseguiria me responder em 30 minutos?"

"Acredito que sim."

"Ótimo, então que tal começarmos pela primeira pergunta. Quais são os objetivos estratégicos gerais da Windward, e o que mudou com a nova aquisição?"

Trinta minutos mais tarde, já dentro do elevador, Steve comentou, "Uau, você com certeza conseguiu obter muita informação em meia hora."

"Vinte e cinco minutos, na verdade. Passei os últimos cinco oferecendo minhas melhores sugestões. Você me disse que é importante preparar as pessoas antes de propor o tipo de perguntas que fez. Você estava indo bem fundo, quase como um médico indagando sobre os sintomas de um paciente."

Matt sorriu. "Ótima observação. E por que você diz ao médico coisas que não diria a um estranho?"

"Porque confio nos conhecimentos dele e também nas razões para fazer as perguntas. Ele está lá para ajudar o paciente e, provavelmente, sabe como fazê-lo. Certo, eu entendo – credibilidade e *expertise*. Mas qual deles você acha que vem primeiro?"

O diálogo, 1º ato – Garanta o direito de perguntar **155**

"Bem, acredito que para algumas pessoas *expertise* e perspicácia geram credibilidade. *Expertise* diz respeito ao conhecimento profundo de um tópico – talvez coisas que você saiba, mas o cliente não. Ela também está relacionada à sua capacidade de analisar os fatos, ou quem sabe, ao conhecimento que você oferece sobre o produto/serviço. Quanto mais você souber, mais confortável o cliente se sentirá em responder suas perguntas. Outras pessoas estão mais preocupadas com a integridade. Elas querem acreditar que você fará o que prometeu; que atenderá aos interesses delas; que é um profissional que irá se empenhar para ajudá-las. Se confiarem em você, é provável que se sintam confortáveis em responder suas perguntas. Bem similar como a situação envolvendo o médico. Você deseja acreditar que ele saiba o que está fazendo e que está ali para ajudá-lo. Eu diria que ambos são cruciais."

"Mas você não fez nada para estabelecer nenhum dos dois, simplesmente disparou as perguntas."

"Eu fiz perguntas audaciosas."

"Duvido que isso funcionasse no meu caso."

"Um pouco de cabelo grisalho ajuda. Vejamos, o que mais havia a meu favor em termos de credibilidade?"

"Bem, você contava com uma recomendação sólida de alguém que faz parte da comunidade da cliente. Mas você lançou as perguntas bem rápido."

"Só tínhamos 30 minutos. Isso não é muito. Além disso, não estávamos no escritório dela. Não havia muitas pistas sobre ela como pessoa. Então achei que deveria assumir a credibilidade e ir direto para as perguntas."

"Isso não é perigoso?"

"Digamos que tenha sido um risco calculado. Vejamos, nós já sabíamos desde o início que representávamos uma necessidade indireta para Jean, certo? Então eu imaginei que ela ficaria feliz em encontrar alguém capaz de lidar com toda essa chateação para ela, em especial uma pessoas que trouxesse consigo uma boa referência. Pensei que se fizesse perguntas relevantes que demonstrassem minha *expertise* no setor, ela perceberia nossa adequação às necessidades de sua empresa. Ela respondeu tudo o que perguntei. Ela sabe o que deseja que aconteça, mas não poderá fazê-lo sozinha. Parece que saltar de cabeça foi a escolha certa."

Matt não apenas presumiu sua credibilidade, mas também começou a reunião sem qualquer tipo de bate-papo. **Por quê?** A sala de reuniões estéril não oferecia qualquer inspiração para conversa fiada, além disso, o tempo era limitado. Se Jean estivesse disposta a bater-papo ela mesma teria

VENDA MAIS, MELHOR E SEMPRE

mencionado o nome de Louis. Como o próprio Matt já explicou, não existe uma maneira **"certa"** de conduzir uma reunião. Neste caso, com base em seu instinto e naquilo que desejava alcançar, ele optou por colocar a reunião no modo "discagem rápida".

> Nossa definição de credibilidade é o nível de confiança, legitimidade ou valor percebido que permite que o cliente se sinta confortável em responder suas perguntas. Uma vez que tenha garantido o direito de fazer indagações, pare de falar e comece a perguntar.

Vários caminhos para a credibilidade

Nas páginas a seguir discutiremos oito maneiras de cruzar a barreira da credibilidade. A eficácia de cada uma delas varia conforme o nível de formalidade da reunião, o *status* social, os perfis de energia dos participantes e o grau de experiência do vendedor. Consideraremos a seguir os prós e contras de cada um desses métodos e ofereceremos observações gerais sobre todos.

Primeiramente, é importante detalharmos um pouco mais as variáveis-chave.

Formalidade do encontro

No mundo ocidental, geralmente é mais útil estabelecer uma energia informal e amistosa para o encontro. Porém, com frequência existem elementos que vão além do seu controle e tendem a gerar reuniões mais orientadas pelo protocolo. Cada uma dessas características encaminhará a reunião na direção da formalidade:

- Acontecer em uma sala de reuniões
- Atrair mais de uma pessoa de cada organização
- Contar com a presença do chefe de algum participante.
- O uso de roupas formais pelos participantes.
- O fato de os participantes não se conhecerem muito bem

Geralmente, até mesmo reuniões em que os cinco tópicos já estão devidamente listados, elas começarão com algum bate-papo informal. Todavia, esteja preparado para que o interlocutor adote um tom mais formal.

Status social

Cada interação humana tem uma dinâmica em termos de *status*: personalidade, área de *expertise*, hierarquia, idade, cultura, objetivos, protocolo, horário e local do encontro. Todos esses quesitos, além de outros, determinam o nível de *status* relativo de cada participante. Se a reunião for com o CEO da empresa, é provável que você instintivamente assuma um papel inferior. Em contrapartida, se você for o especialista no assunto que será discutido – ou "guru" do setor – as pessoas geralmente lhe garantirão uma posição superior. Se for você o solicitante do encontro, seu *status* provavelmente será mais baixo. E assim por diante.

A dinâmica de *status* não é um julgamento do seu valor relativo, apenas o papel social que você ocupa em uma determinada situação. Ele também não se mantém necessariamente fixo durante toda a reunião – seu peso pode oscilar de um participante para outro, dependendo do que estiver ocorrendo durante o encontro.

Estilos de pensamento e preferências em termos de energia

No Capítulo 13 discutimos as características específicas de indivíduos energizados pelo contexto, por resultados, por ideias, pelo processo, pela ação e/ou por outras pessoas. O fato é que cada um deles se baseará em sua própria visão do mundo para ofertar mais ou menos credibilidade a seu interlocutor. Por exemplo, aqueles que são energizados por resultados geralmente terão mais fé em alguém cuja reputação seja comprovada; os energizados pelo contexto poderão esperar até que estejam satisfeitos com o que já foi feito para demonstrarem confiança; já os indivíduos energizados por pessoas desejarão estabelecer uma conexão humana antes de se sentirem confortáveis em confiar no outro.

Vendedor experiente ou novato

Alguns caminhos rumo à credibilidade, como referências e indicações, estão mais disponíveis para profissionais que ostentam uma longa lista de realizações. Outros, como comentários convincentes dentro de um setor industrial

158 VENDA MAIS, MELHOR E SEMPRE

específico, poderão se revelar como ótimas abordagens para vendedores sem muita experiência.

Vejamos de que modo essas variáveis-chave – **nível de formalidade**, *status* **social relativo**, **estilo de pensamento do cliente** e **nível de experiência do vendedor** – se apresentam nas oito abordagens mais úteis para superar a barreira da credibilidade.

As três primeiras estratégias contam com um senso de compartilhamento comunitário para construir credibilidade.

Superação da barreira de credibilidade Nº 1 – uma indicação/ referência sólida

Há uma boa razão para essa ser a primeira da lista. **Referências** e **indicações** dadas por outros clientes, ou por qualquer pessoa que tenha credibilidade dentro do setor em que você atua, são capazes de matar dois coelhos com uma só cajadada – elas geralmente conseguem que você obtenha um sim para o seu pedido de reunião **e** lhe garantem credibilidade quase instantânea.

Logo no inicio da reunião é provável que seu cliente potencial sinalize se essa indicação foi importante para que você superasse a barreira da credibilidade. "Rachel é uma de minhas mentoras, além de uma visionária em nosso setor. Ela também é super esperta. Se ela diz a você que vale a pena conversar com alguém, esse é o maior elogio que essa pessoa poderá conseguir. (E, antes que eu me esqueça, obrigada por sua contribuição para este livro, Rachel.)"

Esse foi o cenário que vislumbramos no encontro entre Matt e Jean. A cliente ficou feliz em encontrar Matt e responder as perguntas levantadas – tudo, única e exclusivamente, por conta da recomendação de sua mentora.

Prós – Você já começa a reunião com um cliente receptivo. É possível economizar tempo e ir direto à fase de perguntas.

Contras – Você não ganhou a credibilidade por si mesmo. Ela lhe foi dada por outro cliente, o que naturalmente gerou expectativas elevadas. Neste caso você terá de agir com solidez para mantê-la. Uma reunião mal conduzida irá refletir mal para você mesmo, assim como para quem o indicou (aliás, se a reunião não foi boa, assegure-se de informar esse contato o quanto antes, embora ele provavelmente irá descobri-lo sozinho). Seja o encontro positivo ou negativo, agradeça sempre à pessoa que o indicou.

Observações – Referências e indicações podem servir de atalho e tornar desnecessária toda a primeira parte do processo de venda – achar clientes, procurar em sua rede de contatos,

construir uma conexão primária entre as partes e conseguir um **"sim"** para sua solicitação de marcar um encontro. Tudo isso já terá sido superado se os seus clientes ou contatos recomendarem você a novos clientes potenciais.

Referências e indicações dependem da dinâmica de compartilhamento comunitário. A maioria das pessoas deseja proteger sua reputação com outros membros da comunidade, portanto, são cuidadosas em relação a quem indicam e com a frequência com que usam tal privilégio. Quem indica está dizendo: **"Eu atesto a capacidade dessa pessoa."**

Superação da barreira de credibilidade Nº 2 – Conexão pessoal

Por meio de um simples bate-papo você descobre uma **conexão pessoal**. Você visitou o mesmo vilarejo italiano em suas ultimas férias, no ano passado, e você e o cliente potencial se desencontraram por apenas uma semana. O cunhado dele é seu primo em segundo grau. Ambos praticam *aikidô* e, inclusive, frequentam a mesma *dojô* (academia de artes marciais). A conversa casual revelou algo que, como você, seu possível futuro cliente também costuma fazer.

Descobrir uma conexão pessoal já é suficiente para que a maioria das pessoas se sinta disposta a responder as perguntas propostas por um vendedor, afinal, gostamos de fazer negócios com indivíduos que são como nós.

Prós – Se a comunidade compartilhada for suficientemente forte para lhe dar credibilidade, ela, com frequência, também oferecerá outros tópicos importantes – oportunidades para você acompanhar e se reconectar ao cliente. Também é uma ótima abordagem para pessoas energizadas por outras pessoas.

Contras – O compartilhamento de uma comunidade não necessariamente gera credibilidade para todos. Pessoas orientadas por resultados, por exemplo, poderão exigir provas de sua eficiência e eficácia. Se o escritório em que você entrar for espaçoso, espartano e super organizado, e o seu potencial cliente recebê-lo com a frase "Sou Draco Martinet, diretor-executivo da Kaatsen Development. Você tem 30 minutos," é provável que não seja muito

160 VENDA MAIS, MELHOR E SEMPRE

útil assumir um *status* superior ou paralelo, tampouco perguntar sobre um quadro na parede. Com certeza Draco não apreciará nada que vá além de uma breve apresentação e poderá até sinalizá-lo dizendo: "Muito bem, vamos direto ao motivo que o trouxe aqui." Desse modo, garanta aos Dracos do universo seu *status* privilegiado e esteja ciente de que, a despeito de qualquer possível conexão entre vocês, a barreira da credibilidade ainda não foi ultrapassada.

Observações – Ao começar a explorar conexões sociais, você está sugerindo paridade em termos *status*. Porém, até mesmo a sociabilidade possui suas limitações. Um analista-sênior não conversará por muito tempo com o CEO sobre a viagem que fez para esquiar em Beaver Creek sabendo que seu superior está esperando informações. Também não espere que a cordialidade demonstrada pelo CEO antes de iniciar a reunião se prolongue durante a discussão comercial.

Lembre-se ainda que superar a barreira da credibilidade é apenas a primeira parte da reunião. Seu verdadeiro objetivo é descobrir as necessidades do seu cliente. Portanto, não sucumba à tentação de se manter por tempo excessivo na zona de conforto representada pelas conexões pessoais. Uma vez que tenha estabelecido credibilidade suficiente para fazer perguntas, siga para o 2º ato da reunião: comece a perguntar e a ouvir. Você terá maiores chances de sucesso ao se colocar em um *status* mais baixo, adotar um papel orientado para o processo e for direto ao assunto, em especial se for iniciante na área.

Superação da barreira de credibilidade Nº 3 – conexão comercial

O fato de você conhecer pessoalmente ou até mesmo saber quem são as pessoas no setor é com frequência uma maneira útil de estabelecer credibilidade. "Você costumava trabalhar na Pelota. Você conheceu Mike Bosh?"

"Pode apostar. Mike é o sujeito mais positivo e prático com quem já trabalhei. Aprendi muito com ele, embora tenhamos estilos bastante diferentes. De onde conhece o Mike?"

Quanto mais **conexões comerciais** vocês tiverem em comum – ou quanto mais pessoas você conhecer cujo contato possa interessar seu cliente – mais credibilidade você conseguirá estabelecer. O compartilhamento de uma mesma comunidade é poderoso. A reputação individual está em risco e ambos precisam se mostrar produtivos para aumentar seu estoque de "moeda interpessoal" dentro da comunidade – afinal, esta é a essência da velha rede de contatos.

Prós – Conexões comerciais requerem pouco ou nenhuma preparação. Quanto mais você as cultivar, maior o número de histórias que ouvirá e de pessoas que conseguirá conectar umas com as outras, o que é a parte mais fácil. Também pode ser divertido: a árvore relacional de "quem fez o que com quem ou para quem" pode ser um recurso poderoso na conversação e, em última análise, garantir sua credibilidade.

Contras – Seja cuidadoso ao mencionar nomes de pessoas importantes ou poderosas. Ostentar sua valiosa lista de contatos pode parecer narcisista de sua parte.

Observações – Esse jogo de "quem conhece quem" é para veteranos no setor. É preciso estar dentro dele há algum tempo para construir uma rede de conexões.

As duas estratégias seguintes dependem de profissionalismo e senso de protocolo para estabelecer credibilidade.

Superação da barreira de credibilidade Nº 4 – Roteirização

Utilize seus roteiros. Especialistas em comunicação sabem exatamente qual o valor dos primeiros minutos diante de uma plateia. Eles planejam, refinam e ensaiam suas falas para que na hora tudo saia conforme o esperado. Eles sobem ao palco, apertam a mão do apresentador, fazem uma pausa diante do púlpito, agradecem a oportunidade e começam a falar com um tom de voz firme e claro. O público relaxa, sabendo que está nas mãos de um profissional.

Seus roteiros não serão tão formais, mas devem oferecer a seu cliente um resumo convincente de quem você é, da empresa que representa e do porquê de você estar ali. Seus roteiros deverão ressaltar o que o diferencia dos concorrentes. Eles precisam demonstrar de que modo e porquê você é capaz de oferecer valor ao cliente, e ainda abrir espaço para um diálogo produtivo, no qual o cliente tenha a confiança de estar diante de alguém que sabe o que está fazendo.

O psicólogo norte-americano Frederick Herzberg cunhou o termo **"fator higiênico"** para descrever as qualidades de algo que talvez não nos façam sentir positivos, mas, cuja falta certamente nos faria sentir negativos.[1] Você não dá pulos de alegria se chegar a um hotel e encontrar os lençóis limpos, porém, se eles estiverem sujos, você provavelmente desejará trocar de quar-

---

1- F. Herberg, *One More Time: How Do You Motivate Employees* (*Mais uma vez: como motivar os funcionários*), *Harvard Business Review* 46, nº 1 (janeiro-fevereiro de 1968): 53-62.

162 VENDA MAIS, MELHOR E SEMPRE

to – ou de hotel. Do mesmo modo, os roteiros também podem ser um fator higiênico. É possível que um roteiro bem projetado e bem transmitido não seja capaz de garantir credibilidade, mas com certeza ajudará o cliente a se sentir mais seguro em investir tempo falando com você. Em contrapartida, falar sem parar sem chegar a lugar algum poderá deixar a impressão de que você é incompetente.

Prós –Além de alguma customização, será desnecessário realizar trabalho extra na criação

de novos roteiros. Eles devem ser uma ferramenta padrão em seu *kit*. Roteirizar também é uma excelente abordagem para novatos. A pergunta que surge no final de cada *script* é uma ótima maneira de avaliar a temperatura da reunião: Quão pronto está o cliente para responder suas perguntas?

Contras – A utilização de roteiros pode levá-lo somente até parte do caminho rumo à aquisição de credibilidade. Se ficar óbvio que você está apenas recitando um roteiro, o cliente talvez queira descobrir como se sairá ao falar de improviso. Em contrapartida, se o roteiro parecer homogêneo demais (e, neste caso, quanto mais praticá-lo ele se tornará mais automático), talvez o discurso soe falto e enlatado. Cuidado: a linha é tênue.

Observações – Não se esqueça de parar de falar. **Um roteiro não deve demorar mais que um minuto** – até menos, se possível. Apresente seu ponto, e, em seguida, uma pergunta. Então pare. Se continuar tagarelando acabará destruindo seu próprio objetivo. Esse foi o erro cometido por Steve em sua reunião com Ian, apresentada no início deste livro. Roteiros podem ser bons para iniciar reuniões, mas existe uma boa razão para chamarmos a essas interações de **diálogos**. O que você deseja aqui é ganhar credibilidade, não o Oscar por sua interpretação.

Roteiros também são capazes de transmitir um *status* levemente superior, uma vez que você está adotando o papel de professor. E é por isso que pode ser tão tentador continuar falando. Porém, quanto mais o fizer, menos tempo terá para escutar. Portanto, depois que seu *script* tiver cumprido seu papel, altere a dinâmica (e a situação), **permitindo que o cliente seja o professor!**

Superação da barreira de credibilidade Nº 5 – implementação profissional do processo da reunião

Quando a interação face a face começar, certifique-se de que todos tenham se apresentado e que o papel de cada um esteja claro. Invista um momento para olhar todos diretamente nos olhos e repetir os nomes dessas pessoas. Se você costuma esquecer nomes facilmente, anote as duas primeiras letras assim que puder. Se considerar isso tão óbvio a ponto de não ver razão para ser mencionado, pense na última vez em que uma apresentação adequada não ocorreu, e em quais foram as consequências.

Tomar o **controle das apresentações**, em especial se isso está prestes a ser negligenciado, também é uma maneira gentil de assegurar certa autoridade e demonstrar *expertise* nesse processo.

Outra maneira de assumir o controle é explicar de antemão o que gostaria de fazer, e de que maneira. Então peça permissão para fazê-lo. "De quanto tempo vocês dispõem? Vejam o que pretendo conseguir com essa reunião. Em primeiro lugar, gostaria de compreender em mais detalhes o que vocês fazem e como o fazem, e que tipos de obstáculos vocês precisam superar. Para isso, eu teria de fazer algumas perguntas e, sempre que fosse útil para vocês, fornecer informações sobre a minha empresa. E, é claro, se tiverem perguntas ou quiserem mais detalhes, basta perguntar, a qualquer momento. No final do encontro eu compartilharei todas as conexões que fiz, as ideias que tive e de que modo acredito que poderemos ser úteis para sua organização. Daí sim conseguiremos avaliar se existem etapas lógicas subsequentes, e quais seriam elas. Tudo bem para vocês?"

Você tem um plano e um processo. Como o *sommelier* de um restaurante sofisticado, você é o especialista no assunto e está totalmente a serviço do cliente. Sua liderança na interação surge dessa posição de prestador de serviço.

Outra maneira de controlar o processo da reunião é fazer uma apresentação. Mais formal que um roteiro, ela exige pesquisa e demonstra esforço e iniciativa de sua parte – em especial se tiver sido feita para um cliente específico. O trabalho que realizou, o tempo que perdeu, os *insights* que teve – tudo isso demonstra seu compromisso em ser útil. Esse esforço poder ser um significativo construtor de credibilidade.

Certa vez trabalhamos com alguns bancos de investimento da Société Générale. No mundo desses profissionais, reuniões de vendas são sempre uma oportunidade de fazer negócios e geralmente envolvem uma apresentação bem preparada. "Em um encontro que tivemos", contou-nos um banqueiro, "Sequer passamos dos dez primeiros *slides*. Eles começaram a fazer perguntas e então nós fazíamos outras perguntas em cima das questões por eles levantadas. Pensamos que estávamos indo para uma reunião, mas, em vez disso, tivemos uma boa conversa. Foi a melhor reunião de que já participei."

164 VENDA MAIS, MELHOR E SEMPRE

Há uma poderosa lição aqui: o principal objetivo de sua apresentação não é transmitir conteúdo, mas desencadear perguntas – suas ou deles. De maneira ideal, seu cliente começará a fazer perguntas sobre o que você estiver lhe dizendo. Se isso não acontecer, fique atento para as reações das pessoas em relação ao que disser e mostrar. Pergunte sobre tais reações. Como em um roteiro, cada apresentação deveria trazer perguntas agregadas, seja na forma de uma interjeição de sua parte ou de um *slide* com uma pergunta.[2]

Prós – Seja pedindo permissão para comandar a reunião ou usamdo uma apresentação, você agora tem o controle nas mãos. Ao usar uma apresentação customizada você poderá planejar o que irá dizer e expor pontos-chave de maneira eficiente. Isso poderá encurtar o estágio de construção de credibilidade.

Contras – Uma apresentação ruim poderá destruir sua credibilidade, na mesma proporção que outra excelente é capaz de edificá-la. Portanto, certifique-se de que ela esteja bem organizada, bem ensaiada e seja transmitida corretamente; que seja atraente e **curta**. As apresentações carregam consigo os mesmos riscos potenciais dos roteiros. Ser pego em um monólogo, em especial longo e entediante, poderá se revelar um desastre. Ninguém deseja ficar sentado por quinze minutos ouvindo uma história sobre o respeitado fundador de sua empresa. E mesmo com uma apresentação bem organizada, indivíduos energizados por resultados e/ou ações poderão resistir à ideia de entregar o comando a você se acharem que estão perdendo tempo.

Por causa desses riscos, é fundamental que você crie oportunidades para perguntas em suas apresentações – elas poderão dar a você (e a seu cliente) uma válvula de escape. Antes de entrar em detalhes, pergunte: "Às vezes eu esqueço de perguntar às pessoas quão familiar elas estão com esses tópicos e acabo oferecendo muitos detalhes a pessoas que não precisam ou informações insuficientes para quem precisa delas. Quão familiarizados vocês estão com esse assunto, para que eu possa balancear minha descrição para que seja útil a todos?"

Observações – A maioria dos clientes deixará que você tenha o controle se você o pedir. Eles se sentirão felizes em deixar que você seja bem-sucedido ou fracasse dentro de seus próprios termos. Pedir pelo controle do processo é uma abordagem de *status* inferior. Lembre-se: a reunião ainda é do cliente. Ele estará apenas cedendo o controle a você por algum tempo. Se isso ocorrer,

---

2 - Agradeço a Cathy Pharis por esse *insight* na área de VP.

sempre faça duas perguntas: "Quanto tempo eu tenho?" e "O que tornaria essa reunião mais útil para vocês?"

Usar uma apresentação é uma abordagem útil para novatos. Isso tira o foco de você no início e o coloca na tela. Isso poderá ajudá-lo se estiver nervoso. Sua apresentação também lhe dará uma estrutura para seguir, reduzindo a chance de que você se esqueça de algo importante. Ao preparar sua apresentação, esteja pronto para ser interrompido. Seu objetivo não é fazer a apresentação, e sim ganhar credibilidade, engajar o cliente e então encontrar meios de ser útil para ele.

Seu pedido de controle do processo poderá ser interessante para indivíduos energizados por processos, que desejam compreender como as coisas irão acontecer; para aqueles energizados pelo contexto, que apreciam receber orientações; e, inclusive, para os

que são energizados por resultados (porém, se eles acharem que você está indo na direção errada eles logo retomarão o controle).

Mas e se o cliente fizer questão de comandar a reunião? Caso eles tenham uma abordagem que queiram adotar ou um território que prefiram explorar, permita que eles o façam. Seu objetivo é dar a eles o que precisam – o que neste caso serão respostas para as perguntas que fizerem. Uma vez que as tenha respondido, há boas chances de ter conseguido ganhar credibilidade. Diga então: "Fico feliz por ter fornecido o que vocês precisavam. Suas perguntas, entretanto, fizeram surgir algumas dúvidas. Tudo bem se eu explorasse alguns tópicos?"

As duas estratégias seguintes dependem de sua *expertise* em relação ao conteúdo e de sua reputação para estabelecer credibilidade.

Superação da barreira de credibilidade Nº 6 – comentários convincentes a respeito do setor

Oferecer **perspectivas novas**, **criteriosas** e **perspicazes** a respeito de tendências atuais do setor pode ser uma maneira poderosa de construir credibilidade. Não estamos nos referindo a simplesmente repetir o que todos estão dizendo. Seus *insights* precisam ser novos e exclusivos; eles devem estar associados a você de maneira indelével. Para desenvolver essas visões, é preciso conversar com as pessoas, ler e pensar até que tenha seu próprio ponto de vista. Para ajudá-lo a definir e refinar seus *insights*, mantenha seu radar ligado enquanto pesquisa, converse com colegas e se envolva com sua rede de contatos.

166 VENDA MAIS, MELHOR E SEMPRE

Nosso amigo Allan Edelson, um representante comercial do setor financeiro/hipotecário, teve um *insight* brilhante certa vez e então passou a utilizá-lo repetidas vezes para estabelecer credibilidade instantânea com os clientes. Quando as taxas de juros estão baixas, financiamentos com taxas fixas são amortizados mais rapidamente nos primeiros anos do contrato. Veja como ele explicou o conceito: no 28° e 30° anos de um financiamento de trinta anos, o total de cada pagamento mensal reduz o valor principal da dívida, mas não abate os juros. Pelo fato de os pagamentos mensais serem menores para financiamentos de 3% que para outros de 8%, no primeiro caso o devedor pagará menos do saldo do empréstimo no final do contrato. Portanto, por definição, uma proporção maior do valor principal é paga no início do contrato. Neste sentido, em um cenário de taxas de juros baixas, as financeiras se beneficiam com uma "hiperamortização". A percepção de Allan estabeleceu sua *expertise* no assunto e também sua capacidade de pensar de maneira inovadora. Aquilo foi um grande edificador de credibilidade.

Prós – Um *insight* setorial é um diferenciador poderoso. Talvez você consiga usá-lo com vários clientes diferentes.

Contras – Uma vez que é um roteiro, ele carrega consigo os perigos naturais intrínsecos a qualquer *script*. Lembre-se, portanto, de abandonar seu papel de professor, começar a fazer perguntas e escutar as respostas do seu interlocutor.

Observações – Essa é uma abordagem de *status* elevado. Pelo menos por alguns momentos você estará assumindo o papel principal no palco. Isso se aplica bem aos novatos (como alguém que acabou de entrar no mercado é provável que questione assuntos que os especialistas do setor já não conseguiriam ver). Tudo de que precisa é pesquisa, inteligência e esforço. Uma vez que tenha feito seu trabalho a vida útil de sua análise poderá ser longa.

Em geral, um *insight* setorial exclusivo funcionará bem com indivíduos orientados por contexto, ideias e resultados, pois esclarece questões intrínsecas a setores específicos, oferecendo uma perspectiva mais ampla em relação aos seus impulsionadores naturais.

Superação da barreira de credibilidade N$^{\circ}$ 7 – Sua reputação o levou até onde está

Se o seu nome e seu trabalho são bem conhecidos por muitas pessoas em seu nicho ou setor, sua **reputação** poderá garantir a credibilidade para dar início ao segundo ato no diálogo de vendas. Como profissional experiente, poderá assumir um *status* elevado, se assim o quiser.

O diálogo, 1º ato – Garanta o direito de perguntar **167**

Prós – Isso não requer elaboração (toda sua carreira já serviu para pre-pará-lo) e poderá permitir que você vá direto às perguntas que quiser fazer.

Contras –As expectativas são altas. Seu cliente poderá estar buscando por razões para dizer: "Encontrei um velho guerreiro, pena que ele ainda viva no século passado."

Observações – Possuir uma reputação capaz de ajudá-lo a agendar reu-niões não é algo para qualquer um. Porém, vale a pena trabalhar no sentido de galgar essa posição. Alguns vendedores desenvolvem muito conhecimento e grande experiência em um nicho setorial específico. Sua reputação os precede naquele âmbito e se torna útil para conseguir reuniões em uma comunidade mais ampla.

A estratégia final, que se baseia em simplesmente assumir a credibili-dade de que precisa, é geralmente utilizada em conjunto com um ou mais métodos citados anteriormente.

Superação da barreira de credibilidade Nº 8 – assuma sua reputação

Como Matt fez no caso de Jean, uma maneira de **assumir sua credibilidade** é fazendo perguntas estratégicas e reveladoras logo de início – questões im-portantes e diretas do tipo "Como sua estratégia se alterou nos últimos anos?" e "Quais são os três maiores desafios que isso gerou para você?"

Esteja preparado para suportar o silêncio que provavelmente se seguirá. Talvez seu cliente tenha de organizar suas ideias antes de responder. Caso ele decida que ainda não está pronto para responder suas indagações, ele o dei-xará claro, dizendo algo como, "Antes de fazê-lo, gostaria de saber um pouco mais sobre você e sua organização." Neste caso, você provavelmente respon-derá com um roteiro breve. Em contrapartida, se o cliente de fato começar a responder suas perguntas, saiba que já terá adentrado o segundo ato – a **fase de exploração**.

Prós – Isso é eficiente em termos de tempo e poderá ajudá-lo a pular direto para a próxima etapa. Se quiser se mostrar ousado, essa é uma atitude bastante efetiva.

Contras – Será preciso contar com um plano B, para o caso de seu clien-te não estar pronto para seguir adiante tão rápido. Nessa situação você pre-cisará contar com um roteiro que responda as perguntas que ele fizer a res-peito da empresa onde você trabalha. Em teoria, a estratégia de sua empresa

168 VENDA MAIS, MELHOR E SEMPRE

deveria explicar a razão pela qual você está sentado na frente do cliente nesse momento.

Observações – Propor diretamente as grandes perguntas da reunião é uma jogada de alguém que atribui a si mesmo um *status* elevado – você está se declarando digno de ouvir as explicações do cliente a respeito do plano de negócios da empresa visitada. Em geral, isso funciona melhor em conjunto com outro método, como, por exemplo, o de referência/indicação sólida ou reputação no setor.

As perguntas importantes alteram abruptamente a energia da reunião, indo direto do bate-papo para a fase de exploração. Ao fazê-las, você assumiu o controle formal do encontro e declara que a reunião começou em caráter oficial.

Assumir o controle dessa maneira não é uma demonstração de *expertise*, mas uma declaração de que você a possui. Ao propor as perguntas relevantes você está assegurando ao cliente que será capaz de fazer algo a partir das respostas obtidas. Será preciso muita confiança e bastante conhecimento para começar uma reunião assim.

É provável que tal abordagem funcione melhor com indivíduos orientados por ideias, que gostam de ligar os pontos, e também com aqueles orientados por resultados, que apreciam a oportunidade de avaliar o quadro geral.

Saiba que até que tenha conseguido estabelecer credibilidade suficiente, seu cliente não se sentirá confortável para responder as perguntas que terá de fazer no segundo ato. Alguns lhe darão essa credibilidade logo de início; outros precisarão de um pouco mais de persuasão, o que, aliás, poderá levar dois segundos ou dois anos. Sua credibilidade em cada instância é provavelmente uma combinação das abordagens discutidas neste capítulo. A chave está em descobrir quando você já a detém para que possa seguir adiante – para a fase em que seu foco será explorar e tentar compreender a realidade vivenciada pelo seu cliente potencial.

Uma vez que tenha ultrapassado a barreira da credibilidade – o "ponto de virada" – será preciso seguir em frente, ou correrá o risco de perder seu público. Um cliente que estiver pronto para iniciar a discussão propriamente dita não irá tolerar que você se prolongue nos preparativos. Talvez lhe pareça confortável discorrer sobre conhecidos mútuos, mas lembre-se que não será capaz de começar a explorar as necessidades do cliente até que deixe de lado a conversa fiada e inicie o diálogo comercial.

CAPÍTULO 16

O diálogo, 2º ato – Concentre-se na pergunta

"Fazer perguntas significa dar a si mesmo a permissão de escutar."

– Virgil

Ao longo de vários anos temos conduzido um estudo informal do cérebro durante nossos seminários. A seguir apresentaremos a você, leitor, duas frases, uma logo após a outra. Seu trabalho será determinar qual delas o estimula a pensar mais.

Em primeiro lugar, invista um momento para **limpar sua mente**. Respire profundamente uma ou duas vezes, então, quando estiver preparado e relaxado leia a frase no quadro que aparece no quadro a seguir:

> **Cingapura fica longe daqui.**

Agora que leu a frase, observe o que sua mente está fazendo. Veja se consegue descrever para si mesmo o que está passando em sua cabeça em relação à pergunta colocada.

Então, quando sentir que está pronto, siga para a próxima página para ler a segunda frase.

> **A que distância daqui fica Cingapura?**

169

170 **VENDA MAIS,** MELHOR E SEMPRE

Mais uma vez, observe o que sua mente está fazendo e tente descrever para si mesmo o que passou em sua cabeça.

O que aconteceu? Qual das duas frases gerou mais atividade em seu cérebro, a primeira – uma afirmação – ou a segunda – uma interrogação?

Ao longo dos anos em que temos conduzido esse experimento, aproximadamente 75% dos indivíduos pesquisados afirmaram que a **pergunta** estimulou mais atividade cerebral.

A afirmação **"Cingapura fica longe daqui"** é apenas um fato que poderá gerar concordância ou discordância, dependendo de onde você estiver. Já a pergunta **"A que distância daqui fica Cingapura?"** demanda uma resposta. Talvez você tenha refletido sobre quanto tempo demoraria um voo até lá ou a respeito da diferença de fuso horário. É possível que tenha visualizado em sua mente um mapa do mundo ou o globo terrestre e então tentado estimar a distância em quilômetros. Os seres humanos são criaturas acostumadas a responder perguntas. Quando ouvimos uma pergunta é quase como se não conseguíssemos evitar respondê-las – mesmo que com um simples: **"Eu não sei."** Sentimo-nos naturalmente desconfortáveis com perguntas não respondidas. Nossa mente está sempre em busca de soluções. É isso o que fazemos.

O poder das perguntas

As perguntas são maneiras específicas de articular problemas. Se o seu é falta de dinheiro, poderá perguntar, "Como poderia ganhar mais dinheiro?" ou "De que maneira poderia controlar melhor meu orçamento?" Se o problema é a falta de tempo livre, um modo de articular o problema é: "Como eu poderia ter mais tempo livro?" O fato é que sua mente imediatamente busca respostas para suas perguntas. É impossível evitá-lo – você é apenas um ser humano.

Também estamos cientes de que existe um processo universal, de três etapas, no qual todos os seres humanos se apoiam para responder perguntas, quebra-cabeças e problemas:

- Visualizar o problema.
- Escolher uma solução.
- Fazer (ou dizer) algo.

O diálogo, 2º ato – Concentre-se na pergunta **171**

Em geral essa estratégia natural funciona muito bem. A partir do momento em que descemos das árvores e cruzamos a savana africana, nós, seres humanos, temos usado esse processo para evitar perigos, encontrar alimentos e sobreviver diante de adversidades. Todavia, a aplicação desse processo também é capaz de nos colocar em situações complicadas, em especial se dois de nós estivermos confrontando um mesmo problema simultaneamente (em uma reunião de vendas, por exemplo).

Como dissemos anteriormente, um dos principais objetivos de uma reunião de vendas é descobrir os problemas enfrentados por clientes potenciais. Pelo fato de querer se mostrar útil e demonstrar seu valor, é natural que queira oferecer ideias para solucionar um problema assim que percebê-lo. Neste caso você poderia dizer algo como "Aqui vai uma sugestão que poderá ajudá--lo com isso."

Contudo, pare e pense por um momento. Coloque-se no lugar do cliente e pergunte a si mesmo qual o efeito real de sua afirmação. É provável que eles já enfrentem esse problema há algum tempo e, obviamente, trata-se de algo significativo. Afinal, por que outra razão eles estariam conversando como pessoas sobre ele? Talvez estejam sofrendo com essa situação há vários meses e, então, depois de pensar apenas dois segundos um sujeito que eles nem conhecem simplesmente aparece do nada e diz: "Tente isso." Como você se sentiria a respeito?

Você se recorda do que dissemos no Capítulo 2 a respeito do cérebro de crocodilo, ou reptiliano? Você não somente estará "invadindo" o território do seu cliente, mas, ao apresentar uma solução de maneira tão rápida, está classificando o problema dele como algo simples – até óbvio. Agora, se a solução do problema no qual ele vem trabalhando ao longo de vários meses é assim tão evidente, no que isso o transforma? Sua sugestão também é um modo agressivo de garantir um *status* elevado. Neste sentido, não seria possível que seu cliente potencial passasse a ver você e sua "solução" como verdadeiras ameaças?

No curso natural da conversa, é bem provável que o próximo passo do cérebro reptiliano do seu cliente seja resistir – levantando alguma objeção à sua ideia brilhante (isso custa muito caro; não temos pessoal suficiente; o chefe não aceitará implementá-la) ou dizendo que já tentou e não funcionou.

O fato é que sua "ideia simples" bateu de frente com a objeção do cliente potencial, o que significa que você não somente cometeu um erro, mas que isso poderá lhe custar caro.

Porém, a situação pode piorar ainda mais.

172 VENDA MAIS, MELHOR E SEMPRE

Uma vez que tenha proferido sua sugestão ela pertence a você – é o seu bebê. E, como qualquer bom crocodilo, sua primeira reação será de tentar protegê-la. Você ameaçou seu cliente sem querer e agora ele o está ameaçando ao dizer que sua ideia é ruim. Ninguém gosta de ouvir que suas ideias não são boas, portanto, seu instinto natural o faz entrar na defensiva. (É quase possível visualizar os dois répteis ferozes com as respectivas bocarras escancaradas tentando engolir um ao outro, não é mesmo?)

Depois que você e seu cliente tiverem estipulado suas linhas de defesa, mesmo que sem intenção, será muito difícil retornar a um diálogo produtivo. Neste caso, é provável que o fluxo natural da conversa seja algo assim:

O cliente apresenta o problema ⇒ Você oferece uma sugestão para solucioná-lo ⇒ O cliente rejeita sua ideia ⇒ Você defende sua ideia ⇒ O cliente refina a objeção apresentada ⇒ Você refina a defesa apresentada ⇒ O cliente refina ainda mais e reafirma a objeção apresentada ⇒ Você refina ainda mais e reafirma a ideia apresentada ⇒ E por aí vai...

Isso não parece muito produtivo, não é mesmo?

Projetar um diálogo de vendas efetivo significa agir de maneira estratégica – e, nesse caso, isso quer dizer resistir ao impulso de oferecer sua "solução." Parafraseando o professor norte-americano Michael Porter, da Universidade de Harvard, "A essência da estratégia é escolher o que não fazer." (E então não fazê-lo!)[1]

Mantenha-se na pergunta

Pratique a estratégia de manter-se na pergunta. Suprima seu instinto natural de oferecer "boas" ideias no momento em que essas surgirem em sua mente. Em vez disso, ouça o problema, use sua curiosidade para conseguir compreendê-lo pela ótica do cliente, anote suas sugestões em suas Q-Notes e então siga em frente rumo ao próximo problema enfrentado pelo cliente.

Veja o porquê.

Em primeiro lugar você evitará um embate entre dois cérebros reptilianos. Em segundo, quando oferecer a si mesmo tempo para incubar as ideias, ou você acabará percebendo porque ela não era assim tão boa (ou adequada) ou conseguirá torná-la mais forte e relevante. Seja qual for o caso, haverá benefícios em esperar.

1- Michael E. Porter, *What Is Strategy?* (*O que é Estratégia?*), *Harvard Business Review* (novembro-dezembro de 1996), pp. 61-78. O comentário entre parênteses é de Paul Groncki.

O diálogo, 2º ato – Concentre-se na pergunta **173**

Com pouquíssimas exceções, você se sairá melhor (assim como o seu cliente) se suas ideias forem apresentadas no final da reunião, quando todo o contexto estiver claro e seu cliente potencial pronto para escutar o que você tem a dizer. Transforme isso em uma regra: Se tiver uma ideia durante a reunião apenas a anote no quadrante 2. Caso no final do encontro você decida que ainda vale a pena compartilhá-la, ela pelo menos terá sido filtrada em sua mente e estará mais lapidada para ser oferecida ao cliente.

Assim como em qualquer novo comportamento, esperar para ofertar suas preciosas contribuições pode parecer artificial a princípio, e até desconfortável. Porém, com a devida prática isso se tornará mais fácil; e com o ganho de experiência, se revelará um *feedback* positivo e fortalecedor.

Veja a seguir três ferramentas da VP que o ajudarão a manter-se na pergunta:

Modelo *High Five*

O *High Five* é um modelo de investigação que ajuda você e seu cliente a compreenderem melhor a situação e os desafios vivenciados por ele e a empresa. Como verá a seguir, ele também o apresenta como uma pessoa que está, ao mesmo tempo, disposta e apta a chegar ao âmago da questão.

O termo *High Five*, neste caso, é um artifício mnemônico cuja função é auxiliar na memorização de informações. Pense nos cinco dedos de sua mão como quatro **I**s e no formato criado entre o polegar e o dedo indicador como um **V**. Os **I**s são dicas para quatro perguntas que visam destrinchar o desafio: Qual é a **i**rritação? (em outras palavras, o quê tem se revelado inoportuno e irritante para a empresa?); Qual é o **i**mpacto (Qual o efeito dessa irritação?); Qual é a **i**nformação? (O que já sabemos sobre a situação e o que precisamos descobrir?); e Quem está **i**mplicado (quem está envolvido e é afetado; quem poderia estar causando o problema; quem poderia se beneficiar se o problema fosse solucionado?). O **V**, por sua vez, é um lembrete para que sejam explorados os valores e as visões (quão significante ou crucial é essa questão em relação às visões e aos valores da empresa e às pessoas que trabalham dentro dela?).

Vamos dar uma olhada na reunião entre Matt e Ray, um cliente potencial do setor de indústria leve. Vale lembrar que o produto de Matt é regulado por várias agências governamentais: departamentos de trânsito precisam ser previamente notificados sobre o despacho da carga, que, aliás, não pode ser transportada por túneis.

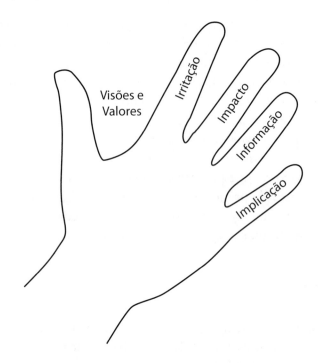

Ray começou expressando sua **irritação**: "Da última vez que fizemos negócios com um fornecedor como você, havia três departamentos diferentes com os quais tínhamos de lidar e nove formulários que precisavam ser preenchidos cada vez que programávamos uma entrega. Levava seis dias úteis apenas para que o fornecedor tivesse a entrega aprovada."

Matt talvez não consiga resolver esse grande problema do modo como ele foi apresentado. Porém, ao explorar o impacto da irritação causada a Ray, Matt terá outros ângulos a partir dos quais será capaz de gerar ideias.

"Compreendo. Diga-me, como isso impacta atualmente seus negócios?" (**Qual o impacto?**)

"Bem, parte da razão pela qual fechamos contratos de apenas 6 meses é estarmos sempre em busca de alguém que possa agilizar o processo de aprovação. Faça isso e fecharemos um contrato de um ano ou mais. Essa exigência de ter a assinatura original do responsável é um enorme problema. Certa vez, para conseguirmos a assinatura do chefe, tivemos de enviar o documento pela FedEx. A correspondência viajou o país inteiro atrás dele, de Los Angeles a Miami e então de volta até Nova York. Foi uma loucura."

"Então são as assinaturas que causam a maior parte dos atrasos. O que mais?" (**Qual é a informação?**)

O diálogo, 2º ato – Concentre-se na pergunta **175**

"As assinaturas, o número de etapas de aprovação. Eu sei lá, mas, parece que se não precisássemos das assinaturas originais economizaríamos muito tempo. Digo, por que não aceitar assinaturas pelo computador? Não me entenda mal, compreendo a questão de segurança. Todos nós entendemos isso?" Matt estava conseguindo perceber a grande frustração de Ray – e pensar em algumas ideias que poderiam ser úteis. Mas ainda precisava de algo mais.

"Além do senhor e do seu chefe, quem mais está envolvido nessas remessas?" (**Quem está implicado**)

"A gerente da fábrica em Maryland. Ela costuma ficar especialmente incomodada."

"Qual é o papel dela?"

"Bem, no final é ela que acaba aturando toda a reclamação. Ela e eu, diga-se de passagem. Nossa linha de produção perdeu 8 horas na última remessa. Isso custa dinheiro. Porém, não é só pelo custo. Toda a linha de produção é afetada."

"Por quê?" (ou "Por que isso é importante?" – ambas são maneiras úteis de sondar *links* para visões e valores.)

"Há duas razões: **dinheiro** e **respeito**. Obviamente, se a linha de produção fica parada nós perdemos dinheiro – com horas extras, recursos perdidos e custos de oportunidades desperdiçadas. Além disso, é desrespeitoso com os funcionários. Para compensar o prazo nossa equipe da linha de produção precisa trabalhar até muito tarde. Eles têm famílias; se ficam presos em uma fábrica, a primeira coisa que deve vir à mente dessas pessoas é que os gerentes não se importam com eles. Isso também custa dinheiro. É difícil quantificar, porém, funcionários aborrecidos sempre dão um jeito de descontar em alguém, ou acabam deixando a empresa."

Ao usar o modelo *High Five* – O que o irrita? Qual o impacto? Qual a informação? e Quem está implicado? E descobrir de que modo tudo isso está relacionado às visões e aos valores da companhia – Matt foi capaz de compreender melhor as dificuldades enfrentadas por Ray em relação às remessas. Ele também descobriu os efeitos indiretos e (como veremos) conseguiu identificar várias oportunidades de oferecer ajuda. Mesmo que Matt não faça a venda, Ray provavelmente se lembrará dessa conversa, pois Matt mostrou a ele que estava disposto e tinha capacidade de chegar ao cerne do grande problema.

O modelo *High Five* é capaz de ajudá-lo a destrinchar praticamente qualquer situação. O processo é direto e objetivo.

176 VENDA MAIS, MELHOR E SEMPRE

- Peça ao seu cliente que fale mais sobre um ou mais pontos de irritação – aquelas coisas que chateiam, desequilibram e geram preocupações na empresa.
- Explore o impacto de cada um deles – por que isso é um problema?
- Busque mais informações sobre os pontos irritantes – quais são suas causas conhecidas, o que o cliente **não** sabe sobre o assunto que possa valer a pena descobrir?
- Descubra quem está implicado de algum modo com esses pontos irritantes – quem é afetado por eles, quem poderia estar causando esses problemas, quem se beneficiaria se houvesse mudanças?
- Vá ainda mais fundo para compreender como esses pontos de irritação estão associados às visões e aos valores da organização e dos funcionários.

Perguntas abertas

O modelo *High Five* ilumina a situação presente, suas possíveis causas e efeitos. Uma vez que tenha compreendido tudo isso, é hora de olhar para frente e começar a explorar o futuro – aquele em que os pontos de irritação de seu cliente poderão ser solucionados.

É tentador oferecer suas ideias imediatamente, porém, como dissemos anteriormente, ainda não é o momento adequado. Lembre-se, nesse ponto da reunião, **afirmações são suas inimigas**, pois apenas geram resistência. As **perguntas são suas melhores aliadas** – em especial as abertas.

Perguntas abertas são aquelas que não podem ser respondidas com "sim" ou "não" (ou com um número ou um dado histórico). As perguntas abertas mais úteis em geral aparecem na forma de: "Como poderíamos...?" ou "De que **outro** modo...?" Perguntas colocadas dessa maneira levam a várias respostas possíveis. Elas são um convite para que as pessoas pensem e especulem sobre o problema e o discutam.

Vejamos como Matt utiliza uma pergunta do tipo "Como nós poderíamos...?" para seguir adiante na reunião.

Como resultado da aplicação do modelo *High Five*, Matt já formulou uma ideia básica para apresentar a Ray. Embora não haja como fugir do processo regulatório, talvez a própria companhia pudesse se livrar de um ponto de irritação simplesmente terceirizando o processo de aprovação. Trata-se de uma solução bastante óbvia, portanto, é bem possível que Ray já tenha pensado nisso. Desse modo, em vez de fazer a sugestão Matt optou por fazer uma pergunta.

Entretanto, não basta apenas colocar um ponto de interrogação no final da frase.

Uma pergunta fechada como: "Você já pensou em contratar uma empresa terceirizada?" não irá levá-lo muito longe. Essa é apenas uma ideia disfarçada de pergunta. Matt precisa de algo mais abrangente; mais exploratório. Ele precisaria de uma pergunta cuja resposta fosse a ideia de terceirização, mas que também fosse capaz de estimular outras possibilidades; algo como: "De que modo você acha que poderíamos usar a *expertise* de outras pessoas para evitar esse tipo de situação sem saída?"

A beleza das perguntas abertas do tipo "De que modo poderíamos...?" está no fato de elas estimularem a capacidade de pensar ao invés de inibi-la. Neste caso, é provável que o próprio Ray forneça sua perspectiva, não como uma objeção à sugestão de terceirizar o processo, mas apenas para responder à pergunta proposta por Matt. "Para nós tudo gira em torno das três assinaturas nos documentos. As pessoas estão viajando, em férias ou fora da empresa por qualquer outra razão. Isso é ridículo. Fico pensando, quem sabe com pré-aprovações, ou aprovação eletrônica ou até a autorização do uso de assinaturas digitalizadas. Tem de haver uma maneira mais fácil."

Em resposta á pergunta aberta de Matt, Ray começou a gerar sua própria lista de possíveis soluções. Se qualquer uma delas for viável para Matt, ele as levantará mais tarde. Ele já sabe que Ray se mostrará receptivo. A empresa de Matt já usa assinaturas digitalizadas para documentos internos, então ele rabisca "Ass.Dig." no lado superior direito de seu bloco de anotações.

Matt transformou uma ideia absolutamente comum em uma pergunta aberta. Se ele tivesse proposto sua ideia inicial de terceirização ele poderia ter sido sugado para dentro do círculo vicioso da **"sugestão ⇒ objeção ⇒ defesa"**. Em vez disso ele fez uma pergunta aberta e Ray abriu as portas para algumas soluções viáveis.

VIP

Em nosso trabalho com os clientes também usamos uma técnica de perguntas denominada VIP para ajudá-los a mergulhar mais fundo em seus problemas. A VIP é uma maneira eficiente de revelar porque seus clientes precisam resolver suas dificuldades, quais são as barreiras atuais que impedem a solução e que benefícios poderiam ser alcançados caso os problemas fossem solucionados. VIP é um acrônimo para Vantagens, Impedimentos e Possibilidades (a sigla em inglês é AIM, para *Advantages, Impediments and Maybes*). Assim como no caso do *High Five*, trata-se de uma ferramenta simples e poderosa.

A técnica VIP é particularmente útil para ajudar a identificar as perguntas-chave que, quando bem respondidas, oferecem valor real ao seu cliente. Chamamos a isso de perguntas catalisadoras. Elas são cruciais dentro do processo de VP. Nós as discutiremos em mais detalhes um pouco mais adiante neste capítulo. Vejamos, por enquanto, como usar a VIP para identificá-las.

Comece observando o ponto (ou os pontos) de irritação. Então faça as três perguntas a seguir: Quais seriam as vantagens em solucionar esse problema? Quais são os impedimentos para sua resolução? Quais seriam as possibilidades (ou seja, o que poderia acontecer se esse problema fosse solucionado)?

Usando a empresa de Ray como exemplo, o ponto de irritação poderia ser o seguinte: "Se pudéssemos fazer as entregas no prazo e eliminar os obstáculos administrativos."

Juntos, Matt e Ray trabalham para listar as razões pelas quais isso seria a coisa certa a fazer – em outras palavras: "Quais seriam as vantagens de solucionar o ponto de irritação?". A lista gerada pelos dois pode incluir afirmações do tipo:

Nós conseguiríamos:

- Reduzir o tempo e o custo do lançamento de produtos.
- Diminuir gastos com horas extras.
- Manter nossos funcionários felizes.
- Operar com mais eficiência.
- Ser mais competitivos.

Cada uma dessas afirmações poderia, por sua vez, desencadear outras perguntas, como: "De que modo poderíamos reduzir despesas com horas extras?" ou "Como poderíamos manter nossos funcionários felizes?"

Depois de listar as vantagens, siga adiante com os **impedimentos** e pergunte, "Quais são os impedimentos para a solução desses pontos de irritação? Qual é o obstáculo?" Para Ray as respostas poderiam ser:

- Burocracia excessiva.
- Necessidade de assinatura real nos documentos.
- Produtos regulados.
- A densidade de nossos compostos, que também necessita de regulamentação.

Cada um desses pontos também pode ser colocado como uma pergunta isolada, por exemplo: "Como poderíamos eliminar ou reduzir a burocracia?" "Como poderíamos eliminar a necessidade de assinaturas reais nos documentos? ou até "Como poderíamos reduzir a necessidade de compostos de alta densidade?".

Por fim, pense nas possibilidades – coisas que **poderiam** acontecer se você conseguisse resolver suas várias preocupações. Para Ray, elas incluiriam:

- Se mantivéssemos nossos funcionários mais felizes, talvez pudéssemos reduzir os custos de rotatividade.
- Se utilizássemos um composto de menor densidade, talvez conseguíssemos expandir para novos mercados.

Nem Matt nem Ray sabem se essas coisas irão ou não acontecer, mas são possibilidades e poderiam desencadear **pensamento produtivo** a respeito do futuro.

Com o uso da VIP Matt consegue alcançar dois objetivos em sua reunião. Em primeiro lugar, ele será capaz de oferecer *insights* mais profundos ao cliente. Em segundo, essa ferramenta dará a ele uma lista de perguntas que partem de diferentes ângulos. Com essa lista em mãos, Matt será capaz de se concentrar nas **perguntas catalisadoras** – aquelas que, se bem colocadas, resolverão de vez os pontos de irritação do cliente.

O poder das perguntas catalisadoras

Perguntas catalisadoras se concentram no reenquadramento, no refinamento e/ou na redefinição da situação do cliente. No início a ideia de um vendedor empregar esse tipo de pergunta pode parecer contraintuitivo. A empresa já **não sabe** disso? Afinal, é o negócio deles. Porém, nossa experiência sugere que as pessoas normalmente não procuram tão fundo por respostas. Elas **partem do pressuposto** de que compreendem suas questões essenciais, mas, com frequência, esse não é o caso.

Chamamos a isso de **"síndrome da resposta perfeita para a pergunta errada"**. Esse problema é incrivelmente comum. É provável que você mesmo já o tenha vivenciado, seja pessoalmente ou na empresa. Você, o vendedor, **acha** que eles, os clientes, já identificaram o verdadeiro problema, então se empenha em responder a essa situação específica, mas depois de algum tempo descobre que nada mudou. A verdade é que a menos que você faça a pergunta certa não importa a qualidade do resto do trabalho que irá realizar. Como disse certa vez Charles Kettering, famoso inventor e chefe de pesquisas da GM disse: "Um problema bem definido é um problema 50% solucionado."

Perguntas catalisadoras promovem interesse, dissipam a neblina, abrem as portas para soluções inovadoras e estimulam o desejo de agir. É por isso que são tão poderosas.

Esse tipo de pergunta é aberta e, como as apresentadas anteriormente, exibem um formato específico: "Como você **poderia**...?" e "De que **outra** maneira poderíamos...?" Atente para o fato de que perguntas catalisadoras não indagam sobre o modo como as coisas são feitas na atualidade, mas se concentram em como elas **poderiam** ser feitas. Elas são orientadas para o futuro. Repare também que a segunda pergunta colocada, "De que **outra** maneira nós...?" sugere a existência de várias respostas. O pronome indefinido **outra** é usado para ajudar você e seu cliente a procurarem mais fundo.

Pelo fato de estarem orientadas para o futuro as perguntas catalisadoras são, por definição, aquelas para as quais seu cliente ainda **não tem** respostas. Elas demandam imaginação para serem respondidas e, se as respostas forem boas terão o potencial para solucionar os pontos de irritação que afligem seu cliente.

Retornemos às informações reunidas por Matt enquanto trabalhada com Ray. Vejamos alguns itens que Matt listou em suas Q-Notes.

- De que maneira poderíamos minimizar o tempo e o esforço exigidos para a aprovação das remessas?
- Como poderíamos aprovar o transporte da carga em 24 horas?
- De que modo conseguiríamos automatizar as aprovações?
- Como poderíamos pré-autorizar o transporte das cargas?
- Como conseguiríamos demonstrar mais respeito pelos funcionários que passam por esses inconvenientes?
- Como seríamos capazes de reduzir nossas ineficiências?

Quando você acha que está próximo de uma pergunta catalisadora, apenas a coloque para seu cliente. Isso difere bastante de simplesmente oferecer uma ideia, que, aliás, pode dar início ao velho ciclo **sugestão à objeção à defesa**. Se a sua pergunta reenquadrar a situação de uma maneira nova e útil, é quase certo que seu cliente irá reagir de modo positivo. As pessoas geralmente respondem de maneira enfática quando escutam os problemas expostos a partir de perspectivas diferentes e potencialmente úteis.

Entretanto, caso o cliente não escolha sua pergunta, não tente defendê-la. Em vez disso pergunte a ele como ele reorganizaria a pergunta. "Gosto de expressar desafios na

forma de perguntas a serem respondidas. Isso indica que há uma resposta em algum lugar, basta encontrá-la. Estou pensando em um de seus problemas partindo da seguinte pergunta: '**De que maneira conseguiríamos acelerar as aprovações para o transporte da carga?**', contudo, é possível que você tenha um modo mais correto de expressar essa ideia." Pedir ao cliente que explique a situação definindo a pergunta catalisadora poderá ajudá-lo a compreender de que maneira eles veem o problema, e oferecer a você um novo ponto de vista em relação ao desafio que enfrentam.

A simples identificação e comunicação de perguntas catalisadoras já é algo valioso para seu cliente. Uma vez que o tenha feito, haverá três opções:

- **Vá mais fundo.** Se ainda não tiver ideias novas para solucionar a pergunta catalisadora, ou ainda não tiver definido claramente a situação, explore-a um pouco mais para ver se existe alguma maneira de ajudar.
- **Amplie sua visão.** Se tiver compreendido a situação e tiver novas ideias para solucioná-la, anote-as em suas Q-Notes para que possa retomá-las no final da reunião. Então passe para outra área de exploração – outros pontos de irritação que possam estimular novas perguntas catalisadoras.
- **Siga em frente.** Se já cobriu as áreas críticas, identificou perguntas catalisadoras relevantes e teve novas ideias para resolver os problemas, é provável que esteja pronto para iniciar o terceiro ato da reunião.

No exemplo apresentado, Matt optou por ir mais fundo na situação. Ele estava curioso sobre a possibilidade de economizar tempo nas aprovações de transporte e queria saber o que Ray poderia estar pensando sobre isso. "Você acha que faria sentido se eu resumisse a situação da seguinte maneira: **o problema é compreender de que modo poderíamos minimizar o tempo e o esforço exigidos na aprovação do transporte?**"

"Sim, acho que isso resumiria bem a situação."

Matt já havia pensado a respeito de terceirizar o processo de aprovação, mas reconheceu que este não representava o problema central. Teríamos de encontrar algo mais atraente e estimulante.

Ao sondar os impedimentos com a ferramenta VIP, Matt gerou várias outras perguntas, como: **"De que modo poderíamos usar produtos não regulados?"** e **"De que maneira conseguiríamos reduzir nossa necessidade de**

182 VENDA MAIS, MELHOR E SEMPRE

componentes de alta densidade?" Tais perguntas definiam o desafio a partir de uma perspectiva mais técnica, o que poderia introduzir a Ray um ângulo que talvez ainda não tivesse sido considerado por ele.

Ray ficou intrigado. "De fato, há um mercado de produtos feitos com componentes de menor densidade, porém, nós o temos evitado porque as margens de lucros são menores. Todavia, a nova tecnologia está aí e torna esses componentes mais eficientes em termos de custo, então acho que há algum potencial nessa área."

Ray se sentiu energizado ao explorar um território até então não levado em consideração. Ao simplesmente identificar perguntas catalisadoras para o cliente, Matt entregou valor.[2]

O poder da analogia

Matt estava pronto para seguir adiante rumo a novas áreas. "Tenho algumas ideias sobre como você conseguiria utilizar componentes de menor densidade. Gostaria de compartilhá-las com você em instantes, mas, antes disso, será que podemos retornar à questão dos funcionários infelizes?"

"Claro."

"Você disse antes que os funcionários descontentes sempre acabam descontando isso em alguém. Eu estava pensando e acredito que todos nós tenhamos um pouco do *Mercador de Veneza* dentro de nós. É um jogo de criança, na verdade, não acha? Quando estamos insatisfeitos, descontamos nos nossos pais."

Ray sorriu. "Sei bem o que quer dizer. Tenho três filhos, oito, onze e quatorze anos."

"Eu também. Minha filha mais jovem acabou de entrar na faculdade."

Talvez você esteja imaginando porque Matt teria decidido mudar o rumo da conversa nesse momento. Ele já não terminou a fase de bate-papo da reu-

---

2- No livro *O Dilema do Inovador*, o autor Clayton Christiansen explica que conforme as empresas fabricantes que funcionavam a vapor começaram a se concentrar em máquinas de grande porte e bastante caras, elas cederam espaço para companhias que utilizavam força hidráulica. Com o tempo a hidráulica se tornou tão sofisticada que acabou substituindo o uso de vapor até mesmo nas grandes empresas. As perguntas catalisadoras de Matt podem ter sugerido um *insight* similar para Ray. Se os componentes de menor densidade se tornaram mais eficientes, talvez eles possam substituir os mais densos, possivelmente criando novos mercados.

O diálogo, 2º ato – Concentre-se na pergunta **183**

nião? Porém, houve método na mudança de Matt. Ele viu a oportunidade de usar outro poderoso instrumento da VP – a **analogia**.

Para muitas pessoas o termo "analogia" pode suscitar memórias dolorosas dos cursos de literatura no ensino médio: *"O mundo inteiro é um palco"* (Shakespeare), *"Uma casa não pode permanecer dividida contra si mesma"* (Abraham Lincoln). Porém, metáforas e analogias não estão apenas no reino dos grandes escritores e políticos. De fato, as pessoas as utilizam naturalmente.

Os cientistas cognitivos George Lakoff e Mark Johnson argumentam que metáforas e analogias nos ajudam a expressar a realidade. Ambas representam mecanismos cruciais da mente humana, que nos permitem usar o que sabemos a respeito de nossas experiências físicas e sociais para oferecer entendimento sobre diversos outros assuntos. Essa prática é tão poderosa que é capaz de formatar nossas percepções e ações sem que sequer o percebamos.[3]

Analogias são bastante eficientes. Em apenas poucas palavras elas nos ajudam a compreender coisas que, de outro modo, poderiam precisar de vários parágrafos para serem explicadas. **Ela é uma rocha**; **ele tem uma bússola moral**; **há muitos peixes no mar** – todas essas frases transmitem seus significados de maneira vívida e rápida. O uso de metáforas e analogias não é incomum. De fato, elas são tão naturais como seu café da manhã (Ups! E lá vai mais uma).

Vejamos aonde Matt quer chegar com sua analogia. "O que você faz quando decepciona seus filhos?"

"Bem, com os dois mais jovens, criamos uma 'surpresa especial' e deixamos que eles fiquem bastante curiosos sobre ela."

"Talvez você pudesse fazer algo parecido com seus funcionários em Maryland."

Matt ofereceu uma ideia na hora. Estranho, uma vez que, em geral, só costuma fazê-lo no final da reunião. Essa foi uma exceção, pois a analogia ainda estava fresca (se sugerisse depois teria de recriar o contexto), ou talvez ele já esteja pronto para seguir para o terceiro ato. Ray rapidamente aproveitou a ideia de Matt. "Um jogo de futebol entre os funcionários e o pessoal do escritório, com direito a piquenique e barril de chope. Nada mal. Eles irão nos arrasar, com certeza. Mas nós todos sairemos ganhando no final."

3- George Lakoff e Mark Johnson, *As Metáforas Pelas Quais Vivenmos* (Chicago: University of Chicago Press, 1980).

184   VENDA MAIS, MELHOR E SEMPRE

Matt poderia se oferecer para patrocinar o chope, ou simplesmente se sentir feliz por ter dado a ideia a Ray. Sua analogia (o ato de comparar a empresa à sua família) criou novo *insight* dentro da situação – como a empresa poderia oferecer **"surpresas especiais"** para mostrar que sentem muito pelos inconvenientes causados aos funcionários e que valorizam bastante o compromisso daquelas pessoas.

No segundo ato de sua reunião de vendas, você entrega valor ao seu cliente de duas maneiras, **sem, entretanto, oferecer ideias de modo prematuro**. Você consegue essa façanha praticando duas técnicas que certamente irão garantir que o diálogo siga animado, equilibrado e promissor. A primeira é a **identificação de perguntas catalisadoras** – para ajudar seu cliente a articular os problemas que mais irritam para, assim, ser capaz de resolvê-los. A segunda é o uso de **analogias** – para ajudar seu cliente a ver seus problemas por outra ótica.

Uma vez que as comparações mais acessíveis são aquelas baseadas em experiências pessoais, fazer uma analogia também é um modo de compartilhar informações pessoais a seu respeito e aprender algo sobre o cliente. A comparação de Matt usando crianças e autoridade fez com que Ray mencionasse a idade dos filhos. Matt, em contrapartida, explicou a Ray que sua casa acabara de ficar mais vazia (**minha filha mais jovem acabou de entrar na faculdade**). Isso poderia levar a perguntas sobre esse momento de transição, em que **já não existem mais dependentes para cuidar**.

A plataforma pessoal oferecida por Matt por meio da analogia serve de base para um possível relacionamento – uma oportunidade de manter contato com o cliente. Da próxima vez que Matt conversar com Ray ele certamente perguntará das crianças. Matt adora crianças e gosta de ser pai. Ele se interessa. Foi por isso que ele fez essa analogia. Para ele, perguntar sobre os filhos das pessoas é algo natural e representa quem de fato ele é.

A comparação tem outro valor importante. Embora as perguntas sejam o coração do segundo ato, você não desejará que sua reunião se transforme em um interrogatório, com você disparando perguntas contra o cliente como se tivesse uma metralhadora em mãos. Oferecer informações pessoais e *insights* por meio de analogias é uma maneira orgânica de contribuir para o diálogo. (Seus roteiros também são úteis nessa fase. Se houver uma abertura natural para uma informação importante sobre você ou sua empresa, compartilhe-a nesse momento. Desde que seja algo relevante e breve, sempre servirá de informação e ainda ajudará a alterar a dinâmica da reunião de "pergunta-resposta" para um diálogo mais natural.)

Analogias são poderosas, mas tenha cuidado para não abusar desse artifício. Se passar a reunião inteira dizendo coisas como: "É como no setor marítimo," ou "Isso me faz lembrar o Impressionismo francês," ou ainda "É como treinar um filhote," você afastará seu cliente com a velocidade da luz.

Recapitulando o diálogo de Matt na reunião

A pesquisa de Matt gerou alguns tópicos para a reunião. Ele já entrou na sala do cliente com os pontos anotados no quadrante superior esquerdo de sua página de Q-Notes – de perguntas a fazer, cujo conteúdo ele desejava explorar. Matt então aplicou sua curiosidade de maneira disciplinada, suplementada por uma série de ferramentas para assegurar eficiência. Ele começou pelo uso do *High Five*, o instrumento mais básico para explorar os pontos de **irritação**, o **impacto** da situação, os **implicados** no problema e descobrir **informações importantes**, além de revelar como tudo isso estaria associado às visões e aos valores do cliente, tanto em termos pessoais quanto organizacionais.

Para explorar a situação do cliente de maneira mais aprofundada, Matt usou perguntas abertas. Ele teve algumas ideias, mas em vez de oferecê-las logo no formato de afirmações, ele as transformou em perguntas que estimulariam um pensamento mais profundo sobre as questões, assim como o debate.

Por fim, para focar nas áreas que poderiam gerar perguntas catalisadoras – aquelas capazes de reformular o modo como o cliente enxerga e pensa nos problemas – Matt implementou a ferramenta VIP.[4]

4- Uma vez que você se torne proficiente no uso dessas ferramentas, perceberá que talvez não seja necessário utilizá-las na ordem aqui apresentada. Por exemplo, uma vez identificado um ponto de irritação, com o *High Five* você poderá investigá-los de maneira mais profunda, implementar a VIP e então decidir explorar quem é o mais afetado pelo problema usando mais uma vez o *High Five*. Depois de descobrir informações básicas (duração do problema, envolvidos, custos etc.) você provavelmente irá utilizar questões abertas. Quanto mais você se tornar competente em usar essas ferramentas, mais fluida será a reunião. Como acontece com qualquer nova habilidade, é preciso tempo para desenvolver competências. Recomendamos que no início você use as ferramentas na ordem apresentada, até que esteja confortável o suficiente para agir com mais naturalidade. É um pouco como aprender a andar de bicicleta. Na primeira vez você segue as regras, depois, vai se tornando mais consciente de cada etapa, e competente. No final você consegue até pilotá-la sem pensar sobre cada um dos passos.

VENDA MAIS, MELHOR E SEMPRE

Conforme o cliente começou a gerar algumas ideias, Matt anotou alguns pensamentos no lado superior direito das Q-Notes. As melhores ideias seriam apresentadas no final do encontro.

Matt identificou várias perguntas catalisadoras possíveis, embora provavelmente só tenha levantado algumas delas em voz alta com o cliente. Ele também usou analogias, fazendo referência aos filhos. Essa comparação gerou algumas ideias que Matt voltará a levantar na terceira e última parte da reunião. Ele também usou a analogia para intercambiar informações pessoais que giravam em torno do fato de ambos serem pais. Ele anotou tudo o que aprendeu sobre seu cliente – **informações-chave** – na parte inferior esquerda de suas Q-Notes, e irá usar esses dados para criar futuros pontos de diálogo mais pessoais e, desse modo, quebrar o gelo em futuros contatos por *e-mail*, telefone e/ou encontros comerciais.

O que Matt não fez foi falar a respeito de seu produto, fazer sugestões ou oferecer ideias. Ele se manteve nas perguntas.

Porque utilizar ferramentas de processo

Você já passou pela experiência de começar a explorar uma área com seu cliente e, de repente, já não ter mais o que perguntar? Uma estratégia natural quando surgem esses espaços desconfortáveis é começar a comentar a situação. Porém, outra ainda melhor é usar uma pergunta retirada do processo que está seguindo. Se estiver usando o *High Five* e a conversa perder o embalo, apenas de sequência ao processo. "Muito bem, e de que maneira essa situação impacta seu negócio?" Às vezes parece estranho fazer uma pergunta com base em processo, mas nunca tivemos um cliente que tenha deixado de respondê--las. Em geral a coisa flui mais naturalmente quando sua curiosidade abastece as perguntas. Porém, se ela não surgir no momento que deveria, retorne ao processo. É para isso que ele existe, não é?

No próximo capítulo mostraremos a você como demonstrar seu valor ao cliente, oferecendo-lhe utilidade. Mas, por enquanto, façamos uma pausa.

CAPÍTULO 17

Interlúdio – Dê algum tempo a si mesmo

"Se não for bem-sucedido no início, faça uma pausa."

– Jane

Onde você tem suas melhores ideias? Geralmente fazemos essa pergunta aos participantes de nossos programas de treinamento em inovações e vendas. Entre as respostas mais típicas estão: **enquanto me exercito**, **no carro**, **durante a caminhada** e **na cama**. Porém, mais de 60% dos participantes nos dizem que um dos três melhores lugares para se ter ideias é **durante o banho**.

Em geral temos as melhores ideias quando simplesmente não estamos preocupados em tê-las. Nossas mentes atuam muito bem quando não supervisionadas. Esse é um fenômeno cognitivo bem-conhecido denominado **incubação**: você se impregna do desafio, faz uma pausa e deixa de pensar sobre ele e, de repente, *boom*! Você encontra a solução. Leonardo da Vince, Gandhi, Marie Curie e Einstein, todos usavam o processo de incubação para gerar suas invenções e descobertas mais brilhantes. Você pode fazer o mesmo.

"Claro", você deve estar pensando. "Com frequência vou para a cama com um problema e quando acordo na manhã seguinte já tenho a solução. O problema é que não posso simplesmente cochilar no meio de uma reunião de negócios."

Na verdade você pode – de certo modo.

188   VENDA MAIS, MELHOR E SEMPRE

Tudo o que precisa fazer é começar a se mover. De fato, uma das maneiras mais poderosas de incubar ideias é caminhando. E existem duas maneiras de fazê-lo durante sua reunião.

Peça para visitar a empresa

Pergunte ao seu cliente se ele poderia levá-lo para conhecer a empresa. Apenas diga, "Algo que gostaria de fazer enquanto estou aqui é fazer um rápido *tour* pela empresa (pelas instalações)."[1]

Quando você faz uma turnê algumas coisas boas podem ocorrer:

Em primeiro lugar, quase que instantaneamente sua relação com o cliente muda. No momento anterior você era um vendedor; agora é um convidado. Seu cliente se transforma em um cicerone e fornece a você várias informações, que, para ele, podem ser motivos de orgulho ou preocupação, mas que não foram reveladas durante a reunião. As pessoas do escritório com frequência irão reparar em você e inclusive lembrar-se de sua visita. Mesmo depois de meses de um *tour*, com frequência ouvimos pessoas dizendo coisas do tipo: "Eu me lembro de você. Elena estava lhe mostrando o escritório, pouco antes do Natal."

Em segundo lugar, há uma boa chance de que você encontre outras pessoas – o CEO, o diretor financeiro e até mesmo um antigo colega de faculdade (isso já aconteceu comigo mais de uma vez). Seu cliente poderá então apresentá-lo a pessoas que sejam relevantes para seus negócios.

Em terceiro, ao caminhar pelas instalações do cliente, você compreenderá melhor o negócio. Terá uma sensação mais física do que acontece ali. Verá como as pessoas trabalham e que processos utilizam, como tabelas e desenhos, por exemplo. Talvez você até consiga ver o que eles produzem. E ainda há uma grande chance de que você descubra áreas da organização que nem desconfiava que existissem. É praticamente certo que terá novas ideias a partir de tudo o que conseguir visualizar.

Quarto, sua rápida turnê poderá ser a oportunidade perfeita para a incubação de ideias. Enquanto estiver caminhando, a "pressão para manter a reunião no rumo certo" diminui. Quando todos estão sentados ao redor de uma mesa, um breve silêncio pode se tornar desconfortável, porém, algum tempo

---

1 - Se você estiver se reunindo com o cliente na sala de reuniões, e isso lhe parecer correto e conveniente, você poderá pedir para ver a sala de seu interlocutor como parte da visita.

sem dizer nada enquanto caminham juntos pelos corredores é algo perfeitamente natural e aceitável. Esse silêncio permite que seu cérebro trabalhe – incubação de ideias em sua melhor forma.

Finalmente, manter-se caminhando também oferece uma oportunidade de voltar ao bate-papo informal. Você ou o cliente pode ter revelado alguma informação antes mesmo de iniciar a reunião que talvez tenha gerado curiosidade no outro. É possível que o cliente tenha mencionado uma viagem de férias a América do Sul, mas, na ocasião, você não teve chance de perguntar mais sobre o assunto. Esse é o momento.

Use as instalações

Se um *tour* não parecer apropriado ou se mostrar inconveniente, você sempre poderá pedir para usar o banheiro, um ótimo lugar para a **incubação de ideias** (lembre-se de nossa pesquisa: "Onde vocês têm suas melhores ideias?").

Sua viagem ao banheiro permite que sua mente faça aquelas conexões naturais, capazes de produzir *insights* úteis.

E, lembre-se, enquanto estiver no banheiro, seu cliente também terá uma oportunidade de ficar sozinho por alguns minutos – uma chance de germinar suas próprias ideias. Se você estiver participando de uma reunião em grupo, é provável que as pessoas até falem a seu respeito, o que poderá produzir resultados positivos. "Será que deveríamos dar ao Matt um resumo dos negócios em St. Louis e ver se ele tem algum ideia interessante?"

Timing

De modo ideal, você desejará fazer esse pequeno intervalo antes de adentrar o terceiro ato da reunião, quando ambos os lados já tiverem recolhido dados suficientes para a incubação de ideias. Uma vez que a pausa tenha terminado, você terá uma ótima oportunidade de recapitular o que foi dito e em que ponto se encontram no momento, acrescentar pontos adicionais que possam ter lhe ocorrido e rumar para a última etapa.

É óbvio que, um intervalo não é apropriado para todas as reuniões. É preciso ter bom senso. Se você tem menos de 30 minutos com o cliente, gastar cinco deles dentro do banheiro definitivamente não é uma boa ideia.

VENDA MAIS, MELHOR E SEMPRE

Seja qual for o tipo de pausa realizada – o *tour*, o almoço, uma parada no café –, mantenha em sua mente que o simples ato de se mover é uma chance para que ambos germinem ideias e retornem ao bate-papo. Pense nesse interlúdio como uma **"venda perambulante."**

Intervalos mentais

Acreditamos que os melhores intervalos envolvem uma boa caminhada. Porém, mesmo que não possa fazer uma parada estratégica real, ainda é possível fazê-la mentalmente – com uma boa analogia. Criar um interlúdio por meio de uma analogia oferece vários pontos positivos.

Uma comparação pessoal poderá alterar a temperatura da reunião. Quando Matt usou sua analogia para trazer as famílias e os filhos para sua reunião com Ray, ele criou um intervalo produtivo no tom e na intensidade da conversa.

Uma analogia também pode servir como ponto de parada entre as mudanças de *status*. No segundo ato você passou a maior parte do tempo no "modo pergunta" – um *status* inferior ao de seu cliente, que é o especialista no assunto e, portanto, respondendo as questões dele. No terceiro ato você precisará se colocar no papel de consultor ou conselheiro; alguém capaz de oferecer ideias e sugestões – um *status* mais elevado. Pelo fato de, neste caso, oferecer analogias para compartilhar essa perspectiva pessoal, ter um *status* de parceria, isso poderá ser um ótimo ponto de partida para que você assuma o papel superior.

CAPÍTULO 18

O diálogo, 3º ato – Seja útil

> "'**Sempre coloque o ponto final**' é um ótimo lema se quiser encerrar um relacionamento. Porém, se quiser cultivá-lo, 'Sempre seja útil'."
>
> – Matt

O objetivo estratégico do seu diálogo de vendas é demonstrar valor a seus clientes; mostrar-lhes de que modo é capaz de ajudá-los a resolver os problemas que estiverem enfrentando ou a seguir em frente de alguma maneira. E, assim como em um filme ou em uma peça de teatro, o tempo é um elemento crítico. O **momento** em que você decide entregar valor é quase tão importante quanto o produto, o serviço ou a solução que irá oferecer. Portanto, não tenha pressa e espere o momento certo: a terceira parte de sua reunião – o **terceiro ato**.

O poder da espera

Em algum nível, todos já experimentamos o grande poder da espera. Sabemos, por exemplo, que o amor se torna mais revigorante e excitante quando demora a acontecer; o alimento satisfaz ainda mais quando estamos famintos; realizações são mais contundentes e recompensadoras quando a tarefa é árdua e leva tempo. Até mesmo no esporte isso se aplica, afinal, uma vitória no último minuto do jogo é bem mais eletrizante que uma óbvia goleada prevista desde

VENDA MAIS, MELHOR E SEMPRE

o início da partida. E em vendas não é diferente: o efeito de entregar valor ao cliente no final de uma reunião é bem mais poderoso que fazê-lo no começo.

No Capítulo 1, introduzimos o **princípio da terceira parte**. Pesquisadores descobriram que as ideias geradas no final de uma sessão de *brainstorming* são mais criativas – e, em última análise, mais produtivas – que aquelas produzidas logo de início. Isso acontece em grande parte pelo fato de as primeiras ideias apresentadas serem mais um produto da memória que de *insights* originais. Recitamos as sugestões de que nos lembramos, que nos soam familiares, e ideias que outras pessoas já tiveram no passado. Portanto, é geralmente no final da reunião, e com base no conteúdo discutido, que começamos a fazer conexões novas e potencialmente úteis entre problemas e soluções inovadoras.

Há uma dinâmica similar nas reuniões de vendas. Se você fez bem o seu trabalho, no momento em que realizar a transição para o terceiro ato estará realmente **pronto** para entregar valor. No final da reunião, terá um tesouro em informações que lhe permitirá conectar seu conhecimento, seus produtos e sua rede de contatos à situação e aos problemas do cliente, e é aí que poderá se revelar mais útil para ele.

Seja útil para o seu cliente

O tema do terceiro ato em um diálogo de vendas é: **seja útil**. Você demonstrará sua utilidade para o cliente ao conectá-lo a uma gama de *insights* – as ideias-chave geradas durante sua exploração inicial. Esse é o momento em que todos os fios da reunião se entrelaçam, criando uma longa lista de *links* valiosos.

E para capturar os três tipos de valores que podem ser ofertados aos clientes utilizamos a sigla CTP (ou USE, em inglês):

- **Cognição** *(Understanding)* – São as novas perspectivas e os novos *insights* que você gerou a respeito dos problemas enfrentados pelo cliente. Você demonstra entendimento ao retomar as perguntas catalisadoras e as analogias que fez durante a reunião.
- **Terceirização** *(Sourcing)* – Esses produtos e/ou serviços oferecidos de maneira terceirizada poderão ajudar seu cliente a seguir adiante em conformidade com as necessidades previamente identificadas por você, sejam elas de ordem comercial ou pessoal. Você terceiriza ao oferecer ao cliente uma conexão ente ele e as pessoas de sua própria rede de contatos.
  4. **Permuta** *(Exchanging)* – O oferecimento de produtos, serviços e ideias que resolvam os problemas e as necessidades do cliente representa uma troca. Você faz esse intercâmbio ao iniciar uma transação. Repare que ele

está embutido no conceito de terceirização. Este conecta seus clientes a pessoas e empresas que poderão ajudá-los; a permuta, por sua vez, conecta os clientes aos seus produtos e/ou serviços. É óbvio que enquanto a terceirização não gera receita direta para sua empresa, a permuta (ou troca) desempenha justamente esse papel. Todavia o valor de longo prazo da terceirização, ou *sourcing*, não deve ser superestimado. Trata-se de um dos mais importantes edificadores de relacionamentos.

Vejamos a seguir, e de modo mais detalhado, essas três maneiras de entregar valor aos clientes:

Cognição

Fazer uso da cognição significa utilizar seu conhecimento, bom senso e intelecto para entregar valor ao cliente. De certo modo, é como atuar como um treinador – você oferece a seu cliente oportunidades de ver as coisas por diferentes ângulos e de maneiras mais úteis. Talvez você até os ajude a redefinir seus desafios. Ao entregar valor por meio da cognição, você poderá notar uma mudança de *status* durante o diálogo. Como fornecedor de *insights* e conhecimentos, você passa a desempenhar um papel mais importante.

Jane estava explorando o possível estabelecimento de uma relação com uma grande empresa de consultoria. Quase no final da reunião, a pessoa com quem conversava teve de se ausentar da sala para participar de uma breve teleconferência. Partindo da perspectiva de seu cliente, Jane aproveitou o tempo para fazer uma lista de todos os desafios que descobrira durante a conversa. Foi um resumo de **pensamento produtivo** da reunião, ou seja, uma lista de perguntas do tipo: "Como poderíamos...?" Quando estava terminando suas anotações a assistente do cliente entrou para se desculpar e dizer que seu chefe infelizmente não poderia retornar para terminar a reunião, pois teria de resolver um problema inesperado. Ao sair, Jane deixou sobre a mesa de seu interlocutor uma lista contendo vinte perguntas contundentes. No dia seguinte ele ligou para ela. "Essa lista que você deixou na minha mesa na noite passada é perfeita. Acho que é exatamente isso o que deveríamos estar fazendo pelos nossos clientes."

Veja que a única coisa que Jane fez para entregar valor ao cliente foi listar possíveis perguntas catalisadoras, o que o deixou intrigado. Certamente, além da lista, a impressão deixada não foi nada ruim. Uma pergunta catalisadora

194 VENDA MAIS, MELHOR E SEMPRE

gera valor para seu cliente mesmo antes de ser respondida. Isso ocorre por que ela consegue se concentrar na situação atual vivenciada por ele, reenquadrá-la e redefini-la. Sozinha, uma pergunta catalisadora é capaz de fornecer *insights* e provocar curiosidade. E a melhor parte: elas não são tão difíceis de definir/formular como se poderia imaginar. Uma vez que se acostume a perguntar: "Como poderíamos...?", descobrirá uma fonte gigantesca de possíveis perguntas catalisadoras – aquelas que darão ao cliente a oportunidade de observar seus problemas a partir de perspectivas diferentes e úteis.

Por causa das circunstâncias, tudo o que Jane pode fazer foi deixar a lista de perguntas para o cliente, porém, ao agir assim, mesmo não estando lá pessoalmente, ela entregou valor ao cliente na forma de cognição. Pode apostar que ela já entrou na reunião seguinte com esse mesmo cliente com um ótimo prognóstico em termos de venda.

Assim como no caso das perguntas catalisadoras, boas analogias também podem ajudar os clientes a visualizar seus problemas/sua situação a partir de novos pontos de vista. Portanto, se analogias apropriadas surgirem durante sua reunião, volte a mencioná-la na terceira parte da reunião.

Demonstrando cognição antes do terceiro ato

Muitos ciclos de vendas giram em torno de uma única reunião principal. Nesses casos, você certamente irá desejar esperar até o terceiro ato para oferecer seus *insights* e suas ideias. Porém, em situações mais complexas, você provavelmente irá se encontrar várias vezes com o mesmo cliente durante o ciclo de negociação. Nesses casos, a transição para o terceiro ato poderá nem ocorrer no primeiro contato. Talvez seja preciso digerir os detalhes que envolvem o empreendimento do seu cliente ou uma situação específica por ele vivenciada. É possível que seu interlocutor não tenha respostas prontas para suas perguntas. Quem sabe seja necessário envolver outras pessoas da empresa dele – ou da sua. Também é possível que você tenha de explorar mais fundo, ou que seu cliente pretenda uma abordagem mais direta ao processo. Qualquer uma dessas variáveis, entre outras, terá um impacto sobre quão longe você chegará na primeira reunião.

Ainda assim, você precisa deixar nas mãos do seu cliente algo que prenuncie a importância do que virá pela frente. Portanto, se o ciclo de vendas for longo, a situação do cliente complexa e sua reunião terminar antes que possa adentrar o terceiro ato, tente antecipar sua próxima reunião simplesmente

O diálogo, 3° ato – Seja útil **195**

apresentando ou reapresentando as perguntas catalisadoras que tenha formu-
lado. Assim como Jane, você provavelmente encontrará um público receptivo
e a disposição para reunir-se novamente.

Seja no início do terceiro ato ou como antecipação da última parte – no
caso de vendas de ciclo prolongado –, a articulação de perguntas catalisadoras
para seu cliente demonstra que você ouviu e sintetizou a situação enfrentada
por ele. Elas atrairão a atenção do cliente para as questões-chave que defini-
rão o problema com maior clareza, ou a partir de outra ótica. Isso também
evidenciará os problemas que você poderá ajudá-lo a solucionar e criará expectativa para as ideias que serão trazidas por você no próximo encontro.

Terceirização

Terceirizar *(sourcing)* significa conectar e introduzir seus clientes a recursos,
pessoas e informações que possam ajudá-los a solucionar suas necessidades
mais prementes.

Ao disponibilizar tais conexões você demonstra que está preparado para
investir tempo e energia no apoio aos clientes, mesmo sabendo que isso não
renderá a você e à sua empresa lucros diretos. Por exemplo, se os seus clientes contratarem os serviços de um *freelancer* (autônomo) que você tenha recomendado ou fecharem uma parceria com alguma empresa que tenha sugerido, eles receberam valor real e tangível, e é improvável que esqueçam
sua participação.

Há várias maneiras de oferecer terceirização a seus clientes – disponibilizando informações de mercado, artigos ou endereços na Internet que
sejam relevantes; fazendo um trabalho de análise para eles; apresentando
sócios, fornecedores ou clientes potenciais etc. Qualquer coisa que tenha
anotado no quadrante 2 de suas Q-Notes (aquele onde você listou as ideias
que descobriu durante sua pesquisa e também ao longo da conversa com o
cliente) ou no quadrante 4 (onde registrou oportunidades para próximos
contatos) poderá se transformar em uma boa oportunidade de oferecer esse
tipo de serviço "terceirizado".

Durante sua reunião com um novo cliente, Jane descobriu que o mercado
de Quebec representava desafios específicos para seu cliente. O francês falado
naquela região do Canadá e o usado na França são bem diferentes. Os franco-
canadenses são bastante sensíveis a essas diferenças e é óbvio que preferem
sua própria maneira de falar. Com base em perguntas catalisadoras, foi assim
que Jane ofereceu terceirização ao cliente.

196 VENDA MAIS, MELHOR E SEMPRE

"Mais cedo nós estávamos falando sobre sua investida no mercado de Quebec e de que modo poderia superar sua dificuldade na tradução rápida para o francês utilizado naquela região do Canadá. Um amigo meu de Montreal, que trabalhou nesse mesmo setor por dez anos, comanda uma pequena agência de tradução. Ele conhece tanto o francês de Quebec como os jargões do nosso setor. Seria útil se eu o colocasse em contato com ele?" Jane sabia que aquela sugestão atenderia a uma necessidade do cliente. Ela pensou em seu amigo tradutor logo que o assunto surgiu da primeira vez. Porém, em vez de sugeri-lo naquele momento, ela apenas anotou a ideia no quadrante 2 e então esperou para oferecer a sugestão (um exemplo perfeito do poder da espera). Ela não ganhará nenhum tostão com essa recomendação, mas conseguirá algo bem mais importante – a credibilidade do cliente e também o reconhecimento de que ela lhe ofereceu valor.

Permuta (troca)

Permutar significa alinhar ou compatibilizar seu produto ou serviço (inclusive a execução dele) a uma ou mais necessidades de seus clientes. Trata-se de uma troca de valores que inclui o vendedor e suas ofertas. É a maneira como você ganha dinheiro por meio de suas relações.

Há três tipos primários de valores que podem ser entregues na forma de permuta:

- O oferecimento de ajuda na erradicação de algum aborrecimento ou desconforto que o cliente esteja vivenciando (ou seja, o saneamento de um ponto de irritação articulado pelo cliente).
- A oferta de uma vantagem econômica na forma de custos reduzidos ou aumento nos lucros (a identificação e solução de um ponto de irritação que talvez **não tenha** sido articulado pelo cliente).
- O atendimento a estímulos setoriais ou iniciativas da empresa com o oferecimento de um produto ou serviço fornecido por você/sua companhia (a entrega de **valor estratégico** para solucionar um ponto de irritação que pode ou não ter sido articulado pelo cliente).

No capítulo anterior Matt desvendou um problema de Ray com a burocracia. Veja como ele ofereceu uma pergunta catalisadora para propor suas ideias.

"Anteriormente nós identificamos um problema que irei resumir com a pergunta: 'De que modo seria possível minimizar o tempo e o esforço investidos na aprovação de despachos de carga?' Um dos meus clientes, que também é um grande amigo e a quem já atendo há oito anos, enfrentava um problema parecido. Ele estava ficando maluco, então trabalhamos juntos no desenvolvimento de um programa de liberação rápida de carga. A chave estava na pré-aprovação de seis remessas para os 12 meses seguintes. Trabalhamos com a FDA para aparar todas as arestas. Ainda é preciso investir um bom tempo nos processos, mas hoje eles só precisam de um documento de uma página antes de despacharem suas cargas. As três assinaturas ainda são exigidas, mas podem ser digitalizadas. Desde que elas estejam de acordo com as registradas no sistema de segurança, não há problemas. Não há qualquer necessidade de ir atrás de executivos para obter assinaturas físicas. Posso reunir os detalhes e agendar uma reunião com eles para a próxima semana, se você quiser. Quando seria uma boa data?"

Se Matt conseguir entregar o que prometeu, é bem provável que feche o negócio. Para isso ele certamente reunirá todos que, de algum modo, puderem contribuir com informações úteis para seu cliente potencial na reunião da semana seguinte.

CTP ou CPT?

Como já mencionado, CTP é uma sigla, mas não representa uma sequência obrigatória. Você poderá, portanto, alterar a ordem em que entrega valor ao cliente.

Jane considera mais natural oferecer ideias de **permuta** o quanto antes. "Estou lá para vender meu produto e eles sabem disso. Depois que confirmo a **cognição**, sempre ofereço a melhor ideia que tiver em termos de troca." Matt, em contrapartida, se sente mais confortável oferecendo uma sugestão de **terceirização** antes de partir para a **permuta**. "Penso primeiramente no relacionamento, não na oportunidade imediata. No final, uma relação forte gera negócios." Nenhuma dessas abordagens está correta, tampouco equivocada. Como sempre, as pessoas, as questões e o contexto irão ditar o que funcionará melhor no seu caso.

Seja qual for a ordem que funcione melhor em sua situação, terceirização e permuta ou vice-versa, recomendamos que comece sempre pela cognição.

198   VENDA MAIS, MELHOR E SEMPRE

Ao fazê-lo, não somente estará oferecendo valor a seu cliente (*insights* relevantes representam condutores de valor significativos), você estará dando a si mesmo uma oportunidade de avaliar se está no caminho certo.

No final da reunião, depois que externar suas sugestões e ideias mais interessantes em termos de permuta, talvez considere igualmente útil fornecer um *insight* final (cognição) ou conexão (terceirização). Oferecer ao cliente algum valor que não gere nenhum ganho financeiro para você é uma maneira memorável de terminar sua reunião.

Não defenda sua ideia no final

Se o cliente não demonstrar interesse pela sua sugestão, ou até levantar qualquer objeção a ela, não cometa o erro de tentar defendê-la (lembre-se do velho ciclo de **sugestão ⇒ objeção ⇒ defesa**). Em vez disso, simplesmente siga em frente com sua lista. Se não
estiver preso ao seu ego, será fácil fazê-lo. Em primeiro lugar, abandone a ideia que não o levará a lugar algum, então, restabeleça o contexto propondo uma pergunta catalisadora ou relembrando uma analogia. Depois disso, proponha sua próxima ideia. Lembre-se: uma das razões para você ter aguardado até o fim para apresentar suas ideias era justamente estar preparado para essa possibilidade. Nesse ponto da reunião você já deverá contar com uma longa lista de opções para oferecer ao cliente.

Veja a seguir um exemplo de como Jane evitou o ciclo **sugestão à objeção à defesa** ao atuar como mentora de sua pupila, Nikki, uma jovem profissional de *marketing* que estava se mudando para Houston e buscando um emprego na região.

Nikki havia mencionado que tinha um amigo que conhecia pessoas do setor de *marketing* naquela cidade do Estado do Texas, então Jane ofereceu-lhe um conselho: "Peça uma reunião para obter informações com um ou mais contatos desse seu amigo, então, no final, pergunte se haveria mais alguém que pudesse indicar como contato. De sequência ao processo e mantenha quem a indicou informado. Repita o mesmo a cada novo encontro e, em pouco tempo, terá uma rede de pessoas com as quais poderá conversar. Você estará fazendo contatos naturais e, ao mesmo tempo, mantendo seu nome na mente dessas pessoas."

Nikki respondeu dizendo: "Não me sinto confortável em fazer isso. Não quero conseguir um emprego via contatos, mas por ser considerada a melhor candidata para a vaga."

Jane poderia ter dito: "Olhe, se você conseguir um emprego depois de conversar com a terceira pessoa a partir do seu contato original, não há dúvidas de que terá sido contratada por seus próprios méritos, não por causa de uma indicação."

Porém, em vez disso ela optou por outra abordagem, dizendo: "Vejo que você não quer se beneficiar de qualquer favorecimento. Considerando que você partiu de um contato inicial, sob que circunstâncias você se sentiria confortável em conseguir um emprego por seus próprios méritos?"

Jane não defendeu sua sugestão inicial. Em vez disso, ao fazer uma pergunta aberta, ela ajudou Nikki a clarear seus pensamentos e perceber que, possivelmente, estivesse impondo restrições a si mesma. Independentemente de a jovem profissional aceitar ou não seu conselho, Jane mostrou-se útil a Nikki, oferecendo-lhe valor.

Compreender o ponto de vista de seu cliente é bem mais útil que convencê-lo de que você está **"certo"**. Portanto, em vez de defender sua sugestão com uma afirmação, ou propondo uma pergunta cuja resposta sejá sim ou não, opte por algo do tipo "Como você poderia...?", e siga em frente.

Confirme suas suposições

Jane fizera um ótimo trabalho ao explorar as necessidades de seu cliente no segundo ato da reunião. Contudo, seu tempo estava acabando, então ela verificou o quadrante 2 de suas Q-Notes, agora preenchido com as conexões CTP que anotara. Ela estava pronta para abrir as comportas.

"Bem, só temos dez minutos. Em primeiro lugar gostaria de agradecê-lo por responder minhas perguntas e também por suas respostas reflexivas. Eu gostaria de expor algumas conexões que fiz com base no que me disse hoje. Tudo bem para você?"

"Claro, diga."

"Você mencionou que está tendo dificuldades em atender as necessidades de sua equipe em Cape Town e que o grupo que trabalha lá está no limite de ruptura. Será que entendi corretamente?" Jane estava verificando os fatos e fazendo com que a cliente se lembrasse do problema que queria solucionar.

"Na verdade, esse problema logo será resolvido. Temos quatro contratações já para o próximo mês."

Descobrir que um problema mencionado pelo cliente já não é tão crítico como pareceu a princípio não é incomum. Jane tivera uma ideia de tercei-

200   **VENDA MAIS, MELHOR E SEMPRE**

rização, mas depois de trazer o problema à tona novamente percebeu que sua sugestão já não seria mais relevante. Sua estratégia é simples, aberta e eficiente: conheça os novos fatos e siga em frente para a próxima ideia. "Tenho certeza de que isso será um grande alívio. Você também mencionou sua preocupação de que cada uma de suas empresas estivesse desenvolvendo sua própria cultura em temos de telecomunicações. Eu anotei aqui..." Jane continuará seguindo sua lista, mesclando terceirização e permuta até que encontre combinações úteis. O objetivo dela não é estar certa ou defender suas sugestões, mas se mostrar **útil**.

Seja por meio da terceirização ou da permuta, sempre ofereça suas ideias de maneira aberta. Se o cliente se interessar, ótimo! Caso contrário, sempre terá outra sugestão a oferecer.

Lembre-se de que, em essência, terceirização e permuta representam a mesma coisa – **oferta de valor**. A única diferença é que a permuta lhe proporciona dinheiro; a terceirização não – pelo menos não diretamente. As pessoas tendem a se contrair quando o assunto envolve dinheiro. Isso é natural tanto para o cliente quanto para o vendedor, mas a questão pode se tornar mais desconfortável para vendedores inexperientes. O dinheiro com frequência nos faz pensar na reunião comercial como um jogo a ser vencido ou perdido. Porém, se entrar na sala do cliente e mantiver em mente a ideia de que seu objetivo é ser útil e plantar as sementes para uma possível relação comercial, **sempre** sairá vitorioso.

Uma reunião malsucedida é aquela em que o vendedor fracassa em encontrar qualquer oportunidade de oferecer valor ao cliente. Todavia, uma vez que o conceito de CTP expande o leque de valor, você nunca terá de enfrentar um fracasso em seus encontros comerciais. Mesmo em um encontro rápido, no qual você só consiga obter dados superficiais ou em que não perceba nenhuma oportunidade imediata de permuta, quase sempre será possível oferecer valor em pelo menos uma categoria de CTP, e **é justamente essa entrega de valor que fará com que você seja lembrado**.

Sinais de sucesso

Conforme prossegue com sua lista de ideias, talvez descubra que se uma sugestão parecer interessante, o cliente começará a fazer perguntas. E quando seus clientes começarem a questioná-lo sobre como, quando e onde seu produto ou serviço poderia ajudá-los, isso será um ótimo sinal de que eles veem uma conexão entre o problema delas e a sua solução.

Outra pista de que sua reunião está sendo bem-sucedida (útil para seu cliente) é quando você diz: "Bem, parece que temos só dez minutos", e o cliente responde: "Tudo bem, podemos ficar mais algum tempo." Ninguém lhe dará mais tempo que o prometido a menos que você esteja entregando valor. Quando seu cliente se prontificar a estender a reunião, você saberá que está sendo útil.

Faça promessas

Todo a permuta e a terceirização realizadas durante a reunião culminarão em uma série de promessas. A palavra "promessa" vem do latim *pro* (para frente) + *mittere* (mandar, enviar). Com a acepção de "dizer antes ou prever", passou a identificar o ato de "levar alguém a esperar por alguma coisa". E é justamente isso que a promessa faz – **estimula uma relação no futuro**.

As promessas nem sempre surgem em uma única reunião. Dependendo do seu produto, da complexidade de sua oferta e/ou do setor em que opera, elas poderão ocorrer ao longo de uma série de encontros. Entretanto, sempre que oferecê-las lembre-se de que elas são a razão de todo o seu trabalho, desde o momento em que identificou um cliente potencial, pesquisou informações relevantes antes de encontrá-lo e percorreu todo o caminho entre o bate-papo inicial e a apresentação dos três atos. As necessidades identificadas são o trampolim para as promessas de permuta e terceirização que serão apresentadas ao cliente. E são elas – as **promessas** – que se transformarão na plataforma para uma relação a ser desenvolvida entre as partes. Relacionamentos são construídos a partir de um alicerce de promessas feitas e cumpridas.

Pense na **terceirização** e no **engajamento** como oportunidades de fazer promessas:

- "Eu enviarei a você o *link* para aquele *site* sobre o qual conversamos."
- "Assim que chegar ao escritório enviarei um *e-mail* apresentando você ao Harry."
- "Veja a lista das seis coisas que farei nas próximas três semanas."
- "Vamos nos encontrar às 9 da manhã para um café na Starbucks."
- "Eu adequarei os acordos e os enviarei para você pela manhã."
- "Eu farei nossas inscrições para a corrida de 10 km pelo distrito financeiro no sábado de manhã. Tudo bem para você?"

Suas promessas poderão incluir qualquer coisa, desde "Encaminharei o contrato essa tarde" até "prometo jamais ligar novamente," porém, independentemente do conteúdo, mantenha o que foi prometido. Nossa filosofia no que se refere a promessas é bem simples: Você não dá sua palavra; **você é a sua palavra**. Uma vez que seus clientes saibam disso, terão certeza de que poderão confiar em você.

A última coisa que você deve fazer antes de se levantar no final de uma reunião comercial é confirmar se ambos os lados compartilham o mesmo entendimento, ou seja, que os dois compreenderam as promessas feitas um ao outro.

Ser útil para seu cliente (ou utilizar o conceito de CTP)

Prova para ele – seu interlocutor – que você sabe ouvir. Ao organizar e reafirmar os seis pontos discutidos durante os últimos 45 minutos, você demonstrará ao cliente que ouviu e escutou o que ele disse. É incrível quão persuasiva uma pessoa pode se revelar simplesmente prestando atenção ao que lhe foi dito.

- **Oferecendo a ele cognição estratégica.** Perguntas catalisadoras são estratégicas. Um passo importantíssimo em um bom pensamento estratégico é identificar as lacunas críticas entre onde você está hoje e seus objetivos. Propor perguntas catalisadoras demonstra sua capacidade de pensar de maneira estratégica.
- **Mostrando que você é capaz de pensar de modo lateral.** Analogias atraem pensamentos relacionados dentro de um universo desassociado. Edward de Bono chama a isso de **"pensamento lateral"**. Em termos de pensamento, esse é um dos hábitos mais cruciais para solucionadores criativos de problemas.
- **Assegurando que você irá ocupar espaço na mente do cliente.** Quanto maior a oferta de conexões terceirizadas que atendam aos desafios enfrentados pelo cliente, tanto de ordem comercial como pessoal, mais você estará presente nos pensamentos do seu cliente.
- **Impedindo que você exagere na defesa de seus produtos e suas ideias.** Possuir uma lista de ideias para oferecer ao cliente, usando as categorias CTP, fará com que você consiga evitar a tendência natural de defender uma ideia que considere como "a solução perfeita" para atender as necessidades do cliente.

E quanto às técnicas de fechamento?

Como dissemos no Capítulo 1, você não encontrará nenhuma informação a respeito de técnicas de fechamento neste livro. E vamos manter nossa palavra. O uso de técnicas de vendas – em especial aquelas projetadas para manipular os clientes para que estes digam sim mesmo quando ainda não estão convencidos ou prontos para fazê-lo – é absolutamente incompatível com a filosofia de VP.

Não consideramos ética a atitude de pressionar clientes a comprarem produtos ou adquirirem serviços. Porém, mesmo que o fosse, duvidamos da eficiência dessas técnicas – pelo menos no longo prazo. A maioria das pessoas não é estúpida, portanto, mesmo que seja bem-sucedido em usar efeitos psicológicos para pressionar alguém a comprar algo ainda que não queira, talvez até consiga a primeira venda, mas é bem improvável que feche a segunda. Você será lembrado como a pessoa que encarnou os piores estereótipos dos vendedores.

No final, duvidamos que essas técnicas funcionem com muita frequência. Uma artimanha comum utilizada é fazer uma série de perguntas projetadas para induzir o cliente a dizer vários **"sins"**. Então, o vendedor propõe algo do tipo: "Vamos examinar o contrato?" Presume-se que essa série de respostas afirmativas levará naturalmente a outro "sim", e, então, *voilà*, negócio fechado.[1] Entretanto, consideramos difícil acreditar que esse tipo de abordagem funcione com produtos de valor elevado. Se o cliente comprar, é bem provável que já estivesse pronto para fazê-lo. Em contrapartida, se ele não estiver preparado para fazê-lo, provavelmente não o fará. Seja qual for o caso o vendedor passará a imagem de falso.

O jeito correto de se mostrar um bom finalizador é fazer perguntas de maneira incisiva, revelar-se um solucionador de problemas criativo e ser confiável em suas promessas. Se você descobrir como seu produto ou serviço é útil para seus clientes, saiba que eles próprios desejarão adquiri-lo. A melhor maneira de fechar um negócio é perguntando: "Você gostaria de passar à próxima etapa?"; "Você gostaria que eu preparasse um contrato?"; "Que outras informações você gostaria de receber antes de fecharmos um acordo?"; ou coisas desse tipo. Essas perguntas são abertas e diretas, não manipulativas. Elas são questões transparentes, não técnicas obscuras. Fechar uma venda é simples assim.

1- Em livros que se concentram em técnicas de vendas essa abordagem é, às vezes, denominada **tie-down** (amarração ou fixação).

Nossas experiências sugerem que uma vez que tenha conseguido engajar o cliente à visão dele, e, ao mesmo tempo, demonstrar de que modo você será capaz de ajudá-lo a alcançar os objetivos dele, a venda ocorre naturalmente. No mínimo, você terá garantido o privilégio de ser atendido na próxima vez que ligar.

Conclua a reunião

Do mesmo modo como sua reunião não começou somente no "Olá" (Lembra-se do Capítulo 14 sobre a reunião antes da reunião?), ela também não terminará com um simples "Até logo." Na verdade, existe uma tarefa crucial que ainda precisa ser desempenhada antes que você considere o encontro oficialmente encerrado: reescrever suas notas para se certificar de que elas estejam legíveis. Ao tomar notas e se concentrar no cliente você utilizou abreviaturas, portanto, quanto mais demorar para transferir seus "garranchos" para outro lugar, mais eles se tornarão ininteligíveis com o passar dos dias e das semanas. Traduza imediatamente suas abreviaturas e seus rabiscos, transformando-os em frases legíveis. Isso não apenas irá ajudá-lo a entender o que escreveu, mas também a refrescar sua memória em relação ao que foi discutido e a facilitar a transmissão dessas informações de maneira mais clara para outras pessoas. Você também poderá aproveitar a oportunidade para anotar novas ideias que lhe ocorram, no quadrante adequado.

Na verdade, consideramos esse conselho tão valioso que iremos repetir o que foi dito no final do Capítulo 11, quando introduzimos o conceito de Q-Notes: **sempre se programe para reescrever o mais rápido possível (uma ou duas horas depois, no máximo) tudo o que anotou na forma de abreviaturas. Todas as vezes!** Veja o tempo que isso demorar como parte da própria reunião; como parte do investimento que fez em si mesmo e em seu processo de venda; e como parte indispensável para aprender a vender mais e melhor. Reescreva suas anotações da maneira mais completa possível, e o quanto antes.

PARTE V

Depois da reunião

CAPÍTULO 19

Não pule esta parte –
Obtenha o máximo de sua reunião

"Sem trabalho árduo nada pode ser alcançado. O prêmio não será simplesmente enviado a você; será preciso que você o conquiste."

– Ralph Waldo Emerson

Há um antigo ditado que diz o seguinte: "Toda reunião na verdade são três: aquela para a qual você se planeja; a que mantém com o cliente e a que você repassa em sua cabeça posteriormente." Relembrar a reunião, congratular-se pelos pontos fortes e repensar os pontos fracos é natural. Porém, a menos que você aplique o rigor de uma avaliação estruturada nesse processo, ele não será muito útil.

Os capítulos dessa última parte delineiam uma deliberada metodologia investigatória, projetada para ajudá-lo a extrair o máximo de sua reunião, de modo que possa construir em cima do seu sucesso, aprender com suas deficiências e se sair melhor da próxima vez... e na próxima... e também na seguinte.

- O Capítulo 20 oferece uma estrutura que o ajudará a investigar e avaliar o processo de sua reunião – o modo como você a orquestrou para cruzar a barreira da credibilidade, descobrir as necessidades do cliente e demonstrar sua utilidade para ele.
- O Capítulo 21 mostra como extrair o máximo de sua reunião em termos de conteúdo – de que maneira identificar e usar as informações adquiridas.
- O Capítulo 22 explica como utilizar o que você aprendeu para construir relacionamentos, manter-se na mente do cliente e gerar negócios adicionais.

208   VENDA MAIS, MELHOR E SEMPRE

Sabemos por experiência que até mesmo com as **melhores intenções**, as pessoas (e, inclusive, organizações inteiras) se sentem tentadas a pular a fase de investigação e análise. O mundo gira rápido demais e sempre há outras coisas que precisam ser feitas com urgência – sempre um incêndio a ser apagado. Como resultado disso, a primeira coisa a ser deixada para depois é a investigação e análise da reunião.

Ainda assim, também acreditamos que o melhor aprendizado seja obtido reservando tempo para analisar o que funcionou, o que não deu certo e em que pontos é preciso melhorar. No Capítulo 6, discutimos o sucesso da unidade OPFOR do exército norte-americano – êxito amplamente atribuído ao aprendizado que o grupo obtém a partir de seu compromisso de formular um Relatório Pós-Ação (RPA), um processo de avaliação altamente estruturado após a conclusão de todas as atividades.

A aplicação das lições aprendidas a partir dos RPAs é o que transforma a OPFOR na divisão de operações mais bem-sucedida do serviço militar dos EUA. Conduzir seu próprio processo de investigação e análise, e então aplicar suas descobertas em suas próximas reuniões, é algo que irá ajudá-lo a se tornar um vendedor realmente bem-sucedido.

Leia os capítulos a seguir, na ordem em que eles aparecem e aplique as informações ao seu trabalho. Garantimos a você que irá se beneficiar em fazê-lo.

CAPÍTULO 20

Depois da ação – Avalie o processo

"Um profissional é apenas um amador que continuou a se aprimorar."

– Jane

Existem dois tipos de investigação de que poderá se beneficiar. A primeira está relacionada à análise do **processo** – observar de perto o modo como você conduziu seu diálogo de vendas, o que fez que funcionou bem, o que poderia ser aprimorado, além de outras observações sobre a dinâmica da conversa. Em outras palavras, trata-se do "**como**" da reunião. A segunda está associada à análise do **conteúdo** – avaliar o que você aprendeu com seu cliente em relação às estratégias por ele utilizadas, a seus desafios e suas necessidades. Ou seja, o "**o quê**" do encontro.

Ambas averiguações serão cruciais para seu sucesso. A que se refere ao **conteúdo** irá ajudá-lo a planejar seus próximos passos no sentido de construir uma relação e um empreendimento vencedor – portanto, há uma boa possibilidade de que perceba benefícios de curto prazo nessa atividade. A relativa ao **processo**, em contrapartida, o ajudará a tornar-se um melhor vendedor. É provável que também perceba alguns resultados em curto prazo; pequenos detalhes que poderá aprender para melhorar sua apresentação, ultrapassar a barreira da credibilidade mais rapidamente ou até fazer perguntas catalisadoras mais eficientes e efetivas. Porém, os reais benefícios da apuração do processo ocorrerão no longo prazo, à medida que se tornar mais confiante e confortável com suas habilidades em pleno desenvolvimento, ou seja, conforme evoluir e se tornar um verdadeiro vendedor produtivo.

Aqui vai nosso conselho: **faça primeiramente sua investigação do processo!!!**

VENDA MAIS, MELHOR E SEMPRE

Uma vez que a investigação do conteúdo traz a promessa de resultados imediatos, é possível que você se sinta tentado a começar por ela. Todavia, uma vez que tenha se deixado atrair pela ideia de perseguir possibilidades de negócios que tenha conseguido revelar, será difícil dar um passo atrás e pensar a respeito das coisas que fez durante a reunião que ajudaram a revelar tais oportunidades. Pelo fato de seu real valor estar no futuro, a verificação do processo torna-se um exemplo clássico de tarefa de alto valor, porém, de baixo grau de urgência – algo mais conhecido como **"coisas que simplesmente não fazemos."**

Nós, seres humanos, somos criatura engraçadas. Quase sempre superestimamos o valor daquilo que podemos alcançar em curto prazo e subestimamos a importância daquilo que poderemos atingir no longo prazo. Essa tendência absolutamente humana resulta na **perda de oportunidades** em termos de **saúde, riqueza, felicidade** e até **amor**. Mas este é um risco que você não precisa correr no que se refere à sua carreira. Você já reescreveu suas Q-Notes, como recomendamos no Capítulo 17, e não irá esquecê-las. Elas não desaparecerão. Sendo assim, faça um favor a si mesmo e investigue, antes de mais nada, o processo utilizado. É trabalhoso, com certeza; e, sim, você se sentirá angustiado para passar para a análise do conteúdo. Entretanto, o esforço valerá a pena. Saiba que, independentemente de seu ponto de início, a averiguação do processo utilizado irá ajudá-lo a se tornar melhor em seu trabalho.

Aprendizado prático

O **ciclo de aprendizado prático** é uma teoria proposta pelo psicólogo norte-americano David Kolb[1] sobre a aprendizagem de adultos. De acordo com o autor, aprendemos de maneira mais efetiva quando refletimos sobre nossa experiência, usamos tais reflexões para desenvolver novas maneiras de pensar e agir, e então testamos tais abordagens em novas situações. Esse tipo de teste, por sua vez, cria novas experiências, a partir das quais seremos capazes de refinar nossos modelos de pensamento e atuação. A cada ciclo de reflexão ativa sobre nossas experiências, de ajustamento de nossos modelos e da aplicação deles a novas situações, enriquecemos nossas habilidades e aprimoramos nossos resultados.

A maneira mais básica para usarmos as teorias de Kolb é fazer três perguntas simples a cada vez que refletirmos sobre nossa experiência:

1- David A. Kolb, *Experiential Learning Experience as the Source of Learning and Development* [Experiência *de Aprendizado Prático como Fonte da Aprendizagem e do Desenvolvimento*] (Nova Jersey: Prentice-Hall, 1984).

Depois da ação – Avalie o processo **211**

- O que aconteceu?
- O que isso significou?
- O que seria útil se fosse feito de maneira diferente?
  Ou simplesmente no formato resumido:
- O quê?
- E então?
- E agora?

Investigando e analisando por meio do: O quê? E então? E agora?

O quê? E então? E agora? é a estrutura geral que recomendamos para conduzir um RPA simples, mas poderoso.

Para extrair o máximo dessa estrutura, sugerimos o aprendizado e o uso de três ferramentas básicas de pensamento – cada uma delas para um estágio da investigação:

- **Mapeamento histórico** para que se possa ir fundo na busca do que aconteceu (o **O quê?**)
- **A ferramenta POWER** para compreender seu significado (o **E então?**)
- O **ciclo Iniciar-Parar-Aprimorar**, para determinar o que é preciso fazer de maneira diferente (o **E agora?**)

O quê? (mapeamento histórico)

Se você seguiu nosso conselho, uma das primeiras atitudes que tomou após sua reunião foi rever e reescrever suas Q-Notes para se certificar de que compreendeu tudo o que anotou e capturou o maior número possível de detalhes durante o encontro.

Você também já sabe que as reuniões de vendas seguem uma estrutura composta de três atos, com frequência introduzido com um **prólogo** e, às vezes, interrompido com algum tipo de intervalo. Esse prólogo em geral consiste de um bate-papo informal. O **primeiro ato** é a parte onde se estabelece credibilidade; o **segundo ato** é o momento em que são feitas as perguntas para descobrir a situação, os pontos de irritação e os desafios enfrentados por seus clientes; e o **terceiro ato** é aquele em que o valor é entregue ao cliente e sua utilidade como profissional é demonstrada.

O 1º e 2º atos contêm pontos de virada que servirão de impulso para o 3º e último. No 1º, esse ponto se dá quando você estabelece credibilidade suficiente para começar a fazer perguntas. No 2º, o ponto de inflexão é aquele em que você consegue reunir dados suficientes para articular a formulação de uma ou mais perguntas catalisadoras que criem o potencial para a entrega de valor ao cliente. O 3º ato também possui um ponto crucial – aquele no final da reunião em que você resume as várias promessas que fez.

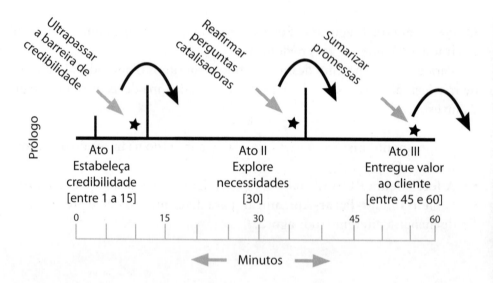

Seu primeiro passo no mapeamento histórico é desenhar um gráfico simples de sua reunião, similar ao que apresentamos aqui. É provável que seu controle de tempo seja um pouco diferente do que aparece em nosso gráfico, portanto você deveria preenchê-lo da maneira que melhor reflita o desenrolar de sua reunião. Use as Q-Notes para refrescar sua memória. Se você rabiscou horários em suas anotações, construir uma estrutura mais exata será bem mais fácil.

Agora, usando seu gráfico como guia, responda as perguntas a seguir para contar a história de sua reunião.[2]

---

[2] Note que essa lista de perguntas é inicial. Com o tempo você desenvolverá questões que sejam mais adequadas às suas necessidades, ao seu estilo e setor de atuação.

Depois da ação – Avalie o processo   213

- Como sua reunião começou?
- Quais foram as primeiras palavras que você e seu cliente disseram um para o outro?
- O que você disse em seu prólogo, como bate-papo?
- O que você aprendeu com esse bate-papo?
- Quando você passou para o 1º Ato?
- Qual foi a primeira coisa que você disse no 1º Ato?
- Qual foi a primeira coisa que seu cliente disse no 1º Ato?
- Em que pistas você reparou para identificar as preferências do seu cliente em termos de pensamentos (energizadores)?
- De que maneira você ajustou sua comunicação para se conectar a tais preferências?
- O que você fez para estabelecer credibilidade no 1º Ato?
- O que mais você fez para estabelecer credibilidade no 1º Ato?
- Que *status* você adotou no 1º Ato?
- Como você soube que esse seria o ponto de virada para o 2º Ato?

- Qual foi a primeira coisa que você disse no 2º Ato?
- Qual foi a primeira coisa que seu cliente disse no 2º Ato?
- Como você começou a explorar a situação, os objetivos e os pontos de irritação do seu cliente?
- Como e quando seu cliente expressou interesse ou entusiasmo?
- De que maneira você respondeu?
- Como e quando seu cliente demonstrou desinteresse?
- De que maneira você respondeu?
- Que perguntas catalisadoras emergiram?
- Quem articulou cada uma, você ou seu cliente?
- Que analogias surgiram?
- Que *status* você adotou no 2º Ato?
- Qual foi o ponto de inflexão para iniciar o 3º Ato?
- Como você percebeu que esse foi o ponto de virada?
- Você ou seu cliente criou um intervalo?
- Você conseguiu retomar o bate-papo?

- Qual foi a primeira coisa que disse no 3º Ato?
- Qual foi a primeira coisa que o cliente disse no 3º Ato?
- Como você retornou às perguntas catalisadoras e analogias?
- Como você demonstrou compreensão?
- Como seu cliente respondeu?
- Como você ofereceu terceirização (*sourcing*)?
- Como seu cliente respondeu?
- Como você ofereceu permuta (troca)?
- Como seu cliente respondeu?
- Como você ofereceu promessas?
- Como seu cliente respondeu?
- Como você resumiu a reunião?
- Como seu cliente respondeu?
- Que *status* você adotou no final da reunião?
- Quais foram as últimas coisas que você disse?
- Quais foram as últimas palavras do seu cliente?

214 VENDA MAIS, MELHOR E SEMPRE

Conforme você conta a história a respeito de sua reunião, usando como guia seu quadro e anotações e essas perguntas, tente não fazer nenhum julgamento, apenas recordar todos os eventos do encontro da maneira mais objetiva que conseguir.

Revisar a reunião dessa maneira pode parecer embaraçoso no início, e é possível que sinta a tentação de pular algumas perguntas, imaginando: "Ah, isso é óbvio demais... Disso e já sei... Eu vou pular direto para as coisas que importam." Não faça isso! Há um valor inestimável em ir mais fundo nos detalhes. É justamente essa autoanálise deliberada e descompromissada que está no âmago do processo APA utilizado pela OPFOR – assim como a razão por trás do enorme sucesso alcançado por essa equipe.

Se reavaliar essas perguntas for difícil para você no começo, encontre um colega ou amigo que possa ajudá-lo. Peça a essa pessoa que assuma a posição de um repórter e coloque as questões, pois isso transformará o processo em um diálogo e daí será mais fácil para você se recordar de tudo o que aconteceu e foi dito.

Recomendamos seriamente que faça um registro de sua reunião. Pode ser no formato de anotações, de registro escrito de todo o conteúdo ou até mesmo utilizando um gravador. Seja qual for o método escolhido, tente se recordar de todo o conteúdo da reunião para que possa se referir a ele mais tarde.

Por fim, depois que tiver recontado a história de sua reunião, olhe novamente para o gráfico e conte novamente a história, porém, dessa vez, a partir da perspectiva do seu cliente. Não é preciso ser tão detalhista nessa fase, mas tente ver o encontro pela ótica de seu interlocutor e ouvir o que foi dito "pelos ouvidos" dessa pessoa. Como eles caracterizaram o encontro? O tempo deles foi bem investido? A sessão foi informativa? Valiosa? Interessante? Energizante? Por quê? (Por que não?). O que talvez ele tenha percebido sobre você, o que disse ou fez; e também sobre ele mesmo, o que disse e fez? Novamente, tente evitar qualquer julgamento de valores. Permita que seu "cliente" conte sua história do modo mais objetivo possível. Fique atento para as diferenças-chave, se existirem, entre sua versão da reunião e aquela do seu cliente.

Uma vez que tenha terminado esse mapeamento – a construção de gráfico da reunião e a nova narrativa sobre o diálogo ocorrido, tanto do seu ponto de vista quanto do seu cliente – terá uma ideia bem mais clara do que realmente ocorreu durante o encontro. O passo seguinte é extrair lições importantes dessa história. **O que tudo isso significou?**

E então? (ferramenta POWER)

POWER é uma ferramenta sobre a qual poderíamos discutir por horas, mas não se preocupe, pois não o faremos.[3] Trata-se de um dos instrumentos mais úteis dos arsenais do pensamento produtivo e da VP – embora seja algo ao qual seu cliente raramente terá acesso. A POWER é ideal para destilar o significado de tudo o que aconteceu durante a conversa de vendas – e também para identificar o que pode ser aprimorado no processo. A palavra POWER, cujo significado em inglês é **força**, **poder** ou **energia**, é usada neste caso como um acrônimo para *Positives* ("aspectos positivos"); *Objections* ("Objeções"), *What Else* ("O que mais"), *Enhancements* ("aprimoramentos") e *Remedies* ("soluções"). É uma maneira bem estruturada de analisar e compreender qualquer atividade – desde um exercício da OPFOR até uma reunião de vendas.

Na página 216 você encontrará um típico quadro de anotações POWER para uma reunião de vendas.

Uma nota especial sobre o "W" (O que mais?): ele representa um cesto de ideias gerais e é usado para garantir que você não perca nada. Você poderá inserir comentários nesse espaço durante todo o processo POWER. Conforme passar por cada uma das categorias – aspectos positivos, objeções, aprimoramentos e soluções –, é provável que novos "O que mais?" lhe ocorram, então, simplesmente anote-os no cesto de ideias. Então reveja a lista e distribua seu conteúdo de acordo com o local em que de fato eles pertençam. É possível que ao fazê-lo perceba que alguns itens se encaixam melhor em uma categoria diferente.

Ao preencher um quadro POWER é fundamental não se autocensurar. Anote tudo o que vier à mente, a despeito de parecer ou não importante. É muito fácil pensar em um item e logo imaginar: "Ah, isso não é tão crucial." Deixe o julgamento para depois. Escreva tudo, qualquer coisa. Desse modo

---

3- Nossa devoção à ferramenta POWER nos remete a uma história contada pelo treinador de futebol John Madden, no livro de Bryan Burwell, *Madden: A Biography*, da editora Triumph Books (2011) – sem título em português. Em 1962, aos 22 anos, Madden assistiu a uma palestra de Vince Lombardi, sobre o poderoso passe da equipe de beisebol Green Bay Packer. Madden imaginava que Lombardi falaria sobre esse passe por talvez uma hora e, em seguida, se concentrasse em outros tópicos. Porém, Madden estava errado. Lombardi falou durante **oito horas** sobre aquele único assunto, explicando a responsabilidade de cada jogador, do ataque e da defesa, em cada possível alinhamento. É assim que nos sentimos em relação à nossa ferramenta. É como o passe da equipe Green Bay Packer na área de criatividade estruturada.

216   VENDA MAIS, MELHOR E SEMPRE

será menos provável que deixe passar algum item importante que tenha se mostrado impactante durante o encontro.

No final você terá uma lista robusta de pontos positivos, objeções, aprimoramentos e soluções. Já o cesto abrigará apenas poucos itens aleatórios que certamente lhe darão uma nova perspectiva em relação à experiência vivenciada.

POSITIVES = PONTOS POSITIVOS	**E**NHANCEMENTS = APRIMORAMENTOS
O que foi positivo ou útil na maneira como você administrou a reunião? O que fez para direcionar o encontro rumo ao sucesso? Quais foram os pontos fortes? Em quais deles você brilhou?	Como seria possível aprimorar todos os itens positivos listados anteriormente? Como tornar seu desempenho ainda melhor e garantir mais chances de ser bem-sucedido?
OBJECTIONS = OBJEÇÕES	**R**EMEDIES = SOLUÇÕES
O que foi problemático em relação ao modo como administrou a reunião? O que fez para desviar-se do sucesso? Quais foram seus pontos fracos? Em quais deles você tropeçou?	Como você poderia superar as objeções listadas? Como poderia reduzir seus pontos fracos e dar a si mesmo e ao seu processo uma chance melhor de sucesso?
WHAT ELSE? = O QUE MAIS?	
O que mais vem à sua mente ao pensar sobre o modo como administrou a reunião? O que você tem a dizer sobre: seus pontos altos e baixos; seu ritmo, o modo como fez as perguntas; a maneira como as respondeu? O que mais tem a dizer sobre como conectou seus pensamentos? A respeito da maneira como fez perguntas catalisadoras e fez analogias? O que mais tem a dizer sobre o modo como abriu e fechou a reunião? Sobre o bate-papo inicial? O que mais poderia dizer sobre ocorrências inesperadas durante o encontro, tanto os bem-vindos como os indesejáveis, e a maneira como lidou com ambas? O que mais tem a dizer sobre si mesmo, seu processo e suas emoções?	

Na próxima página você verá o quadro POWER criado para uma recente reunião de Matt. (Sim, até mesmo um profissional experiente como Matt pode se beneficiar de um processo bem estruturado de avaliação. Aliás, é por isso que ele é bem-sucedido.)

Uma vez que tiver terminado seu exercício POWER, o próximo passo será concentrar-se nos itens em que desejar se aprimorar antes da próxima reunião. E é aí que você conduz a última parte da avaliação de seu processo, o E Então?

Depeis da ação – Avalie o processo **217**

POSITIVES = PONTOS POSITIVOS	**E**NHANCEMENTS = APRIMORAMENTOS
Dados positivos em relação ao modo como conduzi a reunião • Aprendi bastante a respeito de cliente por meio de bate-papo. Descobri, por exemplo, seu interesse por jogos de estratégia. • A transição para os pontos fundamentais do encontro foi boa; estabeleci credibilidade e ele se mostrou interessado. • Um bate papo de apenas 2 minutos para estabelecer credibilidade. Adoro isso! • Analogia com o xadrez para falar da burocracia na área funcionou com ele. • A lista de ideias no final do encontro despertou grande interesse da parte dele.	Como aprimorar o que foi positivo • Trabalhar mais em cima de conexões compartilhadas • Fazer mais perguntas associando o xadrez ao trabalho de J. • Fiz mais perguntas sobre o interesse de J. na área de teroria de jogos; de que modo ele a utiliza em seu trabalho. • Ser mais agudo ao buscar perguntas diferenciais como a que fiz. Homens voltados para ideias respondem de maneira forte a perguntas desafiadoras. • Vá com calma. Nâo há necessidade de correr!
OBJECTIONS = OBJEÇÕES	**R**EMEDIES = SOLUÇÕES
Dados negativos sobre o modo como conduzi a reunião • Muito rápida? A transição entre o quanto gosto de Chicago e a situação de J. talvez tenha sido demasiadamente brusca. Como eu poderia me mostrar mais autêntico e não parecer artificial? • Assumir uma postura de credibilidade conduzindo a reunião funcionou bem, mas talvez eu tenha forçado um pouco a barra. Como eu poderia demonstrar credibilidade e, ao mesmo tempo, não segurar a bola tanto tempo e manter um tom mais conversasional.	Como superar cada objeção • Ouvir e prestar mais atenção! Xadrez não era o problema, mas a estratégia! Nosso trabalho junto a DV, em que utilizamos teoria de jogos para atacar as questões principais, teria sido mais forte e efetiva. Preste atenção aos intesseres subjascentes, não somente aos que são visíveis. • Desenvolva comentários relacionados ao setor para construir credibilidade. Resuma os norteadores/motivadores (3-5) do setor + sua visão + o que outras empresas estão fazendo para se adequar às tendências, como a necessidade de ampliar o capital e os custos mais elevados da energia.
WHAT ELSE? = O QUE MAIS	
Outras observações sobre a maneira como administrei a reunião • J. é um homem de grandes ideias, e talvez exista nele alguma energia para processo também. Lembrar disso no futuro. • Analogia com jogos funcionou bem. Posso usar isso com outros clientes MAS (ver soluções) • Navegar é um interesse compartilhado. Poderia ter usado isso para fazer uma conexão! Ouça e Preste Atenção!	

E agora? (Parar-Iniciar-Aprimorar)

A prática de **parar - iniciar - aprimorar** é uma maneira de convergir nas ações que você poderá adotar para promover as maiores diferenças de curto prazo no modo como administra sua reunião de vendas. O nome da ferramenta já diz tudo. Apenas faça a si mesmo as seguintes perguntas: O que eu deveria **parar** de fazer? O que deveria **iniciar** ou **começar** a fazer? No que posso me **aprimorar**?

Se você realizou um trabalho completo com a ferramenta POWER, é provável que tenha uma longa lista – ou várias delas – de pontos em que poderia fazer mudanças. Mas lembre-se: as mudanças são como uma "besta feroz e teimosa". Se tentar mudar tudo de uma só vez o resultado será catastrófico. Portanto, nossa primeira recomendação é de que olhe para o exercício PO-WER de maneira cuidadosa e crítica, e então decida quais dessas alterações teriam mais probabilidade de sucesso em curto prazo.

Se seguir a abordagem de VP, conduzirá muitos mapeamentos históricos e exercícios de POWER à medida que se mantiver nessa carreira. Os aprimoramentos incrementais que conseguir fazer em cada campo específico se somarão e se mostrarão bastante amplos – e radicais – ao longo do tempo. Lembre-se, tendemos a superestimar o que somos capazes de alcançar no curto prazo e subestimar o que podemos atingir em longo prazo. Portanto, vá devagar.

Vejamos de que maneira Matt converte sua análise POWER em um conjunto de ações exequíveis por meio do ciclo iniciar-parar- aprimorar. Seu objetivo é se concentrar nas coisas que acredita ser capazes de exercer o impacto mais forte.

Com base em suas notas POWER, Matt pergunta a si mesmo: "Com respeito aos diálogos de vendas, o que devo parar de fazer, o que preciso começar a fazer, no que conseguiria me aprimorar (em outras palavras, continuar fazendo, só que melhor)?". Veja na sequência as notas que ele escreveu para si mesmo. (Sim, é isso mesmo, recomendamos que você anote novamente. Esse é um trabalho importante. Você não desejará esquecê-lo, e apreciará contar com um registro de suas decisões que possa ser reavaliado ao longo do tempo.)

Pare – Não tente estabelecer uma conexão pessoal onde não há. Apenas porque sabe jogar xadrez (muito mal) isso não quer dizer que deva criar uma ligação entre você e um mestre do xadrez. Seja realista. Se houver uma conexão genuína, ótimo, caso contrário não tente fabricá-la.

Matt lembra a si mesmo de se manter autêntico. É claro que ele deseja fazer uma conexão, mas é preciso que seja verdadeira. Sempre que soar ou parecer não autêntico em uma reunião, seja tentando estabelecer algo em co-

Depois da ação – Avalie o processo **219**

mum, forjar um interesse ou supervalorizar sua *expertise* no assunto, seu cliente saberá o que está fazendo – antes mesmo que você. Não vale a pena arriscar diante da relação que está tentando estabelecer.

Comece (inicie) – Desenvolva e pratique um roteiro com *insights* setoriais que o ajudem a construir credibilidade diante de clientes mais céticos.

Matt sabe que um de seus diferenciais mais fortes é sua experiência e seu conhecimento no setor em que opera e os *insights* que consegue oferecer aos clientes. Qualquer coisa que ele possa fazer para se fazer valer desse potencial lhe será útil. Um roteiro setorial também lhe proporcionará mais possibilidades em termos de perguntas do tipo: como meus clientes pensam em relação aos impulsionadores desse setor? O que posso aprender com as percepções deles? Será que eles possuem planos estratégicos para usar ou suavizar os efeitos de estimuladores em alteração.

Aprimore – Ouça melhor. **Ouvir bem significa concentrar-se**. Tente não antecipar o que virá em seguida na reunião. Mantenha-se no presente. Monitore essa atitude ao longo do tempo. Além disso, pense a respeito de interesses externos e construa analogias comerciais para eles. Como navegar, por exemplo, uma arte em que se estiver despreparado haverá risco. Isso representará um pequeno problema se estiver flutuando nas tranquilas águas de um lago, mas outro **bem grande** se estiver em alto mar em meio a uma tempestade. Lembre-se: analogias são sempre úteis.

Matt é bom, mas está longe de ser perfeito. Ele sabe que pode se distrair, preocupando-se com o que poderá vir pela frente em vez de manter-se concentrado naquilo que está acontecendo. Ouvir melhor é algo que parece simples, mas não é. Aliás, trata-se de uma habilidade essencial para a interação entre seres humanos. Como uma pessoa que gosta de lidar com gente, Matt sabe bem disso. Ele também está ciente de que é capaz de melhorar. Neste sentido, decidiu trabalhar em suas habilidades de escutar e ouvir. Ele sabe que isso fará diferença, não apenas no que se refere ao seu talento para vendas, mas também para se revelar ainda mais útil no longo prazo.

Reunindo todos os elementos

Os três passos no processo de investigação não são complicados. As perguntas "O quê?," "E então?" e "E agora?" são diretas.

Os três instrumentos para ajudá-lo a colocar essas perguntas também são objetivos. O mapeamento histórico o ajudará a se lembrar do que realmente

VENDA MAIS, MELHOR E SEMPRE

aconteceu, tanto pela sua perspectiva quanto a partir da ótica do seu cliente. A ferramenta POWER ajuda a compreender o significado do que ocorreu. Já o ciclo **pare-comece-aprimore** oferece a você uma maneira de se concentrar nas coisas que poderão ser melhoradas em sua próxima reunião.

Embora não seja complexa, essa investigação leva tempo. É provável que você já tenha investido pelo menos várias horas se preparando para uma reunião de negócios. Não faz pleno sentido investir algum tempo adicional para colher o resultado total do encontro? Fazendeiros passam muito tempo cultivando a terra e plantando sementes. A maior parte desse esforço seria em vão se eles não investissem tempo colhendo o que plantaram.

Investigando as histórias de outras pessoas

O mundo das vendas está repleto de histórias, que, supostamente, levam conhecimento de um vendedor para outro. Infelizmente, a maior parte dessa tão aclamada sabedoria não passa de papo furado. Sem habilidades investigativas eficientes é fácil extrair as lições erradas de qualquer história. Porém, a boa notícia é que uma vez que você aprender a investigar e a absorver o aprendizado de suas próprias narrativas, será capaz de aplicar a mesma disciplina às histórias de outras pessoas – e colher lições verdadeiramente úteis dessas experiências.

Veja a seguir um exemplo bem simples.

O vendedor Bob identificou uma oportunidade que considerou perfeita para um de seus clientes potenciais. Bob estava vendendo espaço publicitário para um documentário de TV sobre sustentabilidade. O tema do *show* se adequava perfeitamente à missão de seu cliente potencial e Bob poderia lhe oferecer o espaço com um desconto.

Ele ligou e deixou uma mensagem, mas esta não foi retornada. Nas 48 h seguintes Bob ligou outras 35 vezes, deixando outras 15 mensagens que também não foram respondidas. Então ele finalmente conseguiu falar com seu cliente potencial. A pessoa estava tão irritada com a atitude dele que lhe disse para nunca mais voltar a incomodá-la.

Porém, Bob ligou novamente no dia seguinte e lhe pediu um minuto de seu tempo. Ele apresentou a ideia e o preço. Ela gostou da ideia e concordou em comprar o espaço na hora.

Bob arquivou essa história sob o título de **"perseverança"**. Ao longo dos anos ele a contou centenas de vezes. A tenacidade desse profissional resultou em uma

Depois da ação – Avalie o processo **221**

venda. Mas será que essa é de fato a lição a ser aprendida aqui? Investiguemos a história usando uma breve versão do "**O quê?**", "**E então?**" e "**E agora?**".

"**O quê?**" – Bob ligou 36 vezes, deixando 16 mensagens com seu nome e telefone. Quando finalmente conseguiu falar com quem desejava, a pessoa disse a ele que nunca mais voltasse a ligar. A despeito da resposta, ele ligou novamente, fez sua oferta, a cliente ficou impressionada e disse sim.

"**E então?**" – Usando uma mini versão da ferramenta POWER podemos observar os pontos positivos e as objeções.

Pontos positivos – estar disposto a ligar de novo depois de ser avisado para não fazê-lo; apresentar sua oferta e seu preço em um minuto.

Objeções – Ligar 36 vezes e deixar 16 mensagens.

"**E agora?**" – Se 16 mensagens não resultaram em retorno por parte do cliente, e um roteiro de apenas um minuto levou a uma venda, qual teria sido a melhor estratégia? Depois de várias mensagens não respondidas, Bob poderia ter deixado uma mensagem curta, intrigante e sólida na secretária eletrônica, que desse à cliente um motivo para retornar. Algo como: "Oportunidade de publicidade em evento sobre mudanças climáticas. Pelo que sei, sua missão está associada a questões climáticas." Bob também poderia ter mencionado a questão do desconto na mensagem.

Visto pelas lentes de um processo investigativo disciplinado, o que realmente se pode aprender com essa história não é o valor da persistência, mas a importância de se ter uma estratégia para deixar mensagens curtas, significativas e persuasivas.

Sempre que você escutar alguma história surpreendente sobre vendas, não a considere por ser valor aparente. Um processo de análise disciplinado talvez lhe ofereça uma mina de ouro na forma de *insights*.

Recomendamos fortemente a aplicação da disciplina "O quê?", "E então?" e "E agora?". Trata-se de um método comprovado no sentido de reunir a força do **ciclo de aprendizado prático**, e capaz de ajudá-lo a se tornar um vendedor mais produtivo a cada vez que utilizá-lo.

CAPÍTULO 21

Explore a reunião – Avalie o conteúdo

"Conhecimento diz respeito a aprender novos fatos. Sabedoria se refere a reconhecer como utilizá-los de maneira produtiva."

– Matt

O propósito da sua reunião de vendas foi dar a si mesmo a oportunidade de aprender quem é seu cliente como indivíduo, quais são os objetivos dele, quais são os obstáculos que ele enfrenta e de que modo você seria capaz de oferecer valor a essa pessoa, de maneira contínua. Seu diálogo de vendas forneceu a você toda a informação de que precisava para alcançar esses objetivos, entretanto, para colocar todos esses dados em ordem e ser capaz de agir sobre eles, será preciso conduzir uma investigação deliberada de todo o conteúdo. Esquadrinhar tudo o que aprendeu e filtrar as informações utilizando suas próprias capacidades e aquelas de sua empresa, de modo que consiga estruturar, de maneira clara, o que poderá oferecer ao cliente e quais deverão ser seus próximos passos.

A averiguação do conteúdo é a parte CTP (cognição, terceirização e permuta) de sua reunião, só que dessa vez realizada com tempo, com a possibilidade de incubação de ideias e a participação de outras mentes. Em sua investigação de conteúdo você desejará:

- Manter sua equipe envolvida e entusiasmada.
- Gerar uma longa lista de oportunidades para voltar a contatar seu cliente.
- Construir um plano de ação que entregue aquilo que prometeu durante a reunião, assim como novas ideias que possam ter surgido posteriormente.

224 **VENDA MAIS, MELHOR E SEMPRE**

Nas páginas seguintes mostraremos como você e seus colegas poderão trabalhar em cima das Q-Notes, acessar sua criatividade e projetar dezenas de maneiras de entregar valor, construir relacionamentos e catalisar negócios. Não se trata de uma ciência complexa. Na verdade é bastante simples. O problema é que a maioria dos vendedores não o faz. Isso é péssimo, pois seguir nosso processo de três passos poderá fazer uma grande diferença entre uma experiência de venda moderadamente positiva e outra bastante bem-sucedida – tanto para você quanto para o seu cliente.

1º Passo – Prepare-se para uma reunião de investigação de conteúdo

Se você seguiu nossos conselhos até aqui, parte disso já terá sido feito. Assim que possível depois da reunião, você investiu algum tempo reescrevendo suas anotações e acrescentando quaisquer ideias adicionais que tenham lhe ocorrido. Você também já recontou a história de sua reunião como parte da revisão do processo. Como resultado disso, agora sabe exatamente o que aconteceu. Na verdade, nesse momento você é um *expert* em tudo que ocorreu naquele encontro –sabe mais sobre ele que qualquer outra pessoa, inclusive seu cliente, simplesmente pelo fato de ter revisado e analisado o conteúdo várias vezes.

Agora use algum tempo para revisar e editar suas Q-Notes uma última vez com o intuito de preparar uma cópia limpa para que sua equipe possa acompanhá-lo enquanto compartilha com todos e pede a ajuda deles na geração de ideias que lhe permitam seguir adiante.

Em seguida, planeje uma reunião investigatória, tratando-a do mesmo modo como faria no caso de qualquer outro encontro comercial importante.

- Dedique o tempo adequado tanto para a apresentação daquilo que aprendeu quanto para o debate. Recomendamos 45 min no mínimo, dos quais pelo menos a metade deveria ser investida na discussão dos tópicos.
- Reserve uma sala onde haja espaço suficiente e condições adequadas para o uso de folhas de *flipchart* e *post-its* que possam ser fixados nas pareces ou nos murais.
- Convide pessoas que possam fazer parte (ou se tornar parte) do sucesso que você irá obter junto a esse cliente específico. Há vários possíveis candidatos – seu analista ou um membro de sua equipe de apoio, seu gerente

de produtos, as pessoas que serão responsáveis por prestar o serviço ao cliente, outros de sua equipe de vendas que também possam se beneficiar daquilo que aprendeu – como vendedores iniciantes que possam oferecer novos *insights* –, indivíduos dos departamentos de *marketing* e comunicações e/ou o seu chefe.

- Envie a esse grupo de pessoas um convite com o horário de início e término da reunião, local e objetivo. Diga a eles que irá compartilhar o que aprendeu e solicitará as ideias e/ou os *insights* deles para seguir adiante da melhor maneira possível e capitalizar em cima da oportunidade que você descobriu.[1]

2º Passo – Faça uma reunião em que haja um *salestorm*, ou seja, uma tempestade cerebral (*brainstorm*) na área de vendas.

Chamamos as reuniões de investigação de conteúdo de *salestorms* – pois é exatamente isso que elas representam. O objetivo é contar com a experiência e a inteligência de seus colegas para gerar meios de capitalizar em cima de todo o esforço que você fez até o momento.

Indivíduos que conduzem *salestorms* regularmente consideram que essas sessões podem se tornar bem populares em suas empresas. Sua equipe certamente apreciará um resumo de sua reunião. Isso os manterá no circuito e expandirá sua consciência em relação ao setor em que trabalham. Equipes de inovação podem se mostrar particularmente interessadas em *salestorms*, como uma maneira de conseguir "entrar na mente" de potenciais usuários. Essas sessões também são perfeitas para injetar energia no ambiente de trabalho, porque bons *salestorms* são mais que um simples compartilhamento de dados – eles são oportunidades para que as pessoas ofereçam sua colaboração.

Veja como conduzir um *salestorm* efetivo e eficiente.

Certifique-se de que haja espaço suficiente nas paredes ou nos murais para que as pessoas possam compartilhar seus pensamentos, usando *post-its*, por

---

1- Seja bastante claro sobre o fato de que a reunião não será apenas para você fornecer informações. Diga que precisa das ideias e opiniões dos convidados. Você terá uma melhor participação se as pessoas souberem que suas contribuições serão solicitadas e valorizadas.

226   VENDA MAIS, MELHOR E SEMPRE

exemplo. Também ajuda se o local for amplo para que as pessoas possam se levantar e caminhar livremente. Uma sala pequena em geral leva a pensamentos limitados. Forneça à sua equipe bloquinhos de *post-it* e canetas piloto para que tudo que as pessoas escrevam possa ser lido pelos outros à distância. Então apresente a reunião:

"Obrigado pela presença de todos. Espero que como resultado dessa reunião consigamos reunir sugestões e métodos úteis de engajarmos esse novo cliente com o qual estou desenvolvendo um relacionamento. Farei uma breve recapitulação da reunião que tive com Jim Worrall, da Hadrian. Jim é responsável pelas operações da empresa na região sudoeste dos EUA. E acho que temos grande potencial para tê-los como clientes. O que preciso de vocês é ajuda para pensarmos em como estabelecer pontos de contato com Jim e a equipe dele, e assim seguirmos em frente. Tentarei ser o mais rápido possível, mas gostaria de fornecer-lhes detalhes importantes e suficiente para estimular ideias. Conforme transmito a vocês o que descobri, gostaria que usassem os *post-its* para anotar qualquer coisa que possa ter me passado despercebida e que poderia ser útil. Não se preocupem se a ideia será boa ou ruim, relevante ou irrelevante. O que quer que apresentem será valorizado. Apenas escrevam uma ideia ou pergunta, uma observação ou um *insight* em cada *post-it*. Coloquem por escrito qualquer coisa que lhes ocorra – uma ideia em cada *post-it*."

Então use suas anotações para recapitular o que foi dito na reunião, verifique suas Q-Notes, quadrante por quadrante. Pode ser útil desenhar um quadro de Q-notes em grande escala no quadro ou *flipchart*. Isso dará aos participantes uma estrutura onde poderão fixar suas contribuições. Conforme revisar os conteúdos de cada quadrante, peça a sua equipe que ofereça ideias, como será indicado na sequência.

Solicite que seus colegas anotem tudo o que vier à mente que se encaixe em um dos quadrantes; diga a eles que os leiam em voz alta antes de fixarem os *post-its* no quadro ou *flipchart*. Capturar ideias usando *post-its* facilita a mobilidade das sugestões apresentadas dentro dos quadrantes, criando conjuntos que estejam conectados. O procedimento é simples:

- Faça sua anotação (de maneira legível).
- Diga o que escreveu em voz alta (para estimular ideias de outras pessoas).
- Fixe o *post-it* (de modo que fique visível).

Perguntas a fazer	Ideias a comunicar
Pergunte a sua equipe se existem outras áreas ou ângulos sobre os quais você deveria demonstrar curiosidade. Quais são as perguntas não respondidas? Liste quaisquer novas perguntas ou áreas que venham à mente.	Pergunte a sua equipe se existem outras ideias CTP que poderiam agregar valor ao seu cliente. Liste informações adicionais que possam ser úteis para o cliente.
Informação-chave (pessoal/negócio) Peça à sua equipe que anote nos *post-its* quaisquer informações adicionais que eles considerem úteis. Convide os participantes a listar perguntas que consideram que você deveria ter feito ou ainda poderá fazer ao cliente.	**Razões para fazer um acompanhamento** Peça à sua equipe que gere ideias adicionais para que seja possível fazer um acompanhamento junto ao cliente, seja de ordem pessoal ou comercial. Lembre a todos que um ponto pessoal em comum poderá fazer mais pela construção de uma relação que dez pontos de caráter comercial.

Não há necessidade de as pessoas explicarem ou defenderem o que anotam, nem de se certificarem de que o *post-it* esteja no quadrante correto. O que importa é reunir as ideias de maneira rápida de modo que elas fiquem visíveis e disponíveis para que outros membros da equipe possam aprimorá-las ou debatê-las.

Uma vez que todas as sugestões estejam fixadas, percorra todos os quadrantes com sua equipe, focando em ideias novas que o conectem ao seu cliente e convidando as pessoas a discutirem o que foi oferecido. Em teoria, todos os itens nos quadrantes 1 e 2 poderiam se transformar em atividades de *follow-up*. Seu objetivo é criar uma longa lista de possíveis pontos de contato entre você e o cliente. Certifique-se de dizer à sua equipe que não está em busca apenas de pontos de ligação de ordem comercial que gerem retornos imediatos. Lembre a todos que pontos pessoais e oportunidades para terceirização – embora não gerem negócios diretos – são extremamente importantes para demonstrar utilidade ao cliente e construir um relacionamento com ele.

3º Passo – Projete seu plano

Depois de reunir informações por meio de seu *salestorm*, o último passo será projetar um plano de ação para acompanhar seu cliente. Esse plano consistirá de três itens:

Em **primeiro lugar** e acima de tudo estão as promessas (incluindo datas de entrega, se for o caso) que você tenha feito ao cliente durante a reunião de vendas. Cumprir o que foi combinado, **na data em que disse que o faria**, é crucial para fortalecer sua credibilidade. Se você disse a ele que ira enviar uma análise de mercado, mas tudo o que o cliente recebeu foram ingressos para o balé, é possível que ele até fique feliz com o presente, mas não ficará impressionado com seu nível de confiabilidade.

Em **segundo**, faça uma pequena lista dos pontos de contato mais valiosos, tanto comerciais como pessoais, gerados por você e sua equipe.

Em **terceiro**, cria um cronograma detalhado de pontos de contato e atividades de *follow-up*, incluindo quem fará o que e quando. Quais serão as tarefas do seu analista? E o que caberá ao seu chefe? Certifique-se de inserir suas promessas e também quaisquer ideias que tenham prazo e/ou data específicos para serem colocadas em prática, o quanto antes. Crie uma agenda para ficar atento a cada ponto de contato, com datas, responsabilidades e oportunidades para adotar correções de curso e/ou outras interferências.

CAPÍTULO 22

O começo –
Ocupe espaço na mente do seu cliente

"A razão pela qual o sucesso não cairá no seu colo
é porque não é possível alcançá-lo permanecendo sentado."

– Virgil

No melhor dos cenários, o final de todo o seu trabalho e esforço – desde o preparo de seus roteiros, a pesquisa cuidadosa a respeito de seu cliente em potencial, o agendamento da reunião, a condução de segundo *round* de pesquisas para estabelecer credibilidade, a exploração das necessidades do cliente, a demonstração de sua utilidade para ele, e todo o processo investigativo envolvendo seus processos e conteúdos – não será apenas o fechamento de uma venda, mas o início de uma relação com o cliente. É justamente por essa razão que intitulamos esse último capítulo de **"O começo."**

Todos já sabem no que acreditamos: a profissão de vendas tem em seu âmago o objetivo de auxiliar pessoas, portanto, os vendedores mais bem-sucedidos são aqueles que se esforçam para compreender as necessidades de seus clientes e que estão sempre em busca de maneiras de oferecer valor a esses indivíduos. Porém, isso não significa ser simplesmente altruísta, mostrar-se um **"cara legal"** ou gostar de passar seu tempo com pessoas. Em sua essência nossa abordagem é extremamente pragmática. Qualquer um no setor comercial sabe que é quase sempre mais barato atender velhos clientes que tentar fazer novos contatos. Converter um negócio já existente em algo novo consome menos tempo, esforço e dinheiro que tentar começar uma

230   VENDA MAIS, MELHOR E SEMPRE

nova venda do zero. A partir de um ponto de vista comercial faz bem mais sentido encontrar meios de **"ocupar mais espaço na mente"** do seu cliente (o chamado *headspace*).

A mente do seu cliente

Você já reparou que para algumas pessoas o reconhecimento e o sucesso parecem simplesmente cair do céu? O nome desse tipo de profissional surge do nada sempre que pensamos a respeito de certos problemas e determinadas questões. De fato, ele costuma até receber ligações inesperadas de completos estranhos, apenas por que foi recomendado por um conhecido em comum. Na verdade, esse indivíduo é bem-sucedido porque seu nome reside na cabeça das pessoas – ele se tornou um mestre na arte de ocupar espaço na mente dos outros.[1] E, como tudo o que já foi explorado neste livro, as habilidades necessárias para alcançar esse "milagre" são bem mais fáceis de adquirir do que se poderia imaginar.

A chave está em se engajar com seus clientes com frequência suficiente para que eles se lembrem de você de vez em quando. Se, por exemplo, você descobriu e soube explorar um interesse ou uma comunidade comum entre as partes, é possível que seu nome seja lembrado quando seus clientes lerem suas revistas esportivas favoritas, quando assistirem a um jogo de seu time ou ao decidirem em que escola matricularão seus filhos. Pelo fato de você ter enviado a eles há alguns meses um artigo útil sobre liderança, talvez eles pensem a seu respeito da próxima vez que estiverem diante de um problema com um funcionário. Por ter se lembrado de que eles tinham curiosidade a respeito das regras do *rugby*, e enviado um *e-mail* sobre um programa de TV sobre o assunto, é possível que pensem em você como uma boa fonte de informações. Se você apenas se lembrou do aniversário do cliente ou de sua empresa (o que, aliás, não exige mais do que anotar as datas em sua agenda), já não é mais um estranho para o cliente – mesmo que um ano tenha se passado desde o seu último contato.

Ocupar espaço na mente das pessoas não é algo complicado. Na verdade, trata-se apenas de uma expressão de consideração. Quando faz algo para conquistar uma pequena área no cérebro de outras pessoas, a mensagem que está enviando é de que elas também ocupam um espaço em sua cabeça.

---

1 - Agradeço a Allan Edelson pelo conceito de *headspace* (espaço na mente).

O começo – Ocupe espaço na mente do seu cliente **231**

Os dividendos podem ser enormes. Você não somente poderá ganhar um amigo no processo, mas o fato de ocupar uma área na mente dessa pessoa significa que haverá uma boa chance de que ela ligue para você quando precisar de informações, conselhos ou de um produto ou serviço que forneça.

A maneira mais fácil de começar a ocupar espaço na mente das pessoas é criando pontos de contato. Já discutimos no último capítulo a criação de um plano de ação neste sentido, mas o conceito merece ser repetido aqui, pois, de maneira surpreendente, um ponto de contato poderá ajudá-lo a desenvolver um relacionamento de longo prazo com seu cliente **mesmo que sua reunião não tenha corrido tão bem quanto o esperado**.

Lembra-se da reunião entre Steve e Ian no Capítulo 5? Steve nunca ultrapassou a barreira de credibilidade com seu contato, tampouco respondeu à pergunta-chave proposta por seu interlocutor – e, ainda por cima, falou demais. Com certeza, aquela não foi uma reunião sobre a qual ele possa se gabar. Porém, pelo fato de ambos terem mantido uma relação comercial no passado, Ian deixou a porta – ou pelo menos uma fresta – aberta para futuros contatos. Steve, por sua vez, que desejava demonstrar sua qualificação para atender ao antigo colega, decidiu que precisava se manter no radar de Ian, se fosse possível. Para fazê-lo ele desenvolveu um plano de ação para pontos de contato. Veja a seguir como ficou esse plano:

- **Hoje** – enviar um *e-mail* de agradecimento a Ian e mostrar-se curioso. Digamos: "Em nossa reunião você mencionou algumas vezes a questão do tamanho da empresa e, honestamente, eu estava tão entusiasmado em contar-lhe sobre nós que não me dei conta do quanto isso era importante para você. Estou curioso para saber quais são suas reais preocupações nesse sentido."
- **Na próxima semana** – Pedir ao meu analista de mercado que descubra quem são os fornecedores dos componentes usados na empresa de Ian. Avaliar se existe alguma conexão possível nessa área e ir em frente se considerar apropriado.
- **A partir de 1º de março** – Verificar mensalmente quando Ian planeja viajar até a Califórnia para convidá-lo a visitar nossa linha de produção. Verificar se o meu primo conseguiria nos levar para um jogo de golfe no Olympic Golf Club, em São Francisco.
- **Meados de março** – Considerando que Ian mencionou expansão, talvez ele esteja interessado em um sócio-capitalista. Sugerir colocá-lo em contato com Caroline Swallow.

232 **VENDA MAIS,** MELHOR E SEMPRE

- **Maio** – Enviar-lhe uma caixa de bolas de golfe assim que a temporada começar.
- **Meados de junho** – Convidá-lo para um circuito de golfe no clube freqüentado pelo Brad (com a presença do colega). O encontro entre os dois só trará benefícios.
- **Agosto** – Enviar um *e-mail* depois do primeiro dia do torneio profissional. Perguntar se estaria interessado em participar de nosso grupo de apostas para o torneio.
- **Setembro** – Perguntar a Ian se ele apreciaria uma nova reunião, dessa vez com a presença de Brad e talvez incluindo uma visita à linha de montagem de sua empresa.

Se Steve der continuidade a cada uma dessas ideias, duas coisas irão acontecer: ele se manterá presente na cabeça de Ian e aprenderá mais sobre ele. Quanto mais ele conseguir ocupar esse espaço, e quanto mais descobrir sobre o ex-colega, mais fácil será encontrar mais pontos de contato, tanto de caráter comercial quanto pessoal. Esse é um círculo virtuoso.

Seu plano de pontos de contato será algo exclusivo entre você e seu cliente. Alguns planos serão mais focados nos negócios, outros em conexões pessoais. Mas cada um deles surgirá a partir de um desejo genuíno de desenvolver uma relação produtiva para ambos.

Ao desenvolver uma atitude de VP e praticar as habilidades apresentadas neste livro, você poderá se tornar o tipo de pessoa sobre a qual os outros pensam – e recomendam. Com o tempo, você será capaz de conquistar um lugar nas mentes de tantas pessoas que seu telefone tocará sem parar. Esse é o resultado ideal, em especial para aqueles entre nós que são vendedores casuais (e, às vezes relutantes).

Eis aqui algo sobre o qual temos certeza: quando melhor você se tornar na VP, menos tempo gastará vendendo e mais tempo devotará a fazer o que naturalmente todos gostamos de fazer – ajudar pessoas a resolver problemas e aproveitar boas oportunidades.

Desejamos a você todo o sucesso!

Agradecimentos

Os livros são escritos por pessoas (ou, às vezes, como no nosso caso, em duplas). Porém, raramente eles são o produto de uma única mente (ou mesmo de duas). Na verdade, seriam necessários vários volumes para que pudéssemos reconhecer o apoio de todos aqueles que nos influenciaram no processo de escrita de *Venda Mais, Melhor e Sempre*, porém, infelizmente não dispomos desse espaço. Todavia, mesmo que não possamos agradecer de maneira individual, temos certeza de que todos saberão a quem estamos nos referindo e o quanto somos gratos por sua ajuda.

Há, entretanto, algumas pessoas que merecem uma menção especial, uma vez que sem elas este livro jamais teria sido escrito.

Em primeiro lugar, agradecemos a Sid Parnes, a quem este livro é dedicado. Sid era um homem notável, compassivo e dotado de grande sabedoria. Sendo um dos fundadores do Creative Education Foundation, ele nos ensinou a pensar de modo mais produtivo e mais criativo. Sid foi um dos grandes vendedores "de ocasião" de todo o mundo. Ele convenceu milhares de pessoas de que qualquer indivíduo, independentemente de seu ponto de partida, é capaz de aprender a pensar melhor.

Também estamos em dívida com os ensinamentos e exemplos que nos foram transmitidos por vendedores profissionais. Agradecemos a Tom Stoyan, cuja filosofia de "venda com integridade" está profundamente arraigada no livro *Venda Mais, Melhor e Sempre*, e, do mesmo modo, a Jacques Atz, um gerente de vendas de enciclopédias, cuja estratégia agressiva de "vender a qualquer preço" não está. Há vários clientes e amigos cujas marcas em nosso trabalho são indeléveis. Gostaríamos de agradecer a David Olney, Kevin Mignogna e Ken Wall, afinal, o que aprendemos com suas ações e ideias certamente transformou o livro *Venda Mais, Melhor e Sempre* em uma obra bem mais útil.

VENDA MAIS, MELHOR E SEMPRE

Somos profundamente gratos ao nosso amigo e colega Gregg Fraley, por sua reflexão, seu bom humor, sua integridade, sua mente criativa e sua atitude de abundância – sem a bondade e generosidade desse homem este livro não existiria.

Nosso reconhecimento estaria incompleto se não agradecêssemos à nossa agente literária, Cathy Hemming, pelo seu incansável trabalho; à nossa editora, Emily Angell, cujos comentários astutos certamente aprimoraram e muito o nosso trabalho; ao nosso editor, Adrian Zackheim, que sempre acreditou que *Venda Mais, Melhor e Sempre* beneficiaria não somente vendedores, mas também compradores.

Por fim, *Venda Mais, Melhor e Sempre* não poderia ter sido escrito sem o apoio e a serenidade de Franca Leeson (parceira de Tim Hurson) e Maggie Dugan (parceira de Tim Dunne), tampouco sem a paciência de nossos filhos, listados a seguir em ordem alfabética: Branwen, Emily, Max, Molly, Peter e Ruby.

Apêndice: Venda produtiva (VP) – Revisão

"Tente deixar de fora as partes que os leitores irão pular."
– Elmore Leonard

As páginas seguintes contêm um ótimo resumo dos capítulos do livro *Venda Mais, Melhor e Sempre*, um esboço do processo de VP e suas principais ferramentas.

O Capítulo 1 introduz o problema do "dilema do forasteiro", ou seja, o fato de que quando pessoas que não se conhecem tentam fazer negócios, elas necessariamente precisam superar a barreira inicial da confiança. O processo de VP oferece não apenas um conjunto de filosofias e habilidades, mas também uma gama de ferramentas projetadas para ajudar o vendedor a superar o "dilema do forasteiro". Ele se baseia em pesquisas cuidadosas que visam identificar e resolver problemas. Seu objetivo é ajudá-lo a aplicar sua criatividade e enfrentar os desafios de estabelecer e manter relacionamentos que sejam úteis para você e seus clientes ao longo do tempo.

O Capítulo 2 apresenta o conceito de **pensamento produtivo**, uma estrutura utilizada por uma ampla gama de empresas e escolas de administração com o objetivo de treinar as pessoas a solucionarem problemas de maneira criativa. Os seis passos do modelo de pensamento produtivo se comparam aos processos usados pelos vendedores mais bem-sucedidos:

- Explore a situação atual de maneira rigorosa, identifique os desconfortos específicos que precisam ser solucionados e estabeleça uma visão para o futuro.
- Defina critérios claros e mensuráveis para o sucesso de modo que seja possível avaliar a potencial eficácia das soluções propostas.

236 VENDA MAIS, MELHOR E SEMPRE

- Articule as perguntas específicas que deverão ser levantadas para que o desconforto desapareça.
- Gere ideias criativas para responder às questões levantadas.
- Refine as respostas mais promissoras e transforme-as em soluções robustas.
- Identifique e reúna os recursos necessários para criar e executar um plano de ação.

Existem cinco princípios subjacentes no pensamento produtivo que se aplicam à inovação e a uma venda eficaz:

- Evite contar com velhos padrões de pensamento que talvez já não sejam úteis.
- Separe os pensamentos críticos (analíticos) dos criativos; em outras palavras, gere uma longa lista de ideias antes de tentar avaliar cada uma delas.
- Vá além da primeira resposta "certa" e tente se esforçar para obter múltiplas respostas "corretas." Agindo assim você terá a oportunidade de escolher as mais promissoras.
- Esteja aberto a conexões inesperadas, ou seja, àqueles *insights* capazes de mudar a maneira como vemos nossos problemas e nossas possibilidades.
- Use um processo investigativo deliberado para aprender com cada experiência e desenvolver níveis mais elevados em termos de habilidades e desempenho.

O Capítulo 3 propõe a ideia de que a abordagem de VP é útil não somente para profissionais de vendas, mas também para muitas pessoas que não pensam em si mesmas como vendedoras, a despeito de praticarem isso todos os dias – sejam como funcionários, proprietários de pequenas empresas, empreendedores ou simplesmente membros da comunidade. Sempre que alguém tentar convencer outra pessoa sobre o valor de uma ideia, o conhecimento da VP poderá torná-lo bem-sucedido.

O Capítulo 4 discute a ética no processo de venda. Ele sugere que o estabelecimento de uma bússola moral é fundamental tanto para a satisfação nos negócios quanto na vida pessoal. A filosofia de VP oferece uma plataforma sobre a qual é possível construir seu próprio processo de vendas, o que lhe permitirá ser fiel a si mesmo, aos seus clientes, aos seus colegas e à sua comunidade. A VP é uma maneira de vender com integridade.

O Capítulo 5 nos apresenta Steve, um vendedor novato que tem o que ele considera uma reunião de vendas "promissora" com um antigo colega. Entretanto,

Apêndice: Venda produtiva (VP) – Revisão **237**

como é possível constatar, a percepção desse colega em relação ao encontro é bem diferente da de Steve, que logo recebe a resposta sucinta por *e-mail*: "Obrigado, mas continuaremos com nossos fornecedores atuais." Perplexo, Steve fala a respeito de sua reunião com dois conhecidos que são profissionais na área de vendas. Cada um deles oferece conselhos diferentes: Matt, um vendedor experiente, recomenda que Steve se concentre no lado "pessoal" das vendas; em contrapartida, Jane, uma antiga colega de faculdade, o aconselha a focar-se no "processo."

O Capítulo **6** apresenta o mentor de Steve, Virgil, que o guia através de uma simples reconstrução do encontro malsucedido e, ao mesmo tempo, se oferece para ensiná-lo um processo de vendas com base em um modelo de inovação chamado pensamento produtivo. Os capítulos restantes do livro dissecam e examinam esse modelo.

O Capítulo **7** descreve uma maneira de projetar, escrever e ensaiar os roteiros que expressam de maneira rápida e clara quem é você, o que você tem a oferecer e como você pode oferecer valor ao seu cliente potencial. Diferentes roteiros podem ser usados ao longo de uma reunião de vendas e em muitas outras situações: ao telefone, em um restaurante ou durante conferências. Os verdadeiramente eficazes ajudam a estabelecer sua credibilidade, não apenas esclarecendo quem você é e o que sabe a respeito do setor, mas também a maneira como se comporta profissionalmente. Os roteiros podem comunicar o seguinte:

- O que é interessante e/ou único a seu respeito.
- Seu histórico profissional.
- Quem faz parte de sua equipe.
- Qual é a sua empresa e a filosofia adotada por ela.
- Qual é a sua filosofia pessoal sobre os negócios.
- Novidades e *insights* a respeito do setor.
- Seus produtos e serviços.
- O que está acontecendo em sua empresa.
- Clientes que você e sua empresa tenham ajudado no passado.
  Roteiros deveriam:
- Ser breves. Escreva roteiros que possam ser cobertos em no máximo sessenta segundos.
- Concentrar-se em um ponto-chave que ilustre algo único ou interessante sobre você ou sua empresa.

238 VENDA MAIS, MELHOR E SEMPRE

- Contar uma história que inclua não apenas fatos importantes, mas pessoas.
- Mostrar-se relevante – alguns roteiros devem ser gerais e atender à maioria dos clientes; outros devem ser personalizados conforme os interesses e as necessidades do cliente.
- Terminar sempre com uma pergunta.

O Capítulo **8** discute o que fazer – e o que não fazer – ao solicitar uma reunião, e propõe um processo de cinco etapas:

- Procure por alguma conexão, seja de caráter comercial ou pessoal, que facilite uma resposta positiva do cliente para um pedido de reunião.
- Escolha e ensaie um ou dois roteiros relevantes e breves que digam algo interessante sobre você e sua empresa.
- Tenha o seu calendário acessível para que você possa identificar rapidamente horários disponíveis para a reunião.
- Tenha um bloco de notas à mão, assim você pode anotar informações importantes.
- Sempre tenha algo útil a dizer antes de fazer a chamada.

O Capítulo **9** apresenta maneiras eficientes e produtivas de pesquisar clientes. Sua pesquisa terá três objetivos:

- Ajudar a estabelecer sua credibilidade e seu profissionalismo. Quanto mais souber sobre o cliente, mais eficiente sua reunião poderá se revelar.
- Criar uma estrutura para a reunião que reúna especificamente as cinco áreas que deseja explorar em sua reunião – sua pauta de exploração. Isso lhe dará uma alternativa caso alguns dos tópicos não ofereçam resultados.
- Começar a desenvolver e validar ideias que entreguem valor ao cliente.

Este capítulo descreve onde e como encontrar informações sobre os produtos ou serviços principais do seu cliente potencial; seus mercados, concorrentes e suas alianças estratégicas; onde eles operam; onde fabricam; quão lucrativos são os negócios; quantos funcionários existem na empresa; seu valor de mercado; sua relação com seu setor de mercado e com seus concorrentes; que histórico tem a empresa com você e sua companhia, se houver, é claro.

Por fim, esse capítulo apresenta uma poderosa ferramenta de pesquisa que economiza, chamada "**O que sei?**" e "**O que imagino?**", que poderá ajudá-lo

Apêndice: Venda produtiva (VP) – Revisão **239**

a compreender a situação do seu cliente e revelar inúmeras áreas relevantes para se explorar, tanto antes como durante a reunião.

"O que sei?"
Liste todas as coisas que você já sabe sobre o seu cliente em potencial.

"O que imagino?"
Liste coisas que você não sabe sobre o cliente, mas que poderiam ser úteis se soubesse.

O Capítulo **10** descreve como estabelecer critérios de sucesso para o seu encontro (e para o seu relacionamento com o cliente). A ferramenta simples e ao mesmo tempo poderosa para definir o critério de sucesso critérios, denominada DRIVE (sigla em inglês), pede-lhe para definir:

D – Desejo, no que diz respeito aos resultados para a reunião e o relacionamento com o cliente.
R – Risco (o que precisa ser evitado na reunião e na relação.
I – Investimento (tempo, dinheiro e outros recursos que você estaria disposto a investir em seus esforços de vendas).
V – Valores (e visões) que nortearão sua relação.
E – Essencial (resultados observáveis na reunião e nos relacionamentos que indicarão se o encontro foi ou não bem-sucedido).

O Capítulo **11** apresenta o modelo Q-Notes, uma maneira de usar as anotações obtidas em sua reunião para:

- Estabelecer uma pauta de exploração e áreas de questionamento para *follow-up*.
- Capturar e organizar as ideias que pretende oferecer no final da reunião.
- Registrar suas observações sobre os interesses, os problemas e as necessidades do cliente.
- Criar uma lista de *follow-up* com oportunidades de pontos de contato com o seu cliente.

As Q-Notes também servirão de base para sua investigação de conteúdo, momento em que você pedirá ideias a seus colegas sobre como seguir adiante com esse cliente.

	Descoberta	Entrega
Durante a reunião	**Q1 – Quadrante de pauta** • Questões planejadas: cinco áreas identificadas em sua pesquisa, em geral perguntas para obter informações que começam com Quem, O que, Onde, Quando, Por que ou Como, ou simplesmente "Conte-me mais a respeito de..." • Perguntas de descoberta: novas áreas para exploração que poderão ser retomadas posteriormente.	**Q2 – Quadrante de valor** • Ideias/sugestões planejadas para ajudar o cliente, geradas antes da reunião. • Ideias/sugestões descobertas, geradas durante a reunião enquanto você escuta as respostas do cliente – de que modo seu produto/serviço poderá ajudá-lo, pessoas que deveriam conhecer, recursos aos quais poderá ajudá-los a ter acesso.
Depois da reunião	**Q3 – Informações-chave** • Informações que talvez você não queira explorar durante a reunião, mas que poderão ser úteis mais tarde. • Informações pessoais que poderão garantir a oportunidade para futuros pontos de contato – talvez algo que tenha percebido durante o bate-papo inicial, antes da reunião.	**Q4 – *Checklist* de *follow-up*** Praticamente qualquer ideia no Q2 ou Q3 poderá oferecer uma chance de *follow-up*, como: • Um cliente que falará em uma conferência daqui a duas semanas. • A equipe junior do cliente terá um jogo do campeonato nos próximos dias. • O cliente está curioso em relação a novas regulamentações anunciadas pelo governo.

O Capítulo 12 propõe a ideia de que uma conversa de vendas é composta de três atos:

- 1º Ato (que poderá tomar os primeiros 20% ou 25% da reunião) – onde você ganha credibilidade para conseguir fazer perguntas de sondagem ao cliente.
- 2º Ato (o que pode levar cerca de 50% da reunião) – onde você explora as necessidades do seu cliente, fazendo uma série de perguntas cuidadosamente elaboradas que irão ajudar você a compreender melhor tanto os problemas como os desafios que precisam ser superados.
- 3º Ato (que pode tomar os demais 20% a 30% da reunião) – onde você demonstra sua utilidade ao oferecer ideias, recursos, produtos ou serviços, bem como uma base sólida para um relacionamento contínuo.

Apêndice: Venda produtiva (VP) – Revisão

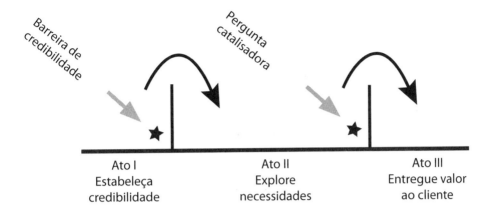

O Capítulo 13 descreve como reconhecer e comunicar de modo eficaz os **seis tipos** de pessoas que você provavelmente irá encontrar em reuniões de vendas:

- **Indivíduos energizados pelo contexto** desejam compreender completamente a situação antes de se jogar de cabeça em uma aventura. Eles não se sentem confortáveis em seguir adiante rápido demais.
- **Indivíduos energizados por resultados** se concentram nos fatos, nos números e na lógica que sustentam seus objetivos. Essas pessoas valorizam a comunicação direta e eficiente.
- **Indivíduos energizados por ideias** se interessam por pensamentos abstratos e adoram propor várias novas ideias e possíveis soluções para os problemas.
- **Indivíduos energizados pelo processo** têm o pensamento voltado para os sistemas. Elas desejam compreender como as coisas funcionam – e saber que as soluções propostas irão funcionar.
- **Indivíduos energizados pela ação** são aqueles que gostam de colocar a mão na massa. Eles são persistentes, decididos e assertivos, e querem ver as coisas acontecerem.
- **Indivíduos energizados por outras pessoas** veem o mundo por uma ótica social. Ao avaliar questões, sua primeira preocupação é como as pessoas serão afetadas.

O Capítulo 14 mostra como aproveitar o tempo que você espera na recepção do cliente potencial, aquele que você leva para ir da sala de espera até o local da reunião e os primeiros momentos do encontro. Muitas vezes a área da

242 VENDA MAIS, MELHOR E SEMPRE

recepção está repleta de pistas sobre a empresa que você está visitando. Ao se tornar um "Jedi" da sala de espera – exercitando sua curiosidade, apresentando-se para a recepcionista, iniciando uma interação com as pessoas que você encontra no toalete ou na copa –, você consegue coletar dados que poderão aumentar suas chances de realizar uma reunião produtiva. Durante o trajeto até o escritório de seu cliente potencial você poderá aproveitar o bate-papo natural que sempre ocorre antes de qualquer reunião e descobrir pontos em comum em suas áreas de interesse, pessoas ou lugares que possam representar conexões, ou, se tiver sorte, a possibilidade de que ambos compartilhem de uma mesma comunidade. Sejam quais forem os pontos em comum descobertos, saiba que isso irá contribuir para um diálogo mais produtivo. Para descobrir pontos em comum desenvolva os seguintes hábitos:

- Divulgar informações sobre si mesmo e perguntar sobre seus clientes.
- Iniciar o diálogo imediatamente, assim que disser: "Olá."
- Sintonizar-se com as pistas no ambiente do seu cliente.

O Capítulo 15 descreve o primeiro ato do diálogo de vendas – o momento em que você ganha a credibilidade para fazer as perguntas de sondagem que serão o âmago do ato seguinte. Existem muitos caminhos para cruzar a barreira da credibilidade. O caminho que você escolher irá variar de acordo com: 1º) o grau de formalidade da reunião; 2º) as preferências do seu cliente no que diz respeito ao modo como ele pensa; 3º) o *status* social, tanto seu quanto do cliente; e 4º) seu nível de experiência em vendas. Há oito abordagens comprovadas para ganhar credibilidade junto ao cliente. Elas podem ser usadas de maneira independente ou em conjunto, dependendo das circunstâncias de sua reunião:

- Referências sólidas de fontes confiáveis.
- Conexões pessoais.
- Conexões comerciais.
- Roteiros que demonstrem experiência e profissionalismo.
- Controle do processo da reunião, revelando competência e confiança.
- Comentários convincentes sobre o setor que demonstrem sua visão.
- Sua reputação dentro do setor ou da comunidade em geral
- Perguntas relevantes que pressuponha sua credibilidade

Apêndice: Venda produtiva (VP) – Revisão **243**

Assim que você cruzar o limiar de credibilidade, siga imediatamente para o próximo ato da reunião, explorando a situação, os desafios e as necessidades do seu cliente.

O Capítulo **16** descreve o segundo ato do diálogo de vendas, onde o foco é fazer perguntas de sondagem que o ajudem a determinar a situação, os desafios e as necessidades enfrentados pelo cliente. Sua pauta de exploração para o segundo ato se baseia em cinco áreas de investigação previamente determinadas em sua pesquisa e registradas em suas Q-Notes. No segundo ato, lembre-se de permanecer no foco; em outras palavras, resista à tentação de oferecer suas ideias ao cliente em potencial. Será bem mais produtivo perguntar, estudar, pensar, incubar suas ideias e registrá-las em suas Q-Notes. Seu objetivo é aprender o suficiente para permitir-lhe fazer uma ou mais perguntas catalisadoras no final do segundo ato. Isso o remeterá ao terceiro e último ato. Este capítulo oferece três ferramentas para ajudá-lo em sua exploração: o modelo *High Five*, as perguntas abertas e a VIP.

O modelo *High Five* representa uma série de cinco perguntas exploratórias.

- Qual é a **irritação**? (o quê tem se revelado inoportuno e irritante para a empresa?);
- Qual é o **impacto** (Qual o efeito dessa irritação?);
- Qual é a **informação**? (O que já sabemos sobre a situação e o que precisamos descobrir?);
- Quem está **implicado** (quem está sendo afetado por essa irritação; quem poderia se beneficiar se beneficiar se o problema fosse solucionado?).
- De que modo essa irritação está associada aos **valores** e às **visões** da organização ou de seus funcionários?

Você poderá se lembrar do *High Five* imaginando o formato de uma mão, pensando em cada dedo como uma pergunta que envolve a letra **I** (irritação, impacto informação e implicação) – quatro perguntas que visam destrinchar o desafio, e no **V** formado entre o polegar e o dedo indicador como um lembrete para que sejam explorados os **valores** e as **visões** :

As perguntas abertas são um convite para pensar, especular e discutir. Elas não podem ser respondidas com "sim" ou "não" (tampouco com um número ou dados históricos). Geralmente As perguntas abertas mais úteis tomam a forma de: "Como nós poderíamos...?" ou "De que outra maneira poderíamos...?"

A ferramenta VIP é uma maneira eficiente de revelar a razão pela qual seus clientes necessitam resolver seus problemas, que barreiras existem para a solução e que outros benefícios poderão ser alcançados se os problemas forem resolvidos. VIP é uma sigla para **vantagens**, **impedimentos** e **possibilidades**.

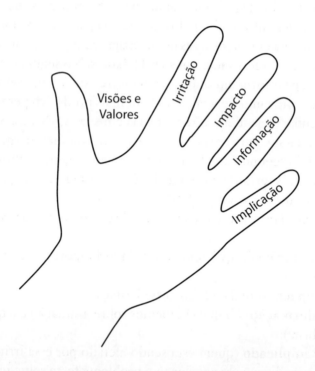

No final do segundo ato você já terá reunido informações suficientes para propor uma ou mais perguntas catalisadoras. Pela maneira como são projetadas, elas geralmente não têm respostas. Elas são abertas e estão voltadas para o futuro. Em geral, as perguntas catalisadoras assumem os seguintes formatos "Como poderíamos...?" ou "De que outra maneira poderíamos...?" Elas são projetadas para provocar interesse, tornar a situação mais clara, abrir as portas para novas soluções e motivar o desejo de mudança, e servirão de trampolim para as ideias que você irá oferecer no terceiro ato.

O Capítulo 17 sugere um pequeno intervalo na reunião de vendas. Embora nem sempre seja possível ou conveniente, um interlúdio poderá dar a você e ao seu cliente a oportunidade de incubar ideias e refletir sobre elas antes de adentrar o terceiro ato. Há três maneiras eficazes de realizar uma breve pausa:

Apêndice: Venda produtiva (VP) – Revisão **245**

- Peça ao cliente que o leve em um *tour* pela empresa.
- Peça para utilizar as instalações (banheiro, bebedouro).
- Faça uma analogia pessoal que os retire brevemente do espaço comercial e os coloque em um território mais pessoal.

O Capítulo **18** descreve o terceiro ato do diálogo de vendas, a parte em que você entrega valor ao seu cliente, se mostra útil e estabelece compromissos (promessas). A ferramenta aqui utilizada se chama CTP (**cognição**, **terceirização** e **permuta**). Por meio dela você oferece:

- **Cognição** – Fornecendo ao cliente novas perspectivas e novos *insights* sobre as questões que o afetam.
- **Terceirização** (*Sourcing*) – Oferecendo referências e produtos ou serviços de terceiros que possam ser úteis ao cliente.
- **Permuta** – Disponibilizando seus produtos, serviços e suas ideias, como elementos capazes de atender às necessidades do cliente.

O resultado da terceirização e do engajamento é uma série de promessas que irão impulsionar seu relacionamento com o cliente no futuro. Por exemplo:

- "Adaptarei os contratos e os trarei para você pela manhã."
- "Assim que eu retornar ao escritório enviarei um *e-mail* para apresentá-lo ao Harry."
- "Aqui estão as três áreas nas quais nos concentraremos em nossa apresentação."

O Capítulo **19** introduz três atividades que devem ser realizadas após a reunião e representam parte essencial do processo de VP:

- O processo de desconstrução da reunião, por meio do qual você identifica áreas em que seu desempenho precisa ser aprimorado.
- A processo de investigação do conteúdo, em que você busca elementos para *follow-up*.
- O plano de ação, onde você começa a desenvolver um relacionamento com o cliente.

O Capítulo **20** descreve um procedimento para esclarecer o processo de sua reunião; em outras palavras, ele mostra como você lidou com o encontro. A investigação do processo responde a três perguntas:

246 VENDA MAIS, MELHOR E SEMPRE

- **O quê?** (O que aconteceu durante a reunião?)
- **E então?** (O que isso significou?)
- **E agora?** (O que seria útil se fosse feito de maneira diferente?)

Responda à primeira pergunta (O quê?) com um mapeamento histórico. Utilizando uma combinação de suas Q-Notes e um cronograma simples, conte como foi o encontro, recapitulando com a maior precisão possível tudo o que aconteceu: o que você fez, o que você disse e o que perguntou, assim como o que seu cliente fez, disse e perguntou.

Responda à segunda pergunta (E então?) com a ferramenta POWER (acrônimo em inglês para as palavras *Positives* (aspectos positivos), *Objections* (Objeções), *What Else* (o que mais), *Enhancements* (aprimoramentos) e *Remedies* (soluções).

POSITIVES = PONTOS POSITIVOS	**E**NHANCEMENTS = APRIMORAMENTOS
O que foi positivo ou útil na maneira como você administrou a reunião? O que fez para direcionar o encontro rumo ao sucesso? Quais foram os pontos fortes? Em quais deles você brilhou?	Como seria possível aprimorar todos os itens positivos listados anteriormente? Como tornar seu desempenho ainda melhor e garantir mais chances de ser bem-sucedido?
OBJECTIONS = OBJEÇÕES	**R**EMEDIES = SOLUÇÕES
O que foi problemático em relação ao modo como administrou a reunião? O que fez para desviar-se do sucesso? Quais foram seus pontos fracos? Em quais deles você tropeçou?	Como você poderia superar as objeções listadas? Como poderia reduzir seus pontos fracos e dar a si mesmo e ao seu processo uma chance melhor de sucesso?

WHAT ELSE? = O QUE MAIS?

O que mais vem à sua mente ao pensar sobre o modo como administrou a reunião? O que você tem a dizer sobre: seus pontos altos e baixos; seu ritmo, o modo como fez as perguntas; a maneira como as respondeu? O que mais tem a dizer sobre como conectou seus pensamentos? A respeito da maneira como fez perguntas catalisadoras e fez analogias? O que mais tem a dizer sobre o modo como abriu e fechou a reunião? Sobre o bate-papo inicial? O que mais poderia dizer sobre ocorrências inesperadas durante o encontro, tanto os bem-vindos como os indesejáveis, e a maneira como lidou com ambas? O que mais tem a dizer sobre si mesmo, seu processo e suas emoções?

Responder à terceira pergunta (**E agora?**) com a ferramenta **parar-iniciar (começar)-aprimorar**. Pergunte a si mesmo: o que eu deveria **parar** de fazer? O que deveria **começar** a fazer? No que posso me **aprimorar**?

Apêndice: Venda produtiva (VP) – Revisão **247**

O Capítulo **21** descreve como extrair do encontro ideias e atividades de *follow-up*. Este é um processo em três passos:

- Prepare-se para uma reunião de investigação de conteúdo.
- Faça uma reunião em que haja uma *salestorm*, ou seja, uma tempestade cerebral (*brainstorm*) na área de vendas, em que seja possível avaliar suas Q-Notes e pedir à sua equipe por sugestões a respeito de atividades de *follow-up*.
- Projete seu plano: quando e como você cumprirá suas promessas e um cronograma detalhado de pontos de contato e atividades de *follow-up*, incluindo o nome de que será responsável pelo que e quando.

Perguntas a fazer	Ideias a comunicar
• Pergunte à sua equipe se existem outras áreas ou ângulos sobre os quais você deveria demonstrar curiosidade. Quais são as perguntas não respondidas? • Liste quaisquer novas perguntas ou áreas que venham à mente.	• Pergunte à sua equipe se existem outras ideias CTP que poderiam agregar valor ao seu cliente. • Liste informações adicionais que possam ser úteis para o cliente.
Informação-chave (pessoal/negócio) • Peça à sua equipe que anote nos *post-its* quaisquer informações adicionais que eles considerem úteis. • Convide os participantes a listar perguntas que consideram que você deveria ter feito ou ainda poderá fazer ao cliente.	**Razões para fazer um acompanhamento** • Peça à sua equipe que gere ideias adicionais para que seja possível fazer um acompanhamento junto ao cliente, seja de ordem pessoal ou comercial. • Lembre a todos que um ponto pessoal em comum poderá fazer mais pela construção de uma relação que dez pontos de caráter comercial.

O Capítulo **22** enfatiza a importância de seguir dando continuidade ao processo de aproveitar os pontos de contato para maximizar suas chances de ocupar espaço na mente de seu cliente, de modo que ele pense em você como um recurso útil sempre que tiver uma necessidade.

www.dvseditora.com.br

GRÁFICA PAYM
Tel. [11] 4392-3344
paym@graficapaym.com.br